高等学校国际商务创新规划教材

International Business

国际商务实务

International Business Practice

尹显萍 申 皓 主编

WUHAN UNIVERSITY PRESS
武汉大学出版社

《高等学校国际商务创新规划教材》编委会

主任

陈继勇

副主任

李　卓　齐绍洲　肖光恩　余　振

编委会委员（按姓氏笔画排序）

王　峰　邓新明　尹显萍　申　皓　孙　平
刘　威　齐绍洲　李　卓　余　振　陈　虹
陈汉林　陈继勇　肖卫国　肖　德　肖光恩
胡　艺　彭斯达

总　序

陈继勇
武汉大学经济与管理学院院长、教授、博士生导师

国际商务是指侧重于国际经济与贸易操作性的专业活动。教育部设置国际商务硕士专业学位的目的，是培养能够胜任在企事业单位和国家机关从事国际商务运作与管理，并且能开拓国际市场的高素质、复合型高级商务专门人才。以贯彻落实科学发展观，实施互利共赢对外开放战略，拓展对外开放的广度和深度，全面提高开放型经济水平，实现从贸易大国向贸易强国的转变和推动国民经济又好又快的发展。

为积极有效地加快培养和造就一大批高层次国际商务专业人才和管理人才，借鉴其他国家培养专业人才的有益经验，结合我国国情，调整专业设置，改革培养模式，我们承担了教育部第二特色专业建设点项目《国际经济与贸易国际化人才培养》（项目号：TS2291），组织了武汉高校相关专业的教师编写了这套《国际商务系列教材》。希望通过这套教材能使学生通晓现代国际商务基础理论，具备完善的国际商务知识体系，掌握现代国际商务实践技能，具有较强的英语交流能力，能在企事业单位和政府机关从事国际商务运作与管理，并且能成为开拓国际市场的高素质、复合型高级商务专门人才。

这套教材在编写的过程中主要突出专业性和综合性的特征。

专业性突出体现在全球视野下从事商务活动的职业定位，强调理论和实际工作技能尤其是软技能的提升。全球视野的缺失和专业技能的弱化是传统国际经贸人才培养的不足，本套教材力图打破经济学与管理学的界线，特别是把经济学与管理学理论知识与开放经济实践联系起来，通过大量的实验教学和案例研究，使学生掌握国际商务的基本理论知识和国际商务实践的先进方法，提升学生在国际商务领域中的工作能力、外语能力和跨文化沟通能力。因此，教材编写是以职业性和实践性为导向，知识内容具有明显的专业性。

综合性意味着国际商务专业人才要具备宽厚的知识面，学习多门跨学科的课程，塑造较高的职业操守，形成广博知识与较强能力的综合素质，胜任在复杂多变的国际环境下成功开展商务活动的工作。因此，这套教材在编写的过程中，重视经济理论与管理理论的综合，强调国家经济实践与国际经济实践的结合，突出企业国内经济活动与国际经济活动的结合，把理论知识与企业具体的经济实践结合在一起，使学生能从多方位、多角度和多渠道来吸收国际商务基础知识，掌握国际商务的基本技能。因此，教材编写以综合性为导向，知识体系具有很强的综合性。

　　这套教材是一个系统工程，其内容涉及多个学科和领域，参考了国内外很多同行的研究成果，在此表示衷心感谢！武汉大学出版社经济图书事业部舒刚主任付出了很多的劳动，在此也表示感谢。

　　我们虽然重视知识内容创新，但更强调尊重知识产权，因此，要求各书主编向每位编（著）者强调这一方针，每位编（著）者对所写内容文责自负。

2010 年 10 月于武汉大学枫园

前　言

　　在当代经济全球化不断发展的背景下，作为世界实体经济的一个重要组成部分，国际商务活动的重要性日益凸显。由于国际生产、投资及贸易活动已经远远超越了传统主权国家的界限，各国在商品、服务、资本和人员等方面的往来正变得日益频繁，相互之间的影响也越来越明显。在 21 世纪初中国成为 WTO 的一名正式成员之后，我国越来越多的企业和金融机构也不可逆转地加入了经济全球化的进程，以积极适应国家对外开放和深化改革的现实需要。因此，培养应用型、复合型和创新型的国际经贸人才，加强高校学生理论联系实际的能力，提高学生的专业水平和实际操作技能，是编写本教材的指导思想。

　　本教材根据有关国际贸易的法律和惯例，结合我国对外贸易实际，详细阐述了国际商务实务的基本业务程序和实际操作规程。在介绍相关国际商务实务知识的同时，注重强调对实际运用能力的把握，力求使理论知识与商务实践能够达到更好的结合。与国内其他同类教材相比，本教材的主要特色可以概括为以下几个方面：

　　第一，本教材尽可能地涵盖国际商务实务的主体内容。这些内容包括国际贸易术语、进出口货物运输等与国际货物贸易相关的各项交易条件，以及货物买卖合同的磋商与履行、海关报关、退税、贸易结算、国际贸易融资等，以使读者对 21 世纪的国际商务有一个全面、深入和最新的认识和理解。

　　第二，本教材强调了案例教学的作用，尽量使案例与教学内容紧密联系并且做到案例篇幅长短适宜，极大地丰富了该教材的内容。书中的大部分章节都详细列举了相关的典型案例和分析，这些案例能够便利读者把所学的有关章节内容应用于国际商务实践中，更加深入地了解国际商务实务方面的知识，加强读者在国际商务实务中的操作能力。

　　第三，本教材补充了与国际商务实务新变化有关的内容。为适应国际经贸和管理专业的学生对涉外商务知识的课程学习和实际运用的需要，在本教材涉及具体贸易融资业务的章节中，还有针对性地将国际惯常的操作与国内机构的现行做法进行并列讲解，尤其注重将有关国际商务方面的最新知识也引入教材之中，如供应链融资，以方便读者跟踪并了解国际商务实务的新变化和新发展。

　　全书共十五章，其中第 1 章至第 11 章由尹显萍编写，第 12 章至第 15 章由申皓编写。本教材既可供高等院校国际经济与贸易、工商管理等专业作为教材和教学参考书，也可用作外贸工作者和其他涉外企业从业人员的岗位培训教材和自学参考书。

　　本教材的编写参阅了大量国内外资料和学术研究成果，绝大多数的参考资料已在书中最后的参考文献中列出。然而因为篇幅所限，难免挂一漏万，还有一些文献资料未能逐一列举，在此对相关作者的辛勤劳动表示由衷的感谢。需要特别指出的是，由于编者的学识和写作水平有限，教材中也会有一些不妥甚至错误之处，恳请各位读者和广大的学者专家们给予热情的指导和慷慨的帮助，并提出中肯的批评意见和宝贵的修改建议。

编　者

2010 年 10 月于珞珈山

目　　录

第 *1* 章
国际贸易术语

◎ **本章要点**

本章主要介绍了有关贸易术语的国际贸易惯例和《2000 年国际贸易术语解释通则》中全部的 13 种贸易术语的基本含义，以及在这些贸易术语条件下，买卖双方的责任，义务和风险转移的界限。

1.1 有关贸易术语的国际贸易惯例

1.1.1 国际贸易术语概述

贸易术语（trade terms）又称价格术语，是在长期的国际贸易实践中逐步发展形成的，以短语或英文字母表示的用来说明价格的构成及买卖双方交接货物地点及有关费用、风险和责任的划分，以确定买方双方在交接货物过程中应尽的义务的专门用语。

贸易术语的出现和完善推动了国际贸易的发展，使买卖双方缩短了交易过程并减少了争议和纠纷。贸易术语的作用具体表现在以下几个方面：

1. 节省交易磋商的时间和费用

贸易术语用简洁的表述方法规定了买卖双方在交易中需要承担的责任、费用和风险，简化了交易手续，缩短了交易过程，在很大程度上实现了成本的节约。

2. 减少贸易双方的贸易的争议和纠纷

贸易术语对买卖双方应承担的义务，作了清晰而完整的解释，因而避免了因语言、文化习惯、商业习惯等不同产生的争议，促使合同顺利履行。

3. 方便买卖双方进行成本核算

买卖双方决定采用某种贸易术语进行交易的同时，也就意味着承认了这种贸易术语所规定的商品价格构成因素。贸易双方可以将各自承担的相关费用计入货价。因此，贸

1

易术语有利于买卖双方进行比价和成本核算。

对于贸易术语，需要着重理解下面几点：

（1）价格术语不等同于价格，它具有两重性：一方面表示商品的价格构成因素，另一方面表示交货条件，即说明买卖双方在交接货物时各自承担的风险、责任和费用。

（2）贸易术语是价格条款的组成部分。按不同的贸易术语成交，商品的价格也各不相同。如果由买方承担的风险大、责任广、费用多，其价格自然要低一些；反之，如果由卖方承担较多的风险、责任和费用，则价格当然要高一些。

1.1.2　关于贸易术语的国际贸易惯例

国际贸易惯例是指在国际贸易长期实践中逐渐形成的一些具有普遍意义的习惯做法和解释。就其性质而言，国际贸易惯例的性质惯例本身不是法律，对当事人不具有强制性或法律约束力，但惯例具有指导性，它的采纳与适用以当事人的意思自治为基础，一旦订入合同，就具有强制性，同时它还是判决、裁决之依据。

有关贸易术语的国际贸易惯例主要有三种，即《1932 年华沙—牛津规则》、《1941年美国对外贸易定义修订本》和《2000 年国际贸易术语解释通则》。

1.《华沙—牛津规则》

这一规则原来是国际法协会在 1928 年专门为解释 CIF 贸易条件而制定的，后经1932 年牛津会议修订，改称《1932 年华沙—牛津规则》，主要说明了 CIF 术语的性质和特点，并具体规定了采用 CIF 价格术语时买卖双方应承担的费用、风险和责任。

2.《1990 年美国对外贸易定义修订本》

1919 年，由美国几个商业团体共同制定的有关对外贸易定义的统一解释，称为《美国出口报价及其缩写条例》，后于 1941 年作了修订，改名为《1941 年美国对外贸易定义修正本》，l990 年该规则再次被修订，称为《1990 年美国对外贸易定义修正本》。此修订本在美洲国家有很大的影响力，需要指出的是，该修订本中贸易术语的内容与《2000 年国际贸易术语解释通则》中的贸易术语的内容有很大区别。故在和美国、加拿大以及其他美洲国家进行国际贸易时，应注意在合同中约定适用的国际贸易惯例。

最新修订的规则对 EXW、FOB、FAS、CFR、CIF、DEQ 六种术语作出了解释。其中 FOB 术语又细分为 6 种，因此该惯例实际上有 11 种贸易术语。

《美国对外贸易定义修正本》对 FOB 术语的特殊解释，主要表现在以下几个方面：

（1）在适用范围上，FOB 适用于各种运输方式，如为水上运输，必须在 FOB 后加上"Vessel"（船）字样，并列装运港名称，才表明卖方在装运港船上交货。

（2）在风险划分上，FOB Vessel 的风险划分是以船舱为界，即卖方承担货物到船舱为止所发生的一切丢失和残损责任。

（3）在出口手续上，只有在买方提出请求并负担费用的情况下，FOB Vessel 的卖方才有义务协助买方取得相关证件，并且出口税及其他税捐费用也需由买方负担。

3. 《2000 年国际贸易术语解释通则》

国际商会从 20 世纪 20 年代初就开始着手研究国际贸易术语的统一解释规则。该惯例最早产生于 1936 年，后来为适应国际贸易发展的需要，国际商会先后对其进行过多次修订。现行的《2000 年国际贸易术语解释通则》(以下简称《2000 通则》) 是国际商会于 1999 年修订并于 2000 年 1 月 1 日实施的。该惯例在国际贸易惯例中最具影响力，目前在 170 多个国家和地区采用。

《2000 通则》有助于分清当事人在国际贸易中的权利、义务与责任、风险，避免不同国家的当事人对同一贸易术语作不同的解释，简化和缩短当事人之间贸易磋商和成交的过程，为减少纠纷和解决争议提供了指南和准则，有力地促进了国际贸易的良性发展。

《2000 通则》包含 13 种贸易术语，并且按不同类别分为 E、F、C、D 四组，如表 1-1 所示：

表 1-1　　　　　　　　　　　　国际贸易术语

E 组 启运	EXW——Ex works	工厂交货
F 组 主要运费未付	FCA——Free Carrier FAS——Free Alongside Ship FOB——Free On Board	货交承运人 装运港船边交货 装运港船上交货
C 组 主要运费已付	CFR——Cost and Freight CIF——Cost Insurance and Freight CPT——Carriage Paid To CIP——Carriage and Insurance Paid To	成本加运费 成本加保险费、运费 运费付至 运费保险费付至
D 组 到达	DAF——Delivered at Frontier DES——Delivered Ex Ship DEQ——Delivered Ex Quay DDU——Delivered Duty Unpaid DDP——Delivered Duty Paid	边境交货 目的港船上交货 目的港码头交货 未完税交货 完税后交货

《2000 通则》一共包括 13 种贸易术语，并按其共同特性，将 13 种术语归纳为 E、F、C、D 四组：

E 组：只有 EXW 一种术语。按此术语，卖方在他自己的处所将货物提供给买方。采用 EXW 术语成交时，卖方承担义务最少，买方义务最大，包括出口国的出口清关手续也应由买方来承担，也是唯一一个出口国手续需由买方来办理的术语。目前，我国的对外贸易业务中，无论是进口或出口，尤其是出口，几乎不使用这一术语。

F组：F组为主运费未付，所谓的主要运费未付是指卖方不承担国际段运输费用。F组包括FCA、FAS、FOB三种术语。在F组术语下，由买方办理运输并指定承运人，卖方必须按买方的指示交运货物。

C组：C组为主运费已付，即卖方要承担到进口国港口或所在地的运费，但风险的划分（转移）仍在出口国的港口或所在地，所以C组术语一个很重要的特点是费用与风险是分离的。按照C组术语达成的合同，称之为"装运合同"。C组包括CFR、CIF、CPT和CIP四种术语。

必须注意的是，E、F、C三组的八个贸易术语，均属于出口国交货的贸易术语。

D组：按照D组术语，卖方必须负责将货物运送到约定的目的地或目的港，并负担货物交至该处为止的一切风险和费用。因此，按D组术语订立的合同属"到货合同"。D组包括DAF、DES、DEQ、DDU和DDP术语。其中DDP（目的港完税交货）是卖方承担义务最大，买方承担义务最小的术语，包括进口国的进口清关手续，也应由卖方来办理，也是唯一一个进口手续由卖方来办理的术语。（在我国对外贸易业务中，D组术语使用频率也不高）。

1.2 《2000年国际贸易术语解释通则》

现代国际贸易中使用的价格术语，以FOB、CFR、CIF、FCA、CPT和CIP运用较广。

1.2.1 常用的六种贸易术语

1. FOB, Free On Board (…named port of shipment)

FOB术语通常译为装运港船上交货（……指定装运港），指卖方必须在合同规定的日期或期间内在指定装运港将货物交至买方指定的船上，并负担货物越过船舷为止的一切费用和货物灭失或损坏的风险。

（1）FOB术语下买卖双方的主要义务如表1-2所列：

表1-2　　　　　　　　　　FOB术语下买卖双方的主要义务

卖方	买方
交货至买方指定船上，通知买方	安排船只接货，支付运费，通知卖方
承担货物越过船舷前的一切风险和费用	承担货物越过船舷后的一切风险和费用
办理出口手续	办理进口手续
提交相应单据	支付货款

对于FOB术语需注意以下三点：

①FOB 术语仅适用于海运或内河运输。

②FOB 后面必须跟出口国的港口。如货物在我国大连装运出口，表达式为 FOB DALIAN。

③如当事各方无意越过船舷交货，则应使用 FCA 术语。

（2）按 FOB 贸易术语成交应注意的问题

①"船舷为界"的确切含义

"船舷为界"表明货物在装上船之前的风险，包括在装船时货物跌落码头或海中所造成的损失，均由卖方承担；货物装上船之后，包括在启航前和在运输过程中所发生的损坏或灭失，均由买方承担。货物在吊上船舶时，掉在码头上风险属卖方，掉在甲板上风险属买方。

关于风险划分界限，理论上，买卖双方以"船舷为界"；实际业务中，卖方承担将货物安全装上船，取得"已装船清洁提单"之前的风险。

②船货衔接问题

按照 FOB 术语成交的合同属于装运合同，即合同中卖方的一项基本义务是按照规定的时间和地点完成装运。然而由于 FOB 条件下是由买方负责安排运输工具，即租船订舱，所以这就存在一个船货衔接的问题。如果买方未能按时派船，这包括未经对方同意提前将船派到和延迟派到装运港，卖方都有权拒绝交货，而且由此产生的各种损失，如空舱费、滞期费及卖方增加的仓储费等，均由买方负担；如果买方指派的船只按时到达装运港，而卖方却未能备妥货物，那么，由此产生的上述费用则由卖方承担。

③装船费用负担问题

按照 FOB 字面意思（船上交货）来看，卖方要负责支付货物上船之前的一切费用。但由于该术语历史较悠久，在装船作业的过程中涉及的各项费用究竟由谁负担，各国的惯例或习惯做法也不完全一致。特别是大宗货物通常采用程租船运输，船方一般不负担装卸费用。这就必须明确装卸费用应由谁负担。

根据买卖双方对装船费用、理舱费用、平舱费用的划分，FOB 术语产生了下列变形：

a. FOB 班轮条件（FOB liner terms）。卖方只负责将货物交到港口码头，不负责装船，装卸及平舱理舱费均由买方负担。

b. FOB 吊钩下交货（FOB under tackle）。卖方承担的费用截止到买方指定船只的吊钩所及之处，有关装船的各项费用一概由买方负担。

c. 船上交货并理舱（FOB stowed 或 FOBS）。卖方负责装船及理舱费用，多用于杂货船。

d. 船上交货并平舱（FOB trimmed）。卖方负责装船及平舱费用，多用于散装船。

e. FOB 包括理舱、平舱（FOB stowed and trimmed）。卖方负责装船并负责平、理舱费用。

贸易术语的变形只是为了解决装船费用的负担问题，并不改变交货地点、交货条件以及风险划分的界限等。在实际外贸工作中，为了防止发生争议，买卖双方最好在合同中明确上述变形仅是为了表明装船费用的负担问题，并不改变 FOB 合同的性质。

2. CFR，Cost and Freight（…named port of destination）

CFR 术语通常译为成本加运费（……指定目的港），指装运货物越过船舷，卖方即完成交货。卖方必须支付将货物运至指定目的港所需的运费和其他费用，但交货后货物灭失或损坏的风险以及由于各种事件造成的任何额外费用，均由买方承担。

（1）CFR 术语下买卖双方的主要义务如表 1-3 所列：

表 1-3   **CFR 术语下买卖双方的主要义务**

卖方	买方
安排运输，支付至目的港运费，及时通知买方	办理进口手续
承担货物越过船舷前的一切风险和费用	承担货物越过船舷后的一切风险和费用
办理出口	办理进口
提交相应单据	支付货款

（2）按 CFR 贸易术语成交应注意的问题

①装船通知问题

按照 CFR 条件达成的交易，卖方需要特别注意的是，货物装船后必须及时向买方发出装船通知，以便买方办理投保手续。如卖方未向买方及时发出装船通知，致使买方未能办理货物保险，那么货物在海运途中灭失的风险应由卖方负担，'卖方不能以风险在船舷转移为由免除责任。由此可见，尽管在 FOB 和 CIF 条件下，卖方装船后也应向买方发出通知，但 CFR 条件下的装船通知，具有更为重要的意义。在实际业务中，卖方一般用电传、传真等方式发出装船通知。

②租船运输时卸货费用的负担问题

CFR 术语中有关卸货费用负担情形，通常采用 CFR 术语的变形，有以下几种：

a. CFR 班轮条件（CFR liner terms）。卸货费按班轮条件由卖方负担。

b. CFR 卸到岸上（CFR landed）。卖方承担将货物卸到目的港岸上的费用，包括可能涉及的驳船费和码头费。

c. CFR 吊钩下交接（CFR ex tackle）。卖方负担货物从舱底吊至船边卸离吊钩为止的费用。

d. CFR 舱底交接（CFR ex ship's hold）。买方负担将货物从目的港船舱舱底起吊卸到码头的费用。

3. CIF，Cost、Insurance and Freight（…named port of destination）

CIF 术语通常译为成本、保险费加运费（……指定目的港），它是指卖方须在合同规定的装运期内在装运港将货物交至运往指定目的港的船上，负担货物越过船舷为止的一切费用和风险，并负责办理货运保险、支付保费以及负责租船订舱，支付从装运港至目的港的正常运费。

（1）CIF 术语下买卖双方的基本义务如表 1-4 所列：

表 1-4　　　　　　　　　　　　**CIF 术语下买卖双方的基本义务**

卖方	买方
安排运输，支付运费和保险费，及时通知买方	办理进口手续
承担货物越过船舷前的一切风险和费用	承担货物越过船舷后的一切风险和费用
办理出口	办理进口
提供相应单据	支付货款

对于 CIF 术语需注意以下三点：

①CIF 术语仅适用于海运或内河运输；

②CIF 后面必须跟进口国的港口。如货物在我国天津港出口至纽约，表达式为：CIF NEW YORK；

③如当事各方无意越过船舷交货，则应使用 CIP 术语。

（2）按 CIF 贸易术语成交时应注意的问题

①保险险别的问题

在 CIF 条件下，由卖方订立保险合同并支付保险费。如果合同中没有明确规定，按照《2000 通则》规定，CIF 术语只要求卖方投保承保责任最低的保险险别，最低保险金额通常为合同规定的价款加 10%，并以合同货币投保。如买方需要更高的保险险别，则应与卖方明确地达成协议，或者自行办理额外的保险。

②租船运输时卸货费用的负担问题

与 CFR 术语一样，按 CIF 价格术语成交，卖方负责租船订舱；将合同规定的货物运到指定的目的港并支付运费。为解决在采用租船运输情况下，卸货费用由谁负担的问题，也产生了 CIF 的变形。CIF 的变形主要有以下几种：

CIF 班轮条件（CIF Liner Terms）。按班轮条件，卸货费用由卖方承担。

CIF 卸到岸上（CIF Landed）。卖方要负担货物卸到岸上为止的卸货费用，包括驳船费与码头费（这一条我国不采用）。

CIF 吊钩下交货（CIF Ex Tackle）。卖方负担货物从舱底吊至船边卸离吊钩为止的费用。

CIF 舱底交货（CIF Ex Ships Hold）。指买方负担将货物从目的港船舱底起吊卸到码头的费用。

③象征性交货问题

所谓象征性交货，是指卖方只要按照合同规定的时间在装运港把货物装上船并向买方提交合同规定的代表货物所有权的有关单据，就算完成了交货义务。风险在货物越过船舷由卖方转移到买方，卖方只负责按时装运，无须负责保证到货。象征性交货的核心是单据的买卖，双方交易的是单据而不是货物，也就是说卖方只要向买方交单就是向买方交货。在象征性交货方式下，卖方是凭单交货，买方是凭单付款。

以 CIF 术语成交的合同是典型的象征性交货合同。在象征性交货的条件下，只要卖方提交的单据合格，即使货物运输途中发生损坏或灭失，也算卖方履行了交货义务，买方必须履行付款义务；如果卖方提交的单据不合格，即使货物安全抵达目的港，也不算卖方完成交货义务，买方有权拒收单据并拒绝付款。

④关于以 CIF 术语成交的合同性质问题

CIF 是装运合同，而不是到达合同。如果买方希望能在具体时间实际抵达目的地，则应采用 D 组贸易术语。

4. FCA，Free Carrier（…named place）

FCA 术语通常译为货交承运人（……指定地点），它是指卖方在合同规定的交货期内，在指定地点将货物交给由买方指定的承运人，并办理了出口清关手续，即完成交货义务。

（1）FCA 术语下买卖双方的基本义务如表 1-5 所列：

表 1-5　　　　　　　　　　　　**FCA 术语下买卖双方的基本义务**

卖方	买方
办理出口报关手续	办理进口报关手续
承担货物交承运人之前一切风险和费用	承担货物交承运人之后一切风险和费用
将合同相符货物交承运人并通知买方	指定承运人，并通知卖方
提交相应单据	支付货款

（2）对于 FCA 术语需注意以下三点：

①关于交货地点和承运人：在 FCA 条件下，通常是由买方安排承运人。该承运人可以是拥有运输工具的实际承运人，也可以是运输代理人或其他人。FCA 适用于多种运输方式，其交货地点也随运输方式的不同而有所不同。《2000 通则》对 FCA 中交货地点分别为卖方营业场所或卖方营业场所以外的地方这两种情况作出了明确的规定。如果双方约定的交货地点是在卖方所在地，卖方负责把货物装上买方安排的承运人所提供的运输工具即可；如果交货地点是在卖方场所以外的地点，卖方就要将货物运交给承运人，在自己所提供的运输工具上完成交货义务，而无须负责卸货。

②FCA 条件下的风险转移：在采用 FCA 术语订立合同时，不论选择何种运输方式，买卖双方的风险划分均以货交承运人为界。由于在该术语下，通常是由买方负责订立运

输契约，因此，如果买方未能向卖方通知承运人名称及有关事项，致使卖方不能如约将货物交给承运人，根据《2000 通则》的解释，自规定的交货日期或期限届满之日起，将由买方承担货物灭失或损坏的一切风险，但前提条件是货物已被划归本合同项下。

③有关运输安排：按《2000 通则》规定，该术语适用于任何运输方式，包括多式联运。FCA 合同的买方负责订立运输合同、指定承运人。但是，《2000 通则》还规定，在与承运人订立运输合同时若卖方被要求予以协助，卖方可代为安排运输，但有关费用和风险由买方承担。

5. CPT，Carriage Paid to（…named place of destination）

CPT 术语通常译为运费付至（……指定目的地），是指卖方向其指定的承运人交货，且卖方还必须支付将货物运至目的地的运费，亦即买方承担交货之后的一切风险和其他费用。

（1）CPT 术语下买卖双方的基本义务如表 1-6 所列：

表 1-6　　　　　　　　　　　**CPT 术语下买卖双方的基本义务**

卖方	买方
办理出口报关手续	办理进口报关手续
承担货物交第一承运人前一切风险和费用	承担货物交第一承运人后一切风险和费用
安排运输，支付至目的地运费，及时通知买方	在目的地受领货物
提供相应单据	支付货款

（2）对于 CPT 术语需注意以下三点：

①买卖双方风险划分的界限问题。CPT 术语下，虽然卖方要负责订立从启运地到指定目的地的运输契约，并支付运费，但是卖方承担的风险并不延伸至目的地。货物自交货地点至目的地的运输途中的风险由买方承担，卖方只承担货物交给承运人控制之前的风险。若采用多式联运的运输方式，则风险在货物交给第一承运人时即转移给买方。

②责任和费用的划分问题。采用 CPT 术语，卖方指定承运人，订立运输合同并支付正常运费，将货物运往指定的目的地。买方负责货物运输保险。正常运费之外的其他有关费用一般由买方负担。

③为了避免货物运输与货物保险的脱节，卖方应及时向买方发出装运通知。

6. CIP，Carriage and Insurance Paid to（…named place of destination）

CIP 通常译为运费及保险费付至（……指定目的地），指卖方支付将货物运至目的地的运费，在规定的时限内将货物在指定的地点交由买方指定的承运人保管，并须办理买方货物在运输途中灭失或损坏风险的保险，亦即买方承担卖方交货之后的一切风险和额外费用。

由于货物在运输中的风险由买方承担，因此，CIP 术语是装运地交货条件的一种。就运输方式而言，CIF 术语是以海运为主的海上交货术语，而 CIP 术语则不限运输方式。因此，实务上常称 CIP 术语为"联合运输 CIF"。

（1）CIP 术语下买卖双方的基本义务如表 1-7 所列：

表 1-7　　　　　　　　　　　　　CIP 术语下买卖双方的基本义务

卖方	买方
安排运输，支付运费和保险费，及时通知买方	办理进口手续
承担货物交第一承运人前一切风险和费用	承担货物交第一承运人后一切风险和费用
办理出口	办理进口
提供相应单据	支付货款

其实 CIP 术语与 CIF 术语十分类似，都是由卖方须负责订立将货物运至目的地约定地点的运输契约以及购买运输保险，并支付运费及保险费，但货物灭失或损坏的风险以及增加的任何费用，在货物交付第一承运人时，即由卖方转移买方承担。

（2）对于 CIP 术语需注意以下几点：

①风险划分问题。在 CIP 术语条件下，卖方负责办理货运保险，并支付保险费，但是货物从交货地点运往目的地的运输途中的风险由买方承担。即只要卖方将货物交付第一承运人，风险即转移给买方。

②货物保险问题。根据《2000 通则》的解释，一般情况下，卖方按双方协商确定的险别投保，如果双方订立的合同中未就投保的险别作出具体规定，则卖方按惯例投保最低的险别，保险金额一般是在合同价格的基础上加成 10%。如果买方需要更高的保险险别，需要与卖方明确地达成协议，或者自行作出额外的保险安排。

1.2.2　六种主要贸易术语的比较

1. CIP 术语与 CIF 术语的不同点

CIP 术语的基本模式与 CIF 术语类似，其主要不同点在于：

（1）风险划分点不同：CIP 术语以在指定交货地点货物交给第一承运人处置为界；CIF 以装运港货物越过船舷为界；

（2）适用运输方式不同：CIP 术语适用于包括多式联运在内的各种运输方式；CIF 仅适用于海运和内河运输。

2. CPT 术语与 CFR 术语的不同点

CPT 术语的基本模式与 CFR 术语类似，其主要不同点在于：

（1）风险划分点不同：CPT 术语风险划分以在指定交货地点货物交给第一承运人

处置时为界；CFR 在装运港货物越过船舷时为界；

（2）适用运输方式不同：CPT 术语适用于包括多式联运在内的各种运输方式；CFR 仅适用于海运和内河运输。

3. FCA 术语与 FOB 术语的不同点

FCA 术语的基本模式与 FOB 术语类似，两者的主要不同点有：

（1）风险划分点不同：FOB 以货物在装运港越过船舷为分界点；FCA 以货物在指定地点交给承运人为分界点。

（2）适用运输方式不同：FOB 术语仅适用于海洋或内河运输；FCA 术语适用于任何运输方式。

4. FOB、CIF 和 CFR 的比较

（1）相同点：

①三者都属于象征性交货；

②三者都属于装运合同；

③三者风险的划分都是以装运港船舷为界。

（2）不同点：

①买卖双方承担的责任不同；

②买卖双方承担的费用不同；

③）价格构成不同。

5. 三种传统的常用术语（FOB、CFR、CIF）与三种新的常用术语（FCA、CPT、CIP）的比较

FCA、CPT、CIP 三种术语是分别从 FOB、CFR、CIF 三种传统术语发展起来的，其责任划分的基本原则是相同的，但在适用的运输方式、交货和风险转移的地点、装卸费用负担和运输单据仍然有许多不同。

（1）相同之处

FCA、CPT、CIP 三种术语是在三种传统的常用贸易术语的基础上为了适应多种运输方式的需要而产生的，其与三种传统的常用贸易术语的相同之处表现在：

①进出口手续的办理。

②买卖双方在办理运输和保险的责任上，FCA 与 FOB 相同，CPT 与 CFR 相同，CIP 与 CIF 相同。

③都是象征性交货的贸易术语。

（2）不同之处

①适用的运输方式。

②交货地点。

③风险和费用的划分。

④贸易术语后的地点。

⑤装卸费用的负担。

⑥运输单据。

1.2.3　对其他七种贸易术语的解释

1. EXW，Ex Works（…named place）

EXW 术语通常译为工厂交货（……指定地点），是指卖方按规定的时间在其所在处所（工厂、工场、仓库等）将货物提供给买方时，即履行了交货义务。除非另有约定，卖方不负责将货物装上买方备妥的运输工具，也不负责出口清关。买方自己安排运输工具到交货地点接受货物，并自己承担将货物从交货地点运到目的地的一切风险、责任和费用。由此可见，采用 EXW 术语成交时，卖方承担的风险、责任以及费用都是最小的。但是，若双方希望在起运时卖方负责装载货物并承担货物的全部费用和风险，则必须在销售合同中明确写明。

EXW 术语的特点如下：

（1）卖方负责在合同约定时间和地点提交货物，并只需提供商业发票或相等的电子数据（如合同有要求，才提供货物与合同规定相符的证件）；

（2）卖方不负责将货物装上买方备妥的运输工具，也不负责出口清关手续，买方办理出口手续（买方不能直接或间接办理出口清关手续时，可以委托卖方代办，也可以改用 FCA 术语）；

（3）交货后的全部风险和费用都由买方承担，买方承担从卖方所在地提取货物到目的港的一切费用和风险；

（4）EXW 术语下，卖方无义务提供出口包装，也没有义务将货物装上买方所派的运输工具上；

（5）EXW 术语适合各种运输方式；采用 EXW 术语成交时，卖方承担义务最少，买方义务最大。

2. FAS，Free Alongside Ship（…named port of shipment）

FAS 术语通常译为船边交货（……指定装运港），是指卖方在合同规定的时间内将符合合同规定的货物交到约定的装运港买方指定船只的船边，在船边完成交货义务。买卖双方承担的风险和费用均以船边为界。如果买方所派的船只不能靠岸，卖方则要负责用驳船把货物运到港口外面的船边，仍在船边交货，但装船的责任和费用由买方承担。

FAS 术语起初用于北欧与北美的木材交易，尤其是将原木编成木筏，从产地沿河运至装运港，再将这些木筏横靠船边，以便于装船。目前，国际贸易实务中，以 FAS 术语成交的不多见。

FAS 术语的特点如下：

（1）卖方完成交货义务后，需办理出口清关手续，并提供商业发票或相等的电子数据。

（2）买卖双方的风险划分以装运港买方指定船舶船边为界（若买方船只不能靠岸，卖方要驳至船边交货）。

（3）运输合同、装船责任和费用由买方承担。

（4）FAS 术语仅适用于海运、内河运输。

3. DAF，Delivered at Frontier（…named place）

DAF 术语通常译为边境交货（……指定地点），是指卖方在规定时间将货物运至边境指定的交货地点，完成出口清关手续，并将货物置于买方的处置之下，即完成了交货义务。卖方承担货物交给买方处置前的风险和费用。买方负责在边境交货地点受领货物，办理进口手续，承担受领货物之后的一切风险以及后程运输的责任和费用。

DAF 术语的特点如下：

（1）卖方完成交货义务后，办理出口清关手续，并提供商业发票或相等的电子数据。

（2）买卖双方的风险划分以两国边境指定交货点为界。交货后的全部风险和后程运输的责任和费用均由买方承担（包括边境的卸货费和风险），交货之前一切费用和风险由卖方承担。

（3）DAF 术语适用于陆地交货的各种运输方式，如公路、铁路等。如交货地在进口国时，应选用 DES 或 DEQ 术语。

4. DES，Delivered Ex Ship（…named port of destination）

DEX 术语通常译为目的港船上交货（……指定目的港），是指卖方在合同规定期限内，负责将合同项下的货物按通常路线和惯常方式运到指定目的港，并在目的港船上将货物置于买方控制之下，即完成了交货义务。卖方必须承担货物运至指定的目的港卸货前的一切风险和费用，风险在目的港交货时，由卖方转移给买方。采用该术语时目的港的名称一定要非常明确，事先卖方要将船名、船舶到港的时间通知买方，以便其做好货物的交接工作。

DES 术语的特点如下：

（1）买卖双方的风险划分以目的港船上交货为界。

（2）卖方不仅承担正常的运费和保险费，还要负担诸如转船、绕航、加保特殊附加险等产生的额外费用。

（3）DES 术语适用于海运、内河运输及目的港船上交货的多式联运。

5. DEQ，Delivered Ex Quay（…named port of destination）

DEQ 术语通常译为目的港码头交货（……指定目的港），是指卖方在合同规定日期内，负责将合同项下的货物按通常路线和惯常方式运到指定目的港码头，并在目的港码头将货物置于买方控制之下，即完成了交货义务。卖方应承担将货物运至目的港并卸至码头的一切风险和费用，但不负责办理进口清关手续。买方则要承担在目的港码头接受货物后的一切风险、责任和费用。

在 DEQ 之后要加注双方约定的目的港名称。

DEQ 术语的特点如下：

（1）买卖双方的风险划分以目的港码头上交货为界；

（2）卖方承担货物运至指定目的港码头的一切风险和费用，不负责办理进口清关手续；

（3）DEQ 术语适用于海运、内河或多式联运且在目的港码头卸货的运输方式。

6. DDU，Delivered Duty Unpaid（…named place of destination）

DDU 术语通常译为未完税交货（……指定目的地），是指卖方在合同规定日期内，负责将合同项下的货物按通常路线和惯常方式运到指定进口国指定目的地，并在目的地将货物置于买方控制之下（不负责将货物从交货运输工具上卸下），即完成了交货义务。卖方应承担货物运至指定目的地的一切费用和风险（不包括关税、税捐和进口时所需支付的其他由当局收取的费用，以及办理海关手续费用和风险）。买方必须承担因其未能及时办理货物进口报关手续而引起的费用和风险。

DDU 术语的特点如下：

（1）买卖双方的风险和费用划分以进口国指定目的地为界。

（2）卖方承担货物运至进口国指定目的地的一切风险和费用，不包括进口时的关税、捐税等其他税费及办理进口清关手续的费用。

（3）DDU 术语适用于各种运输方式，但当要求货物在目的港或码头交货时，应使用 DES 或 DEQ。

（4）在 DDU 交货条件下，卖方要承担义务将货物运到进口国内约定目的地，实际交给买方。但是货物进口的清关手续和进口税却是由买方来办理和负担。应该说 DDU 术语对于一些自由贸易区以及订有关税同盟的国家间的贸易是最适宜的。而如果进口国是属于清关困难又很耗费时间的国家，买方有时不能及时顺利地完成清关手续，这种情况下要求卖方承担按时在目的地交货的义务将会有风险。所以，作为卖方在出口业务中采用 DDU 术语之前，应先了解进口国海关管理方面的情况。如果预计进口清关不会很顺利，则不要采用该术语。

7. DDP，Delivered Duty Paid（…named place of destination）

DDP 术语通常译为完税后交货（……指定目的地），是指卖方在合同规定日期内，负责将合同项下的货物按通常路线和惯常方式运到指定进口国指定目的地，并在目的地将货物从交货运输工具上卸下，置于买方控制之下，即完成了交货义务。卖方不许负担货物运至该处的风险和费用，包括关税、税捐和其他费用，并办理进口的清关手续。DDP 术语是《2000 通则》中包含的 13 种贸易术语中卖方承担风险、责任和费用最大的一种术语。

DDP 术语的特点如下：

（1）买卖双方的风险划分以进口国指定目的地为界。

（2）卖方承担货物运至进口国指定目的地的一切风险和费用，包括进口时的关税、捐税等其他税费及办理进口清关手续的费用。以该术语交易时，可以说是卖方服务到家了，因此最具有竞争性。

（3）DDP 术语下卖方承担责任最大，价格最高。

（4）若卖方不能直接或间接取得进口许可证，则不应采用 DDP 术语。

（5）DDP 术语适用于各种运输方式，但当要求货物在目的港或码头交货时，应使用 DES 或 DEQ。

1.3　贸易术语的表达和实际应用

贸易术语的选用问题直接关系到买卖双方的经济利益。为了顺利执行合同和提高经济效益，在实际业务中选用贸易术语时应注意考虑以下几个因素：

1.3.1　贸易术语的表达

贸易术语通常在国际贸易商品的单价中得到表达。商品的单价主要由四个部分组成：计价数量（计量单位）、单位价格金额（单价）、计价货币名称（使用的货币）和贸易术语。例如：GBP100/per. long ton CIF LONDON，这里的"每长吨"即计量单位，"100"即单价，"GBP"即计价货币，"CIF LONDON"即为贸易术语。

1.3.2　贸易术语的实际应用

1. 贯彻平等互利、多创汇、少用汇原则

一般情况下，在出口业务中，出口企业应争取采用 CIF、CIP 术语成交，以便于船货衔接，也可促进我国远洋运输和货物保险事业的发展。在进口业务中，进口企业应争取采用 FOB、FCA 术语成交，可节省外汇、运费和保险费的支出，也可促进我国远洋运输和货物保险事业的发展。视不同情况，灵活选用，适当情况下，也可做一些让步。

2. 考虑货物特性及运输条件

国际贸易中的货物品种很多，不同类别的货物具有不同的特点，它们在运输方面各有不同要求，故安排运输的难易不同，运费开支大小也有差异。

3. 考虑运价动态

运费是货物价格的构成因素之一，在选用贸易术语时，应考虑货物经由的航期、路线的收费情况和运价的变化趋势。一般情况下，当运价看涨时，为了避免承担运费上涨的风险，可选用由对方安排运输的贸易术语，如按 C 组术语进口、按 F 组术语出口。若需我方安排运输，可将运价上涨因素考虑到货价中去，以避免运费上涨造成损失。

4. 考虑运输方式

不同的贸易术语适用于不同的运输方式，对买卖双方风险划分界限也不同，不能随便选用。如 FOB、CFR、CIF 只适用于海运和内河运输，FCA、CPT、CIP 则适用于各种运输方式。

5. 考虑海上运输风险程度

在国际贸易中，它的货物运输路途遥远，运输时间长，运输风险也因此特别大。而且，国际贸易的数量和金额往往也都比较大。货物在海上运输的过程中可能会遇到各种风险，如海啸、地震、台风等自然灾害或船只相撞、船舶搁浅等意外事故。又或者遇到战争、罢工等特殊的意外。因此，买卖双方在洽商交易的时候，需要根据不同的时期、不同的运输地区、不同运输路线和不同的运输方式下的风险情况来选择恰当的贸易术语。

6. 考虑办理进出口货物结关手续的难易

对于国际贸易中的有关进出口结关手续，我们在洽商交易之初就要了解有关政府当局对于办理进出口货物结关的相关规定，以便酌情选用适当的贸易术语。有些国家规定结关手续只能由结关所在国的当事人安排或代为办理，而有的国家则没有这方面的相关限制。比如，EXW 术语要求买方办理货物的出口和进口结关，如果买方不能办理货物的出口结关，则不宜选用该术语。

◎ 案例分析

我方与美国某客商以 CIF 条件成交一笔交易。合同规定以信用证为付款方式。卖方收到买方开出的信用证后，及时办理了装运手续，并制作好一整套的结汇单据。在卖方准备到银行办理议付手续时，收到买方来电，得知载货船只在海上运输途中遭遇意外事故，大部分的货物受损。据此，买方表示将等到具体货物受损情况确定以后，方才同意银行向卖方支付货款。

试分析此案例中买方意见是否合理。

◎ 复习思考题

1. 贸易术语的含义是什么？举例说明贸易术语在国际贸易业务中的作用。
2. 在 FOB 条件下，买卖双方各自的主要义务是什么？
3. FOB、CFR、CIF 这三种贸易术语之间有何异同？
4. 什么是"象征性交货"和"实际交货"？它们各自的特点有哪些？

第2章

商品的品质、数量和包装及其条款

◎ **本章要点**

通过对买卖合同中的商品名称、商品品质、数量、包装等条款内容的学习，掌握商品品质的表达方法、常用数量的计量单位与计算方法、"溢短装条款"的含义与惯例、定牌包装与中性包装的形式以及运输标志的作用。

2.1 品 名 条 款

2.1.1 货物的名称

货物的名称即品名，是买卖双方交接货物的基本依据，在一定程度上体现了商品的自然属性、用途及其主要的性能指标。

2.1.2 品名条款

1. 品名条款的格式

合同中的品名条款并无统一的格式，通常由交易双方酌情商定。一般可在下列三种方式中选择。

（1）"商品名称"或"品名"标题下；

（2）直接在合同的开头部分说明；

（3）与品质条款结合在一起。

2. 品名条款中应注意的问题

（1）内容明确具体。由于国际贸易中买卖双方距离遥远，卖方通常只能依据品名对商品予以说明，因此品名条款应力求明确具体，以体现货物的属性、功能等特征。

（2）使用国际上通用的名称，事先应准确查对该商品的 H.S 编码，以便缮制有关单证和办理进出口报关、检验、缴税、统计等业务时使用。

例如：

彩色电视机 8508. 1083　　　　黑白电视机 8058. 1320

（3）针对商品实际做实事求是的规定。

（4）结合关税、运费等选择合适的品名。

2.2　表示货物品质的方法

货物的品质规格是指商品所具有的内在质量与外观形态。内在质量包括商品的物理性能、机械性能、化学成分和生物特性等。而外观形态是人们的感官可以直接感觉到的外形特征，包括商品的大小、长短、结构、造型、款式、色泽、光滑粗糙程度及味觉、嗅觉等。

合同中的品质条款是商品说明的重要组成部分，也是买卖双方交接货物时对货物品质界定的主要依据。各国法律及《联合国国际货物销售合同公约》规定：

卖方交货必须符合约定的质量，如卖方交货不符合约定的品质条件，买方有权要求损害赔偿，也可要求修理或交付替代货物，甚至拒收货物和撤销合同。

合同中规定品质规格的方法有两种：凭样品和凭文字与图样。

2.2.1　凭样品表示商品质量

1. 凭卖方样品（Seller's Sample）买卖

凭卖方提供的样品磋商交易和成立合同，并以卖方样品作为交货品质的依据，称为"凭卖方样品买卖"（Sale by Seller's Sample）。

卖方所提供的能代表日后整批交货品质的少量实物，称为"代表性样品"（Representative Sample）。

在向国外客户寄送代表性样品时，应留存一份或数份同样的样品，以备日后交货或处理争议时核对之用，该样品称为"复样"（Duplicate Sample）。

封样（Sealed Sample）是由第三者（如商检局）将从整批货物中抽取出来的样品分成若干份，在每份样品经包裹捆扎后用火漆或铅封，除第三者留下若干份外，其余封样交卖方使用。封样有时也可以由卖方自封或由买卖双方会同加封。

2. 凭买方样品（Buyer's Sample）买卖

凭买方提供的样品磋商交易和订立合同，并以买方样品作为交货品质的依据，称"凭买方样品买卖"（Sale by Buyer's Sample），也称"来样成交"。

3. 凭对等样品（Counter Sample）买卖

为了防止日后交货困难及减少纠纷，在买方来样的情况下，卖方可根据买方提供的样品，加工复制出一个类似的样品交买方确认，称为"对等样品"或"回样"，亦称

"确认样品"（Confirming Sample）。

此外，买卖双方为了发展贸易关系、介绍商品而相互寄送的样品，应标明"仅供参考"（for reference only）字样，以免与标准样品混淆。参考样品对买卖双方均无约束力。

在凭样品确定商品品质的合同中，卖方要承担货物品质必须同样品完全一致的责任。为避免发生争议，合同中应注明"品质与样品大致相同"。凭样品成交适用于从外观上即可确定商品品质的交易。

2.2.2　凭文字与图样表示商品质量

1. 凭规格（Specification）买卖

用规格反映商品品质的主要指标，简单方便，准确具体，因而用途广泛。

例如：

亚麻布 （英寸）	门幅 （码）	长度 （米）	重量 （千克）	成分
55	38/42	4.5		100% 亚麻

2. 凭等级（Grade）买卖

对同类商品按照规格中若干指标的差异，分为各不相同的若干等级；不同等级有不同规格，且每一等级的规格是固定不变的。

例如：

鲜鸡蛋　蛋壳呈浅棕色、清洁、品质新鲜

特级	每枚蛋净重	60~65 克
超级	每枚蛋净重	55~60 克
大级	每枚蛋净重	50~55 克
一级	每枚蛋净重	45~50 克
二级	每枚蛋净重	40~50 克
三级	每枚蛋净重	35~40 克

3. 凭标准（Standard）买卖

将商品的规格、等级予以标准化并以一定的文件表示出来（如国际标准、国家标准、行业标准、地方标准、企业标准）。引用标准时，应注明版本名称及年份。

例如：利福平，符合 1993 年版英国药典。

特殊标准：

——FAQ　Fair Average Quality　良好平均品质

由同业公会或检验机构从一定时期或季节、某地装船的各批货物中分别抽取少量实物加以混合拌制，并由该机构封存保管，以此实物所显示的平均品质水平，作为该季节同类商品质量的比较标准。此标准比较笼统，使用时一般还应订明主要规格指标。

——GMQ Good Merchantable Quality 上好可销品质

表示卖方所交货物品质上好，适合于销售。此标准更为笼统，一般只适用于木材或冷冻鱼类。

4. 凭牌号或商标（Brand or Trade Mark）买卖

牌号和商标是用来区别同类产品的不同生产商或销售商的标志，卖方应按品牌通常具有的品质交货，通常适用于名牌产品。

例如：联想笔记本电脑和海尔电冰箱。

5. 凭产地名称（Name of Origin）。

适用于因产区的自然条件、传统加工工艺等因素的影响，而具有独特的风格和特色的产品。通常应用于传统农副产品和特色产品。

例如：法国香水、四川榨菜、绍兴花雕酒、景德镇瓷器等。

6. 凭说明书和图样（Description and Illustration）买卖

主要用于机器、电器、仪表、大型设备、交通工具等技术密集型产品，这些产品结构复杂，无法用样品或简单的几项指标来反映其质量全貌，必须通过说明书来完整地说明其具有的品质特征。对于附有图样、说明书的合同必须注明图样、说明书的法律效力。

另外，对此类产品，买方通常还会要求订立卖方品质保证条款和技术服务条款。

例如："品质和技术数据必须与卖方所提供的产品说明书严格相符"。

2.2.3 品质条款的规定

为了避免因交货品质与买卖合同不符造成违约，在出口业务中，可以在合同品质条款中作出变通规定，如规定品质机动幅度和品质公差等。

1. 品质机动幅度（Latitude）

即允许卖方所交货物的品质可有一定幅度范围内的差异。

1. 规定范围。如：漂布，幅阔 35/36 英寸。
2. 规定极限。如：活黄鳝，每条 75 克以上。
3. 规定上下差异。如：灰鸭绒，含绒量 18%，±1%。

2. 品质公差（Tolerance）

国际上同行公认的允许产品品质出现的一定范围内的差异。

在品质机动幅度内的变化，一般按合同单价计价，但是在使用品质机动幅度时，有的时候经买卖双方协商同意，也可按比例计算增减价格，并在合同中订立"增减价条款"。超出机动幅度的品质变化，可按违约处理，也可规定品质增减价。

通常在签订合同时，往往将商品的品名和品质条款列在一起：

例如：J789 40CM CHRISTMAS BEAR WITH CAPS AND SCARF, AS PER THE SAMPLES DISPATCHED BY THE SELLER ON 20 AUG. 2010.

圣诞熊，货号 J789 40 厘米，附带帽子和围巾，根据卖方于 2010 年 8 月 20 日寄送的样品。

2.3　货物的数量条款

数量条款的主要内容是交货数量、计量单位与计量方法。数量是买卖双方交货的依据，使用的计量单位一定要符合国际度量制度，制定数量条款时应注意明确计量单位和度量衡制度法。

2.3.1　常用计量单位

1. 重量（Weight）：如克、公斤、盎司、磅、公吨、长吨、短吨等。
2. 个数（Numbers）：如只、件、套、打、罗、令等。
3. 长度（Length）：如米、英尺、码等。
4. 面积（Area）：如平方米、平方英尺、平方码等。
5. 体积（Capacity）：如立方米、立方英尺、立方码等。
6. 容积（Volume）：如升、加仑、蒲式耳等。

由于各国度量衡制度不同，所使用的计量单位也各异。目前国际贸易中通常使用的有公制（The Metric System）、英制（The British System）和美制（The U.S. System）三种。此外，还有在公制基础上发展起来的国际单位制（International System of Units，缩写 SI）

2.3.2　计算重量的方法

1. 毛重（Gross Weight）。毛重是指货物本身的重量加上皮重，即加上包装材料的重量。有些单位价值不高的货物，可采用按毛量计量的方法，在国际贸易中称作"以毛作净"（Gross for Net）。

2. 净重（Net Weight）。净重是指货物的本身重量，即不包括皮重的货物实际重量。

如在合同中未明确规定用毛重还是净重计量、计价的，按惯例应以净重计。

3. 公量（Conditioned Weight）。公量即用科学方法抽出商品中的水分后，再加上标准含水量所求得的重量。其计算方法是，以商品的干净重（即烘去商品水分后的重量）加上国际公定回潮率与干净重的乘积即可得出。这种方法通常用于价值较高而水分含量极不稳定的货物，如羊毛、生丝等。其计算公式为：

公量＝商品干净量×（1+公定回潮率）

公量＝商品净重×（1+公定回潮率）/（1+实际回潮率）

4. 理论重量（Theoretical Weight）。理论重量是指某些有固定规格形状和尺寸的商品，如马口铁、钢板等，只要规格一致，每件重量大体相同，便可以从其件数推算出总量。这种计重方法称为理论重量。

2.3.3　数量的机动幅度

数量机动幅度是指卖方可按买卖双方约定某一具体数量多交或少交若干的幅度，通常指溢短装条款（more or less clause）。因为在数量方面，合同通常规定有"约数"，但对"约数"的解释容易发生争议，故应在合同中增订"溢短装条款"，明确规定溢短装幅度，即明确规定交货时可以多装或少装一定的比例。

1. 表示方法。一般用百分比表示。例如：5 000 公吨，卖方可溢装或短装 5%。

2. 选择权。一般由卖方决定，也可由买方或船方决定。

3. 计价。如无特别规定，溢短装部分按合同价格计。但为了防止当事人利用行情变化谋利，也可按到货日或装船日的价格计。

目前大部分货物都是采用集装箱运输，买卖双方往往以集装箱的装载量作为约数（重）量的基础，出口商品在集装箱中的实际装载量就成为数量条款的依据。因此，装载量核算的准确性是成交与履约的关键。

例如：（1×20′）表示一个 20 英尺集装箱，（3×40′）表示 3 个 40 英尺的集装箱。

2.4　货物的包装条款

2.4.1　商品的包装

包装是指为了有效地保护商品的数量完整和质量要求，把货物装进适当的容器。

1. 根据包装形式的分类

根据包装形式可分为纸箱、木箱、编织袋、包、托盘等。不同的包装形式其包装要求也有所不同。

（1）一般出口包装标准：根据贸易出口通用的标准进行货物包装。

（2）特殊出口包装标准：根据客户的特殊要求进行货物包装。

（3）货物的包装和唛头（运输标志）：根据信用证等文件的规定进行货物包装。

2. 根据货物情况的分类

（1）散装货（bulk cargo），指不需包装，通常直接以散装方式交于不定期船大批装运的货物。此种货物大多价值低廉，有一定运输流向，通常以吨计算载货重量，一般常见的米、糖等都用此类包装。

（2）裸装货（nude cargo），也指没有包装的货物。

（3）包装货（packed cargo），指有包装的商品。

3. 根据包装在流通过程中的作用的分类

（1）运输包装

又称"外包装"或"大包装"。主要用于保护商品、便于运输、节省仓储及便于计数，包括单件运输包装和集合运输包装两种。单件运输包装是指商品在运输过程中作为一个计量单位的包装。集合运输包装又称为组合化运输包装，是指将一定数量的单件运输包装组合成一件大包装或装入一个大的包装容器内。目前常见的集合运输包装有集装袋和集装包。运输包装主要要求牢固、经济。

（2）销售包装

又称"内包装"、"小包装"、"直接包装"。主要用于保护商品、美化商品、宣传推广以及便于消费者携带、选购和使用。此种包装则主要要求美观、有吸引力。

销售包装主要分以下几种：

挂式包装、堆叠式包装、携带式包装、易开包装、喷雾包装、配套包装、礼品包装、复用包装。

销售包装的内容则包括：

装潢画面、文字说明、条形码。

此外，衬垫物也是包装的重要组成部分，不容忽视。它的作用是防震、防碎、防潮、防锈等。衬垫物一般用纸屑、纸条、防潮纸和各种塑料衬垫物。

2.4.2 包装标志

指为了方便运输、装卸以及储存保管，便于识别和防止货物损坏而在商品外包装上刷写的标志。包括以下三种：

1. 运输标志（Shipping Marks）

运输标志又称"唛头"，由一个简单的几何图形和一些字母、数字和文字组成。主要是为了方便在装卸、运输、存储过程中识别、点数、核对单证，避免错发错运。

内容上主要包括收货人、发货人的名称代号、简单的几何图形、目的地名称、件号，有时可加列合同号、信用证号、发票号、进口许可证号、货物型号、产地等。

目前，为了便于计算机在运输和单证流转方面的应用，推荐使用标准运输标志。标准运输标志共四行，不采用几何图形，每项不超过 17 个字母，内容包括：

收货人代号

参考号

目的地

件号

例如：

SMCO   ——收货人代号

2002/C NO. 245789   ——参考号

NEW　YORK   ——目的地

NO. 1—20   ——件数代号

2. 指示性标志（Indicative Marks）

指在对容易破碎、残损、变质的商品的包装上配以简单醒目的图形和文字，以提示在装卸、运输和保管过程中应注意的事项。常见的指示性标志如图 2-1 所示。

图 2-1　常见的指示性标志

3. 警告性标志（Warning Marks）

警告性标志又叫"危险品标志"，在爆炸品、易燃物品、腐蚀物品、放射性物品、氧化剂等货物运输时，都必须以简单醒目的图形和文字表明货物危险的性质和等级，以示警告，使装卸、运输和保管人员按货物特性采取相应措施，以保护相关人员的人身安全和物资安全。常见的警告性标志如图 2-2 所示：

图 2-2　常见的警告性标志

2.4.3　定牌、无牌和中性包装

1. 定牌包装

指卖方按买方的要求在其出售的商品或包装上标明买方指定的商标和牌号。在国际或国内贸易中，有许多大百货商店、超级市场和专业商店，在其经营的商品中，有一部分商品使用该店专有的商标和牌名，这部分商品即是由商店要求有关厂商定牌生产的。

买方和卖方各有利益考虑，但应注意以下问题：

防止买方利用定牌来排挤卖方商标；

买方所指定的商标有无产权纠纷。

2. 无牌包装

指买方要求卖方在商品及包装上不标注任何商标或牌号。主要用于一些尚待进一步加工的半制成品。

采用定牌和无牌包装时，除非另有约定，一般都会注明生产国别。

3. 中性包装（Neutral Packing）

指商品和内外包装上均无生产国别和生产厂商名称。根据买方是否要求卖方在商品或包装上标明商标和品牌，中性包装也分为定牌中性包装和无牌中性包装。定牌中性是指货物和包装上使用买方指定的商标。无牌中性是指在货物和包装上均不使用任何商标或牌名。上述两者均不注明生产国别。

中性包装的做法是国际贸易中常见的方式，在买方的要求下，可酌情采用。对于我国和其他国家订有出口配额协定的商品，则应从严掌握，因为万一发生进口商将商品转口至有关配额国，将对我国产生不利影响。出口商千万不能因图一己之利而损害国家的声誉和利益。

2.4.4　包装条款的内容

包装条款的主要内容包括：包装方式、包装材料、包装规格、包装标志和费用负担等。

另外，在包装条款中还应注明每件（箱）内商品的数（重）量，即××只装一箱（包、捆等），总共××箱。如果是集装箱运输，还应写明××箱装一集装箱。

例如：

①单层新麻袋装，每袋净重 25KG，纸箱包装每箱一台；

②TO BE PARKED CARTONS OF ×× SET EACH, TOTAL ×× CARTONS.

订立包装条款时应注意的问题：

1. 考虑商品的特点和不同运输方式的要求。

2. 对包装的规定应明确具体，明确包装的材料、造型和规格，不应使用"适合海

运包装"、"标准出口包装"等含义不清的词句，包装材料应该符合环保要求及国际相关规定。

3. 按照国际贸易习惯，唛头一般由卖方决定，合同中无须规定，但如果买方有特殊要求，则应在合同中具体规定。

4. 包装费用一般已包含在货价内，但如果买方有特殊要求，则超出的包装费用由买方承担，并在合同中明确规定。

例如：布袋装，内衬聚乙烯袋，每袋净重 25 千克；每台装 1 个出口纸箱，810 纸箱装 1 个 40 英尺集装箱运送。

◎ 案例分析

我方向美国出口布匹一批，货到目的港后，买方因销售旺季，未对货物进行检验就将布匹投入批量生产。数月后，买方寄来几套不同款式的服装，声称用我方出口的布匹制成的服装缩水严重，无法投入市场销售，因此向我方提出索赔。

请问：

我方是否应该理赔，为什么？

◎ 复习思考题

1. 品质条款在合同中的法律地位如何？约定品质条款应当注意哪些事项？
2. 表示货物品质的方法有哪些？各自的含义和使用注意事项有哪些？
3. 为什么在买卖合同中应规定数量机动幅度条款？
4. 选用包装时应当考虑哪些主要问题？
5. 什么是"中性包装"？在国际贸易中，为什么会出现中性包装？
6. "定牌"的含义及做法？

第3章
国际货物运输

◎ **本章要点**

通过对国际货物运输及货运单据的学习，掌握国际贸易货物运输的主要方式、各种运输方式的作用及利弊、货运单据的性质以及货物运输方式的合理选择及操作程序等。

3.1 海上货物运输

在国际货物运输中，采用的运输方式很多，其中包括海洋运输、铁路运输、航空运输、河流运输、邮政运输、公路运输、管道运输、大陆桥运输以及由各种运输方式结合的国际多式联运等。目前，运用最广泛的是海洋运输（Ocean Transport），海运量在国际货物运输总量中占80%以上。本节将主要介绍海洋运输方式的相关内容。

3.1.1 海洋运输的特点

在国际货物运输中，海洋运输之所以被广泛采用，是因为它与其他国际货物运输方式相比，主要有下列明显的优点：

1. 通过能力大。船舶的通航受到道路限制的情况比较少，它可以利用四通八达的天然航道，不像铁路运输受限于轨道，所以通过能力大。

2. 运量大。海洋运输船舶的运输能力，远远大于铁路运输车辆。例如，一艘万吨船舶的载重量大约相当于250～300个车皮的载重量。

3. 运费低。由于运量大，航程远，分摊于每货运吨的运输成本就少；同时船舶可以自由通过公海，根本不需要出钱借道。因此，在所有运输方式中，海洋运输的运费最便宜。

海洋运输也具有明显缺点，其一是速度相对较慢，从中国东部海港运往西非口岸大约要30天，甚至更久；其二是受气候和自然条件的影响较大，航期不易确定；其三是风险较大，这些风险主要有海上的自然灾害、海上意外事故以及海盗劫掠。

3.1.2　海洋运输船舶的经营方式

1. 班轮运输（Liner Transport）

班轮运输是指船舶沿固定的航线，经固定的港口，按事先公布的固定船期运输货物，按事先公布的费率收取运费的船舶运输方式。采用班轮运输，运价中已经包含货物的装卸费用，船方管装管卸，所以不用单独计算装卸费。承运人和托运人双方也不计滞期费和速遣费。

班轮运费的计收标准：

（1）按重量吨（weight ton）计收

按重量吨计收运费是以货物的毛重核收运费，运价表中用"W"表示。此种方式适用于体积小、重量大的货物。

（2）按尺码吨（measurement ton）计收

按尺码吨计收运费是以货物的体积/容积核收运费，运价表中用"M"表示。此种方式适用于重量轻、体积大、价值不高的货物。

（3）按货物的价格计收

以货物价值作为运费计收标准，又称为从价运费，运价表中用"A. V."或"Ad. Val"表示。此种方式适用于黄金、手工艺品、精密仪器等贵重物品。从价运费一般按货物的 FOB 价格的百分之几收取。

以上三种是基本的班轮杂货运费计收标准。其中计算运费的重量吨和尺码吨统称为运费吨（freight ton），又称计费吨。国际上一般采用公制（米制），其重量单位为公吨（metric ton，缩写为 M/T），尺码单位为立方米（cubic metre，缩写为 M^3）。计算运费时 1 立方米作为 1 尺码吨。

另外，对于货运中由于包装原因造成货物的轻、重、价值难以确定时，船公司则采取按照收费高者计收。在运价表中，"W/M"表示由船公司根据重量吨或尺码吨从高计收；"W/M or ad val"表示在货物重量、尺码或价值三者中选择最高的一种计收；"W/M plus ad val"表示按货物重量或尺码选择其高者，再加上从价运费计算。

（4）货物的件数（per unit/per head）计收

按每件货物作为一个计费单位收费，如卡车按辆计收，活牲畜按头计收。此种方法适用于包装固定、体积固定不变的货物。

（5）按议价费率计收

按承运人和托运人临时议定的费率计算运费。此种方法适用于如粮食、煤炭、矿石等运量较大、货值较低、装卸容易、装卸速度快的大宗货物。

班轮公司除收取基本运费外，还要另外加收不同的附加费。常见的附加费有以下几种：

①超重附加费（extra charges on heavy lifts）。它是指由于货物单件重量超过一定限度而加收的附加费。各轮船公司对每件货物的重量规定不一，我国有的船公司规定每件

货物不得超过 5 公吨。

②超长附加费（extra charges on over lengths）。它是指由于单件货物的长度超过一定限度而加收的附加费。

③转船附加费（transshipment additional）。当货物需要转船时，船公司必须在转船港口办理换装和转船手续，由于上述作业所增加的费用，称为转船附加费。

④直航附加费（additional on direct）。如果一批货物达到规定的数量（"中远"规定近洋直航须达到 2000 公吨，远洋直航须达到 5000 公吨），托运人要求将一批货物直接运达非基本港口卸货，船公司为此加收的费用，称为直航附加费。

⑤燃油附加费（bunker adjustment factor）。若燃油价格上涨时，船公司可按基本运价的一定百分比加收附加费。

⑥选卸附加费（additional on optional discharging port）。对于选卸货物需要在积载方面给予特殊的安排，如倒舱翻找货物，由此增加一定的手续和费用，因此船公司要加收选卸附加费。

⑦港口附加费（port additional）。由于某些港口的情况比较复杂，如港口设备条件差或装卸效率低造成船舶靠港时间过长、港口收费较高等原因，船公司为弥补损失而收取的费用。

⑧货币贬值附加费（devaluation surcharge）。当运价表中的货币贬值时，船公司为弥补其损失而加收的费用。

班轮运输由于定时、定线、定港、定价，所以运输上的不确定性相对小。班轮运输方式承接的货物一般为小额贸易货物，现在多以集装箱作为运输单元，提单是主要的运输单证。班轮运输的承接手续比租船运输简单得多而且无论货物多少都可以承接，所以使用的频率相当高。但是班轮运输在整个海运货物总量中的比例并不大，目前只占到 20% 左右。

班轮运费的计算方法是：在确定货物装运某船运往某港时，先根据货物的英文名称从货物分级表中查出有关货物的计费等级、计费标准及运往目的港所属航线；然后再从航线费率表中查出有关货物的基本费率；最后用基本运费加上各项附加费，所得的是有关货物的单位运费（每重量吨或每尺码吨的运费），再乘以计费货运总量，即得出该批货物的运费总额。如果是从价运费，则按规定的百分比乘以 FOB 货值即可。

2. 租船运输（Shipping by Chartering）

租船运输又称不定期船运输，没有预定的船期表、航线、港口，船舶按租船人和船东双方签订的租船合同规定的条款完成运输服务。根据协议，船东将船舶出租给租船人使用，完成特定的货运任务，并按商定运价收取运费。采用租船运输的货物主要是大宗货物，例如煤炭、矿砂、粮食、化肥、水泥、木材、石油等。一般都是整船装运，运量大，租船运输的运量占全部海上货运量的 80% 左右。运价比较低，并且运价随市场行情的变化波动。租船方式主要有航次租船、定期租船和光船租船三种：

（1）航次租船（Voyage Charter）

航次租船又称为定程租船，是以航程为基础的租船方式。在这种租船方式下，船方必须按租船合同规定的航程完成货物运输服务，并负责船舶的经营管理以及船舶在航行中的一切开支费用，租船人按约定支付运费。航次租船的合同中规定装卸期限或装卸率，并计算滞期和速遣费。航次租船又可以分为单程租船、往返租船、连续航次租船、航次期租船、包运合同租船几种：

①单程租船（Single Voyage Charter）

单程租船也称为单航次租船，即所租船舶只装运一个航次，航程终了时租船合同即告终止。运费按租船市场行情由双方议定，其计算方法一般是按运费率乘以装货或卸货数量或按照整船包干运费计算。例如：从武汉至纽约运送 80 000 公吨玉米，一次运完。

②往返租船（Round Trip Charter）

往返租船也称为来回航次租船，即租船合同规定在完成一个航次任务后接着再装运一个回程货载，有时按来回货物不同分别计算运费。例如：先从武汉至纽约运送 80 000 公吨玉米，再从纽约至武汉运送 80 000 公吨磷肥。

③连续航次租船（Consecutive Trip Charter）

即在同样的航线上连续装运几个航次。往往货运量较大，一个航次运不完的时候，可以采用这样的租船方式，这种情况下，平均航次船舶租金要比单航次租金低。例如从大连至孟买运送煤炭，每 30 天运一次，连续运 4 次。

④包运合同租船（Contract of Affreightment）

船东在约定的期限内，派若干条船，按照同样的租船条件，将一大批货物由一个港口运到另一个港口，航程次数不作具体规定，合同针对待运的货物。这种租船方式可以减轻租船压力，对船东来说，营运上比较灵活，可以用自有船舶来承运，也可以再租用其他的船舶来完成规定的货运任务；可以用一条船多次往返运输，也可以用几条船同时运输。包运合同运输的货物通常是大宗低价值散货。例如：现有 2 000 000 公吨铁矿石，从悉尼运至上海，时间：2010 年 3 月至 10 月。

⑤航次期租船（Trip Charter on Time Basis）

航次期租船也称为期租航次租船，船舶的租赁采用航次租船方式，但租金以航次所需的时间（天）为计算标准。这种租船方式不计滞期、速遣费用，船方不负责货物运输的经营管理。

（2）定期租船（Time Charter）

定期租船简称期租，是指以租赁期限为基础的租船方式。在租期内，租船人按约定支付租金以取得船舶的使用权，同时负责船舶的调度和经营管理。期租租金一般规定以船舶的每载重吨每月若干金额计算。租期可以长可以短，短时几个月，长则可以达到 5 年以上，甚至直到船舶报废为止。期租的对象是整船，不规定船舶的航线和挂靠港口，只规定航行区域范围，因此租船人可以根据货运需要选择航线、挂靠港口，便于船舶的使用和营运。期租对船舶装运的货物也不作具体规定，可以选装任何适运的货物；租船人有船舶调度权并负责船舶的营运，支付船用燃料、各项港口费用、捐税、货物装卸等费用。不规定滞期、速遣条款。

（3）光船租船（Bare Boat Charter）

光船租船也是一种期租船，不同的是船东不提供船员，只把一条空船交给租方使用，由租方自行配备船员，负责船舶的经营管理和航行各项事宜。对船东来说，一般不放心把船交给租船人支配；对租船方来说，雇佣和管理船员工作很复杂，租船人也很少采用这种方式。因此，光船租船形式在租船市场上很少采用。

3.2　海 运 单 据

3.2.1　海运提单

1. 海运提单的性质

海运提单（ocean bill of lading，B/L）简称提单，是船方或其代理接管货物或装船后签发给托运人的货物收据以及承运人据以保准购交付货物的权利。

提单的性质和作用有三点：一是货物收据，证明承运人已收到或接管提单上所列的货物。二是物权凭证，即在法律上提单具有物权证书的作用。船货抵达目的港后，承运人应向提单的合法持有人交付货物。提单持有人还可以通过背书转让其货物所有权。三是运输契约的证明。提单条款明确规定了承、托双方的权利和义务、责任与豁免，是处理承运人与托运人之间的争议的法律依据。

2. 海运提单的种类

海运提单可以从不同的角度分为多种类型，具体如下：

（1）根据货物是否已装船，分为已装船提单和备运提单

①已装船提单（on board B/L）是指货物装上指定船舶后，船方签发的注有船名和装船日期的提单（装船日期是指装货完毕的日期，即提单日期，该日期应完全符合买卖合同的装运期限）。在实际业务中，银行一般都要求卖方提供已装船提单。

②备运提单（received for shipment B/L）是指承运人已收到货物后在待运期间所签发的提单。在集装箱运输情况下，银行可接受货物在承运人监管下所出具的备运提单。

（2）根据提单上对货物外表有无不良批注，分为清洁提单和不清洁提单

①清洁提单（clean B/L）是指货物在装船时表面状况良好，承运人在提单上未加注货物受损或包装不良批注的提单。通常，银行只接受清洁提单。清洁提单还是提单转让时必备的条件。

②不清洁提单（unclean B/L，或 foul B/L）是指承运人在提单上对货物外表状况签有不良批注的提单。

（3）根据提单收货人抬头的不同，分为记名提单、不记名提单和指示提单三种

①记名提单（straight B/L）是指收货人栏内填明收货人名称的提单。此种提单只

能交给提单上的收货人，并且不能通过背书方式转让给第三方。

②不记名提单（bearer B/L）是指收货人栏内不需列明任何收货人，只注明"货交提单持有人"或不填写任何内容的提单。谁持有提单，谁就可以提货。承运人交货是凭单不凭人。

③指示提单（order B/L）是指收货人栏内填写"凭指定"或"凭某人指定"字样的提单。此种提单经过背书才能转让。背书的方式有"空白背书"和"记名背书"之分。空白背书是指（提单转让人）在提单背面签章，但不注明被背书人（提单受让人）的名称；记名背书是指背书人除了在提单背面签名外，还要注明被背书人的名称，如再转让可再加背书。目前业务中使用最多的是凭指定并经空白背书的提单，习惯上称其为"空白抬头、空白背书"提单。

（4）根据运输方式的不同，分为直达提单、转船提单和联运提单

①直达提单（direct B/L）是指轮船中途不经过换船、从装运港将货物直接运达目的港的提单。

②转船提单（transhipment B/L）是指货轮不直接驶往目的港，而需在中途换装另一船舶所签发的提单。在这种提单上一般注有"在某港转船"字样。

③联运提单（through B/L）是指货物需要经过两段或两段以上运输才能运达目的港，而其中第一程为海运式（如海陆、海空、海海联运）的提单。联运提单虽包括全程运输，但签发联运提单的承运人一般都在提单中规定，只承担他负责运输的一段航程内的货损责任。

（5）根据内容繁简的不同，分为全式提单和简式提单

①全式提单（long term B/L）是指既有正面条款、又有背面条款，对承托双方的权利、义务有明确规定的提单。

②简式提单（short term B/L）是指背面无条款仅有正面内容的提单。通常在租船合同项下及提单副本的提单多使用简式提单。租船合同项下提单有关当事人的责任、权利和义务，多在提单上注明"按照本公司全式提单上的条款办理"的字样。

（6）根据船舶运营方式不同，分为班轮提单和租船提单

①班轮提单（liner B/L）是指由班轮公司承运货物后所签发给托运人的提单。

②租船提单（charter party B/L）是指承运人根据租船合同所签发的提单。

（7）根据提单使用效力，分为正本提单和副本提单

①正本提单（original B/L）是指提单上有正本字样的提单，是提货依据和议付的凭证。正本提单一般签发一式两份或三份，根据合同或信用证要求来定，其中的一份提货后，其余各份即失效。

②副本提单（copy B/L）是指仅供工作参考及企业确认信息之用，没有承运人、船长或其代理人签章的提单。

（8）其他种类提单

①舱面提单（on deck B/L）是指船方签发有"货装甲板"字样的提单。由于货物装在甲板上风险较大，故托运人一般都向保险公司加保舱面险，以保货物安全。除非信

用证另有约定，银行一般不接受舱面提单。

②过期提单（stale B/L）是指在信用证条件下错过规定的交单日期或者晚于货物到达目的港日期的提单。前者是指卖方超过提单签发日期后 21 天交到银行议付的提单。按惯例银行拒绝接受此类提单。后者是指在近洋运输时容易出现单据晚于货物到达的情况。所以，在近洋国家间的贸易合同中，一般订有"过期提单可以接受"的条款。

③倒签提单（antidated B/L）是指货物装船后，承运人应托运人请求而签发的早于货物实际装船日期的提单。

④预借提单（advanced B/L）是指货物尚未装船，将预先签发的提单借给托运人。

需要注意的是，不论是倒签提单还是预借提单，提单日期都不是真正的装船日期。由于这类提单的签发行为侵犯了收货人的合法权利，因此应尽量减少或杜绝使用。这两种提单均需要托运人提供担保函才能获得。然而英国、美国、法国等国不承认保函；亚洲、欧洲一些国家则认为只要未损害第三者利益，可以不属于非法，不过仍应该严格控制。

3.2.2　海运单

1. 海上货运单的定义

海运单（sea waybill，ocean waybill）是指承运人或代理人向托运人签发的表明他已经收到托运人的货物并拟将该货物运往指定目的港，直接交给指定收货人的凭证。

2. 海运单的特点

（1）海运单只具备"货物收据"和"运输合同证明"的性质，它不代表货物的所有权，故不得转让。收货人不凭海运单提货，而是凭到货通知提货。

（2）海运单是一种不可流通的单证，因此，它又称"不可转让海运单"。

3. 海运单的基本作用

（1）承运人收到由其照管的货物的收据；

（2）运输契约的证明；

（3）在解决经济纠纷时作为货物担保的基础。

4. 海运单适用的范围

（1）租船运输。由于在租船运输下，船东和承租人双方的权利和义务以租船合同的形式加以规定，价值由于整船货物一般都只有一个发货人和收货人，承运人（船东）到时候只要按照租船合同规定将承运货物在目的港交给指定的收货人就行了，不需要凭运输单据交付货物。

（2）电放货物或电子提单。托运人和承运人商定，货物在目的港不凭纸质的正本提单提货，而仅凭卖方的书面放货声明（或指令），由承运人电告（人电传，电子邮件或 EDI 等）在目的港的承运人代理直接把货物交给收货人。货物在装运港装船后，承运人就向托运人签发海运提单，用以证明已经收到托运货物，并拟将此货物运抵指定的目的港，直接交给指定的收货人。

有些进口商不愿意用提单提货，他们通常要求卖方向承运人交付货物后就签署一份"放弃物权"的书面声明，然后由承运人向卖方签发一份没有物权的海运单。这种做法对于买方有利，但对于卖方的风险却极大，所以在正常情况下，除非卖方在装运货物之前就收讫了足额货款，否则，不可贸然答应这样做。

3.3　铁路货物运输

铁路货物运输是指利用铁路进行货物运输的一种方式。它具有运输量达、速度快、成本相对较低、受气候影响小、运输安全可靠、运输的准确性和连续性强等优点。在国际货物运输中，铁路运输是一种仅次于海洋运输的主要运输方式。

3.3.1　国际铁路货物联运

国际铁路货物联运是指两个或两个以上国家之间采用铁路运输货物的方式。国际铁路货物联运运单是国际铁路联运的主要运输单据，它是参加联运的发送国铁路与发货人之间订立的运输契约，其中规定了参加联运的各国铁路和收货人、发货人的权利和义务。

参加国际铁路货物联运的国家分为两个集团，一个是有 32 个国家参加的并签有《国际铁路货物运送公约》的"货约"集团；另一个是曾有 12 个国家参加并签有《国际铁路货物联运协定》的"货协"集团，该集团现已解体，但联运业务并未终止。参加《国际货协》国家的进出口货物，可以通过铁路转运至参加《国际货约》的国家，反方向亦可以。在我国大陆凡是可以办理铁路货运的车站都可以接受国际铁路货物联运。

根据货量、体积不同，铁路联运可分为整车货、零担货以及集装箱、托盘和货捆等装运方式。根据运送速度不同，铁路联运可以分为快运、慢运和随客列挂运等三种。

3.3.2　国内铁路运输

我国出口货物经铁路运至港口装船，进口货物卸船后经铁路运往各地，供应港澳地区货物经铁路运往香港、九龙、澳门，这些都属于国内铁路运输的范围。

3.3.3　铁路运输单据

铁路运单是国际铁路联运的主要运输单据。它是发货人、收货人与铁路之间缔结的运输契约。对应于国际铁路联运和国内铁路运输两种方式，铁路运输单据也分为两种：国际铁路联运运单、承运货物收据。

1. 国际铁路联运运单

国际铁路联运运单是铁路与货主间缔结的运输契约，其中规定了参加联运的各国铁路和收、发货人的权利和义务。该运单从始发站随同货物附送至终点站并交给收货人，它不仅是铁路承运货物出具的凭证，也是铁路同货主交接货物、核收运杂费用和处理索赔与理赔的依据。当发货人向始发站提交全部货物，并付清应由发货人支付的一切费用，经始发站在运单和运单副本上加盖始发站承运日期戳记，证明货物已被接妥承运后，即认为运输合同已经生效。

2. 承运货物收据

承运货物收据是在特定运输方式下所使用的一种运输单据，它既是承运人出具的货物收据，也是承运人与托运人签订的运输契约。我国内地通过铁路运往港、澳地区的出口货物，一般多委托中国对外贸易运输公司承办。当出口货物装车发运后，对外贸易运输公司即签发一份承运货物收据给托运人，以作为对外办理结汇的凭证。

3.4　航空货物运输

航空运输是一种现代化的运输方式。随着国际贸易的迅速发展以及国际货物运输技术的不断现代化，采用空运方式也越来越普遍。它的特点是运输速度快、货运质量高、手续简便、货物破损率低。

3.4.1　航空货运方式

1. 班机运输（scheduled airline）

班机运输是指在固定航线、固定的始发站、目的站和途径站定期航行的飞机运输。班机因定时、定航线、定站等特点，因此适用于运送急需物品、鲜活商品以及节令性商品。但是，班机一般采用客货混合型飞机，因舱位有限，不能满足大批量货物及时装运的需要，并且，班机的费用相比包机方式更为昂贵。

2. 包机运输（chartered carrier）

包机运输是指租用专门的运输飞机（可由多个发货人或航空货代联合包租）来运载货物的运输。它分为整包机和部分包机运输两种形式，前者是指航空公司或航运代理公司按事先约定条件和费率，将整架飞机租给租机人运输商品，适用于运送数量较大的商品；后者是由几家航空货运代理公司或发货人联合包租一架飞机，适用于多个发货人但货物是同一地机场的货物运输。

3. 集中托运（consolidation）

集中托运是空运货代公司将同一到达站的多个发货人的货物集中起来组成整批货，用一份总运单（附分运单）整批发运到预定目的地，由航空公司在那里的代理人办理收货和报关手续，并将货物分拨给各个实际收货人。此种方式运费较低。

4. 急件传递（air express）

航空急件传递是由专门经营这项业务的公司与航空公司合作，设专人用最快的速度在货主、机场、用户之间进行货物的传递，适用于急需的药品、贵重物品、货样及单证等的传送，被称为"桌到桌运输"。

3.4.2 航空运单

航空运单是承运人与托运人之间签订的运输契约，也是承运人或其代理人签发的货物收据。航空运单还可以作为承运人核收运费的依据和海关查验放行的基本单据。但是航空运单不是代表货物所有权的凭证，只能用于向银行办理结汇。航空运单正本一式三份，第一联交承运人，第二联交收货人，第三联交发货人（办理结汇）。收货人提货不是凭航空运单，而是凭航空公司的提货通知单。在航空运单的收货人栏内，必须详细填写收货人的全称和地址，而不能做成指示性抬头。

3.5 公路、内河、邮政和管道运输

3.5.1 公路运输

公路运输（road transportation）是陆上两种基本运输方式之一，是车站、港口和机场集散进出口货物的重要手段，我国的边境贸易运输、港澳货物运输，其中有相当一部分是靠公路运输独立完成的。它具有机动灵活、简捷方便的特点，在短途货物集散运转上，比铁路、航空运输具有更大的优越性，但其载货量有限，运输成本高，易造成货损事故，费用和成本也比海上运输和铁路运输高。

3.5.2 内河运输

内河运输（inland transport transportation）是水上运输的重要组成部分，同时也是连接内陆腹地与沿海地区的纽带。我国长江、珠江等一些港口已对外开放，同一些邻国还有国际河流相通，这是我国货物内河运输的有利条件。内河运输具有运量大、投资少、成本低、耗能小的特点，适宜装运大宗货物，如矿砂、粮食、煤炭等。

3.5.3 邮政运输

邮政运输（parcel post transportation）是一种简便的运输方式，手续简便，费用不高。各国邮政部门之间订有协定和公约，通过这些协定和公约，各国的邮件包裹可以互相传递，形成国际邮包运输网。邮政运输包括普通邮包和航空邮包两种。国际邮包运输对邮包的重量和体积均有限制，因此，邮包运输只适用于重量轻、体积小的货物。托运人按照邮局规章办理托运，付清定额邮资，取得邮政包裹收据，交货手续即告完成。收件人可凭邮局到件通知提取到达目的地的货物。

3.5.4　管道运输

管道运输（pipeline transportation）是一种特殊的运输方式，主要适用于运送液体、气体物质，如石油、天然气等。其优势是运量大、建成后运输成本低、管理较为方便等特点，但是它的投资较大、造价高。管道运输在世界各国及各地区的油田、油港和炼油中心之间起着纽带作用，在原油和油品的进出口贸易中发挥着重要作用。

3.6　集装箱运输与国际多式联运

3.6.1　集装箱运输

1. 集装箱运输的特点

集装箱运输是以集装箱为运输单位进行货物运输的一种现代化的运输方式，它可适用于海洋运输、铁路运输及国际多式联运等。该运输方式具有装卸率高、货损低、货差少、货运成本低等优点，缺点在于不能杜绝偷盗，时有发潮、通风不良等问题。

2. 集装箱的主要规格

国际标准化组织制定的集装箱标准规格共有 13 种。在实际业务中，经常使用的集装箱有以下两种：

（1）20 英尺集装箱，也称 20 英尺货柜。它是国际上计算集装箱的标准单位，以 TEU（Twenty-foot Equivalent Unit，简称 TEU）表示。规格为 8 英尺×8 英尺×20 英尺，内径尺寸为 5.9 米×2.35 米×2.38 米，载货重量为 17500 千克，有效容积为 25 立方米。

（2）40 英尺集装箱。规格为 8 英尺×8 英尺×40 英尺，内径尺寸为 12.03 米×2.35 米×2.38 米，载货重量为 24500 千克，有效容积为 55 立方米。

3. 集装箱运输货物的交接

（1）整箱货（Full Container Load，FCL）：在海关监督下，货方负责在货主仓库或集装箱堆场装拆箱的货物。

（2）拼箱货（Less Than Container Load，LCL）：由承运人负责在集装箱货运站装拆箱的任何数量的货物。

4. 集装箱运输机构

（1）集装箱堆场：专门用来保管和堆放集装箱的场所，是整箱货办理交接的地方，一般设在港口的装卸区内。

（2）集装箱货运站：也被称为中转站或拼装货站。对于不足一箱的出口货物，由货主或货代将货物送到货运站，由货运站进行合理组合、拼装。集装箱货运站一般设在港口、车站附近或内陆城市交通方便的地方。

5. 集装箱运输的费用

集装箱运输的费用包括内陆运输费、拼箱服务费、堆场服务费、海运运费及设备使用费等。目前，集装箱运费计收方法主要有两种：

（1）以每运费吨为计算的单位（按件杂货基本费率加附加费）计收；

（2）按包箱费率以每个集装箱为计算单位计收。

3.6.2 国际多式联运

1. 国际多式联运的含义

国际多式联运是以集装箱为媒介，把各种运输方式连贯起来进行国际运输的一种综合性的运输方式。按照《联合国国际多式联运公约》，国际多式联运必须具备以下五个条件：

（1）至少是两种不同运输方式的国际间连贯运输。

（2）多式联运经营人与托运人之间有一个多式联运合同。

（3）使用一份包括全程的多式联运单据。

（4）由一个多式联运经营人对全程运输负责。

（5）是全程单一的运费费率。

由于国际多式联运具有其他运输组织形式无法比拟的优点，如责任统一、手续简便、货运质量高等，因而世界各国和地区都在广泛地使用这一运输方式。目前，国际多式联运的组织形式包括海陆联运和陆桥运输。

2. 国际铁路联运运单

国际铁路联运运单（International Railway Through Thranport Bill）：由参与国际铁路货物联运业务的铁路始发站签发给发货人的铁路运单。正本运单随货同行，副本运单用于提交银行办理结汇手续。

与海运单的性质和作用相似，国际铁路联运运单，还有空运运单（Airway Bill）、邮政收据（Post Receipt）和特快专递收据（Courier Receipt）等运输单据都只是运输合同证明和货物收据，它们无法代表货物的所有权，不能用于提取货物。

3.6.3 大陆桥运输

大陆桥运输（land-bridge transport）是指利用横贯于大陆的铁路或公路，乃至航空运输系统作为中间桥梁，通过各种运输方式的相互衔接，把大陆两端的海洋运输连接起来的集装箱连贯运输方式。

目前，世界主要的大陆桥运输线有两条。一条是北美大陆桥，包括美国大陆运输线和加拿大大陆运输线，这两条陆桥是平行的，都是连接大西洋和太平洋的大陆通道，主要运送从远东国家经北美销往欧洲的货物，是世界上第一条大陆桥。第二条是欧亚大陆桥，包括西伯利亚大陆桥和中荷大陆桥。主要运送远东国家经西伯利亚到欧洲各国或亚洲的伊朗、阿富汗等国的货物。

3.7　装运条款

所谓装运条款，是指在合同中买卖双方对交货时间、装运地、目的地等涉及如何交货以及何时交货等问题作出明确合理的规定。装运条款的订立是买卖合同顺利履行的重要环节。

3.7.1　装运时间

装运时间又称装运期，是卖方将货物装上运输工具或交给承运人的期限。如果卖方没有严格按照规定时间装运货物，如提前或延迟，即构成违约，买方有权拒收货物、解除合同，同时提出损害赔偿要求。常用的规定方法有：

（1）明确规定具体装运时间，但不确定某一日期，而是确定在一段时间内。使用这种规定，卖方可有一定时间进行备货和安排运输，因此该方法运用较广。

（2）规定在收到信用证若干天内装运。此种方法适用于对某些外汇管制较严的国家和地区出口或专为买方制造的特定商品等情况。需要注意的是，应规定最迟的开证日期，以免因买方开证时间的拖延从而影响合同的按期履行。

（3）笼统规定近期装运。这种方法通常用"立即装运"、"即刻装运"等词语表示。由于不规定具体期限，使得这类词语容易在买卖双方之间产生不必要的纠纷，因此应尽量避免使用。

需要注意的是，装运期限应当适度，尽可能考虑买方的需要和卖方的供应情况来确定。同时，还要掌握货源与船源的实际状况，注意船货衔接及装运期与开证日期的衔接。

3.7.2　装运港和目的港

装运港（port of shipment）是指货物起始装运的港口，一般来说，装运港由卖方提出，经买方同意后确定。目的港（port of destination）是指货物最终卸货的港口，一般由买方提出，经卖方同意后确定。

在规定装运港和目的港时应该注意的是：

1. 不能接受将内陆城市作为装运港或目的港的条件；

2. 应注意国外港口有无重名的问题；

3. 在采用选择港口的条件下，最好不超过三个选择港口，并且都是在同一条航线上；

4. 装运港或目的港的规定尽可能做到明确具体。

3.7.3 分批装运和转运

1. 分批装运

分批装运（partial shipment）又称分期装运，是指一个合同项下的货物分若干批或若干次装运。根据国际商会《跟单信用证统一惯例》规定，除非信用证另有规定，允许分批装运。但是，有些国家的合同法规定，如合同对分批装运未作规定，买卖双方事先对此也没有特别约定或习惯做法，则卖方交货不得分批装运。由此看出，国际上对分批装运的理解并不完全一致。为了避免不必要的争议，除非买方坚持不允许分批装运，买卖双方应明确在出口合同中订入"允许分批装运"。

《跟单信用证统一惯例》还规定："运输单据表面上注明货物是使用同一运输工具装运并经同一路线运输的，即使每套运输单据注明的装运日期不同及/或装运港、接受监管地不同，只要运输单据注明的目的地相同，也不视为分批装运。"

2. 转运

转运（transhipment）是指从装运港（地）到目的港（地）的运输过程中，从一种运输工具上卸下货物再装上另一种运输工具的行为。根据《跟单信用证统一惯例》规定，"转运"在不同运输方式下有不同的含义：在公路、铁路或内河运输情况下，转运是指在装运地到目的地之间用不同的运输方式的运输过程中，货物从一种运输工具上卸下，再装上另一种运输工具的行为。而在海运和航空运输的情况下，则是指从一运输工具卸下再装上同一运输方式下的另一运输工具。

3.7.4 装运通知

装运通知是装运条款里不可缺少的重要内容。规定这一条款的目的在于买卖双方互相配合，共同做好车、船、货的衔接和办理货物保险。在 FOB 条件下，应订明卖方备货通知、买方派船通知和卖方装船通知条款，以便买方派船接货。买方接到通知后，也应将确定的船名、抵港受载日期告知卖方，以便装货；在 CIF 或 CFR 条件下，应订明卖方装船通知条款，以便买方作好报关接货准备。在按 CFR 或 CPT 术语成交时，卖方交货后，尤其要注意及时向买方发出装运通知。

3.7.5 滞期、速遣条款

大宗商品的国际贸易多采用租船运输。由于装卸时间的长短和装卸效率的高低直接关系到船方的效益，因此，在租船人负责装卸货物的情况下，租船合同中船方对装卸时间、装卸率都会作出明确的规定，并对延误装卸时间和提前完成装卸任务制定相应的罚款和奖励办法，以约束租船人。

装卸时间是指允许完成装卸任务所约定的时间，一般以天数或小时来表示。常见的方法如下：

1. 日或连续日

所谓日，是指午夜至午夜连续 24 小时的时间。在整个装货或卸货期间内，不管天气状况如何，都应计入装卸时间。在此期间，即使存在有实际不可能装卸作业的时间也没有任何扣除。显然，这种规定对租船人不利。

2. 累计 24 小时好天气工作日

这是指在好天气情况下，不是按照港口每日习惯作业时间，而是以累计 24 小时算作一个工作日。如果港口规定每天作业 8 小时，则一个工作日便跨及几天的时间。这种规定对租船人有利。

3. 连续 24 小时好天气工作日

这是指在好天气情况下，连续作业 24 小时算一个工作日，中间因坏天气而不能作业的时间应扣除。这种方法适用于昼夜作业的港口。国际上多采用此种规定。

除了以上具有明确含义的表示装卸时间的规定办法外，还有按"港口习惯速度尽快装卸"的规定办法，这类规定因时间不确定而容易引发争议，所以应谨慎使用。

◎ 案例分析

我国某外贸公司以 FOB 中国口岸与日本 A 公司成交钢卷一批，日商即转手以 CFR 悉尼价格销售给了澳大利亚的 B 公司，日商开给中方信用证价格为 FOB 中国口岸，目的地为悉尼港，并提出在提单上表明"运费已付"。

请问：

（1）日本商人此种做法的真实目的？

（2）中方应该如何处理，才能使我方的利益不受伤害。

◎ 复习思考题

1. 何谓班轮运输？班轮运输有哪些特点？
2. 规定装运港和目的港应注意什么问题？
3. 在买卖合同中为什么要规定滞期和速遣条款？
4. 提单的性质和作用如何？提单从不同的角度可以分为哪几种？
5. 什么是海运提单？它的性质和作用是什么？

第4章

国际货物运输保险

◎ **本章要点**

　　通过对国际货物运输保险相关问题的学习，掌握国际贸易海上货物运输保险承保的范围、中国海洋货物运输保险承保的险别、国际贸易中投保险别的选择和保险金额、保险费的计算以及国际贸易投保的一般程序。

4.1　海洋货物运输保险承保范围

　　海洋货物运输保险是保险人和被保险人通过协商，对船舶、货物及其他海上标的所可能遭遇的风险进行约定，被保险人在交纳约定的保险费后，保险人承诺一旦上述风险在约定的时间内发生并对被保险人造成损失，保险人将按约定给予被保险人经济补偿的商务活动。海上保险属于财产保险的范畴，是对由于海上自然灾害和意外事故给人们造成的财产损失给予经济补偿的一项法律制度。

4.1.1　海洋运输保险的原则

　　海洋运输保险原则是指在海上保险活动中当事人应当遵循的行为准则。海洋运输保险活动作为一种独立的经济活动类型，基于自身的特点和适用范围，逐步在长期的发展过程中形成了一系列基本原则。根据国际惯例，这些基本原则可归纳为：损失补偿原则、可保利益原则、近因原则、最大诚信原则和代位求偿原则。

　　海洋运输保险与一般财产保险的区别：

　　1. 海洋运输保险的标的通常与海上航行有关，如船舶和船上的货物等。

　　2. 海洋运输保险承保的风险除了一般陆上也存在的风险（如雷电、恶劣气候、火灾、爆炸等）之外，还有大量的海上所特有的风险（如触礁、搁浅、海水进舱等）。

　　3. 海洋运输保险一般属于国际商务活动，因为通常情况下，或者海洋运输保险的当事人属于不同的国家，或者保险事故发生在异国他乡，总之大多牵涉到国际关系。由于上述原因，我国的保险公司一般均把海洋运输保险业务归属在国际业务部，有的将海洋运输保险称为水险。

4.1.2　海洋货物运输保险承保范围

1. 海上风险

国际贸易货物在海上运输、装卸和储存过程中，可能会遭到各种不同的风险，而海上货物运输保险人主要承保的风险有海上风险和外来风险。

（1）海上风险

海上风险在保险界又称为海难，包括海上发生的自然灾害和意外事故。

①自然灾害（Natural Calamity）是指由于自然界的变异引起破坏力量所造成的灾害。它是客观存在的、人力不可抗拒的灾害事故。在海运保险中，自然灾害并不泛指一切由于自然界的力量所引起的灾害，而是仅指恶劣气候、雷电、海啸、地震、洪水、火山爆发等人力不可抗拒的灾害。

a. 恶劣气候一般指海上 8 级以上的飓风、3 米以上的大浪引起的船舶以及货物的损失。

b. 雷电指雷电直接造成的或由于雷电引起的火灾造成的损失。

c. 海啸是指海面的甚大涨落现象，包括地震海啸和风暴海啸。

d. 洪水指山洪暴发等造成保险货物遭受泡损、淹没、冲散等损失。

e. 火山爆发指由火山暴发产生的地震及喷发出的火山岩灰造成的保险货物的损失。

②意外事故（Fortuitous Accidents）是指由于意料不到的原因所造成的事故。海运保险中，意外事故仅指搁浅、触礁、沉没、碰撞、火灾、爆炸和失踪等。

a. 搁浅是指船舶与海底、浅滩、堤岸在事先无法预料到的意外情况下发生触礁，并搁置一段时间，使船舶无法继续行进以完成运输任务。但规律性的潮汐涨落所造成的搁浅则不属于保险搁浅的范畴。

b. 触礁是指载货船舶触及水中岩礁或其他阻碍物（包括沉船）。

c. 沉没是指船体全部或大部分已经没入水面以下，并已失去继续航行能力。若船体部分入水，但仍具航行能力，则不视作沉没。

d. 碰撞是指船舶与船舶，船舶与其他固定的或流动的固定物猛力接触。如船舶与冰山、桥梁、码头、灯标等相撞等。

e. 火灾是指船舶本身、船上设备以及载运的货物失火燃烧。

f. 爆炸是指船上锅炉或其他机器设备发生爆炸和船上货物因气候条件（如温度）影响产生化学反应引起的爆炸。

g. 失踪是指船舶在航行中失去联络、音讯全无，并且超过了一定期限后，仍无下落和消息，即被认为是失踪。

（2）外来风险

外来风险一般是指由于海上风险以外的其他外来原因引起的风险。它可分为一般外来风险和特殊外来风险。

①一般外来风险是指货物在运输途中由于偷窃、淡水雨淋、短量、渗漏、破碎、受

潮、受热、霉变、串味、沾污、钩损、锈损等原因所导致的风险。

②特殊外来风险是政治、军事、国家禁令及管制措施等的风险。如因政治或战争因素，运送货物的船只被敌对国家扣留而造成交货不到；某些国家颁布的新政策或新的管制措施以及国际组织的某些禁令，都可能造成货物无法出口或进口而造成损失。

2. 海上损失

被保险货物因遭受海洋运输中的风险所导致的损失称之为海损或海上损失。海损按损失程度的不同，可分为全部损失和部分损失。

（1）全部损失（Total Loss）

全部损失简称全损，指整批货物全部灭失或失去原来的用途。从损失的性质看，全损又可分为实际全损和推定全损两种。

①实际全损是指被保险货物在海洋运输中完全灭失或完全变质，已经失去了原有的使用价值。

在保险业务上构成实际全损主要有以下几种：

a. 保险标的物全部灭失。例如，载货船舶遭遇海难后沉入海底，保险标的物实体完全灭失。

b. 保险标的物的物权完全丧失已无法挽回。例如，货物被抢劫、扣押、盗窃等。虽然标的物仍然存在，但被保险人已失去标的物的物权。

c. 保险标的物已丧失原有商业价值或用途。例如，水泥受海水浸泡后变硬；烟叶受潮发霉后已失去原有价值。

d. 载货船舶失踪达 3 个月以上。

②推定全损指保险货物虽然没有全部灭失，但如果进行施救、整理、修复所需的费用或上述费用再加上继续运至目的地的费用总和，估计要超过货物在目的地处于完好状态的价值。

构成被保险货物推定全损的情况有以下几种：

a. 保险标的物受损后，其修理费用超过货物修复后的价值。

b. 保险标的物受损后，其整理和继续运往目的港的费用，超过货物到达目的港后的价值。

c. 保险标的物的实际全损已经无法避免，为避免全损所需的施救费用，将超过获救后标的物的价值。

d. 保险标的物遭受保险责任范围内的事故，使被保险人失去标的物的所有权，而收回标的物的所有权，其费用已超过收回标的物的价值。

（2）部分损失（Partial Loss）

部分损失是指被保险货物的损失没有达到全部损失的程度。部分损失按其性质，可分为共同海损和单独海损。

①共同海损。根据 1974 年国际海事委员会制定的《约克·安特卫普规则》的规定：载货船舶在海运上遇难时，船方为了共同安全，以使同一航程中的船货脱离危险，

有意而合理地作出的牺牲或引起的特殊费用，这些损失和费用被称为共同海损。例如，载货船舶失火，船方为控制火势的蔓延，人为地将那些易燃物品淋湿或干脆抛入海中以免后患，则这部分被船方淋湿或抛入海中的货物的损失都属于共同海损。

构成共同海损的条件如下：

a. 危险必须是实际存在的，或者是不可避免的，而非主观臆测的。

b. 危险是共同的，采取的措施是合理的。

c. 牺牲是人为的、主动的、有意识的，费用是额外的。

d. 是属于非常性质的牺牲或发生的费用，并且是以脱险为目的。

共同海损行为所作出的牺牲或引起的特殊费用，都是为使船主、货主和承运方不遭受损失而支出的，因此，不管其大小如何，都应由船主、货主和承运各方按获救的价值，以一定的比例分摊。这种分摊叫共同海损的分摊。在分摊共同海损费用时，不仅要包括未受损失的利害关系人，而且还需包括受到损失的利害关系人。

②单独海损。单独海损是指仅涉及船舶或货所有人单方面的利益损失，即指除共同海损以外的部分损失。这种损失只能由受损各方单独负担。与共同海损相比较，单独海损的特点如下：

a. 不是为了解除共同风险而人为有意造成的损失。

b. 它是保险标的物本身的损失。

c. 单独海损由受损失各方自己承担。

3. 海上费用

海上费用是指保险人（保险公司）承保的费用。保险货物遭受保险责任范围内的事故，除货物本身遭受损失外，还会带来费用上的损失，这种费用，保险人同样有赔偿责任。此类费用主要有以下两种：

（1）施救费用是指被保险货物在遭受保险责任范围内的灾害事故时，被保险人及其代理人为了避免或减少损失而采取的抢救、保护、清理等措施所需支付的合理费用。例如，仓库淹水，被保险人请人把货物搬到高处去会产生费用，如果投了"淡水雨淋"险，保险人对部分施救费用负责赔偿。一般而言，施救费用不包括共同海损及由保险人和被保险人以外的第三者救助而产生的费用。

（2）救助费用是指被保险货物在运输途中遭受承保范围内的自然灾害事故时，由保险人和被保险人以外的第三者采取救助行为而获救，由被救方付给救助方的报酬。

4.2　中国海洋货物运输保险条款

在我国内地，开办国际货运保险业务的公司有很多，但目前，中国人民保险公司（PICC）的经营规模最大、最具影响力。《中国人民保险公司海洋运输货物保险条款》是进出口贸易中投保海洋运输货物保险时的重要依据。该条款规定了保险人的责任范围、除外责任、责任起讫、被保险人的义务和索赔期限等内容。本节将依据该保险条款，介绍中国海洋货物运输保险的相关知识。

4.2.1　海洋货物运输保险基本险及其条款

基本险，又称主险，是可以独立投保的险别，主要承保海上风险（自然灾害和意外事故）所造成的货物损失。我国海洋运输货物保险的基本险分平安险、水渍险和一切险三种。

1. 平安险（Free From Particular Average，简称 FPA）

平安险的英文原意是指单独海损不负责赔偿。平安险原来的保障范围是只赔全部损失，但在长期的实践过程中对平安险的责任范围进行了补充和修订，当前平安险的责任范围已经超出只赔全损的限制。概括起来，这一险别的责任范围主要包括：

（1）在运输过程中，由于自然灾害和运输工具发生意外事故，造成被保险货物的实际全损或推定全损。

（2）由于运输工具遭搁浅、触礁、沉没、互撞，与其他物体碰撞以及失火、爆炸等意外事故造成被保险货物的全部或部分损失。

（3）运输工具已经发生搁浅、触礁、沉没、焚毁等意外事故的情况下，货物在此前后又在海上遭受恶劣气候、雷电、海啸等自然灾害所造成的被保险货物的部分损失。

（4）在装卸转船过程中，被保险货物一件或数件落海所造成的全部损失或部分损失。

（5）发生了保险责任范围内的危险，被保险人对货物采取抢救、防止或减少损失的各种措施，因而产生合理施救费用。但是保险公司承担费用的限额不能超过这批被救货物的保险金额。施救费用可以在赔款金额以外的一个保险金额限度内承担。

（6）运输工具遭遇自然灾害或意外事故，需要在中途的港口或者在避难港口停靠，因而引起的卸货、装货、存仓以及运送货物所产生的特别费用。

（7）发生共同海损所引起的牺牲、公摊费和救助费用。

（8）运输契约中如订有"船舶互撞责任"条款，则根据该条款应由货方赔偿船方的损失。

2. 水渍险（With Particular Average，简称 WPA）

水渍险的责任范围除了包括上列"平安险"的各项责任外，还负责被保险货物由于恶劣气候、雷电、海啸、地震、洪水等自然灾害所造成的部分损失。

3. 一切险（All Risks）

一切险的责任范围除包括上列"平安险"和"水渍险"的所有责任外，还包括货物在运输过程中，因各种外来原因所造成的保险货物的损失。不论全损或部分损失，除对某些运输途耗的货物，经保险公司与被保险人双方约定在保险单上载明的免赔率外，保险公司都给予赔偿。

三种基本险别中，平安险的责任范围最小，水渍险的责任范围比平安险的责任范围大，而一切险的责任范围是三种基本险别中最大的一种，它除包括平安险、水渍险的责任范围外，还包括被保险货物在运输过程中，由于一般外来原因所造成的全部或部分损失。因此，一切险是平安险、水渍险加一般附加险的总和。

4.2.2　海洋货物运输附加险及其条款

1. 一般附加险

（1）偷窃提货不着险（Theft, Piferageand Non-Delivery, 简称 TPND）：保险有效期内，保险货物被偷走或窃走以及货物运抵目的地以后，整件未交的损失，由保险公司负责赔偿。

（2）淡水雨淋险（Fresh Water and/or Rain Damage, 简称 FWRD）：货物在运输中，由于淡水、雨水以至雪融所造成的损失，保险公司都应负责赔偿。淡水包括船上淡水舱、水管漏水等。

（3）短量险（Risk of Shortage）：负责保险货物数量和重量短少的损失。通常，对包装货物的短少，保险公司必须要查清外装包是否发生异常现象，如破口、破袋、扎缝等；如属散装货物，以装船重量和卸载重量之间的差额作为计算短量的依据。

（4）混杂、沾污险（Risk of Intermixture & Contamination）：保险货物在运输过程中，混进了杂质所造成的损失。例如矿石等混进了泥土、草屑等因而使质量受到影响。此外保险货物因为和其他物质接触而被玷污，例如，布匹、纸张、食物、服装等被油类或带色的物质污染因而引起的经济损失。

（5）渗漏险（Risk of Leakage）：流质、半流质的液体物质和油类物质，在运输过程中因为容器损坏而引起的渗漏损失。如以液体装存的湿肠衣，因为液体渗漏而使肠衣发生腐烂。变质等损失，均由保险公司负责赔偿。

（6）碰损、破碎险（Risk of Clash & Breakage）：碰损主要是对金属、木质等货物来说的，破碎则主要是对易碎性物质来说的。前者是指在运输途中，因为受到震动、颠簸、挤压而造成货物本身的损失；后者是在运输途中由于装卸野蛮、粗鲁、运输工具的颠震造成货物本身的破裂、断碎的损失。

（7）串味险（Risk of Odour）：例如，茶叶、香料、药材等在运输途中受到一起堆储的樟脑等异味的影响使品质受到损失。

（8）受热、受潮险（Damage Caused by Heating & Sweating）：例如，船舶在航行途中，由于气温骤变或者因为船上通风设备失灵等使舱内水汽凝结、发潮、发热引起货物的损失。

（9）钩损险（Hook Damage）：保险货物在装卸过程中因为使用手钩、吊钩等工具所造成的损失，例如粮食包装袋因吊钩钩坏而造成粮食外漏所造成的损失，保险公司承保该险的，应予赔偿。

（10）包装破裂险（Loss for Damage by Breakage of Packing）：因为包装破裂造成物资的短少、沾污等损失。此外，对于因保险货物运输过程中续运安全需要而产生的候补包装、调换包装所支付的费用，保险公司也应负责。

（11）锈损险（Risk of Rust）：保险公司负责保险货物在运输过程中因为生锈造成的损失。不过这种生锈必须在保险期内发生，如原装时就已生锈，保险公司不负赔偿责任。

上述 11 种附加险，不能独立承保，它们必须附属于主要险别下。也就是说，只有在投保了基本险别以后，投保人才允许投保附加险。投保"一切险"后，上述险别均包括在内。

2. 特殊附加险

特殊附加险也属附加险类，但不属于一切险的范围之内。它往往与政治、国家行政管理规章所引起的风险相关联。目前中国人民保险公司承保的特别附加险别有交货不到险（failure to delivery risks）、进口关税险（import duty risk）、黄曲霉素险（aflatoxin risk）和出口货物到中国香港（包括九龙在内）或澳门存储仓火险责任扩展条款（fire risk extention clause for storage of cargo at destination Hongkong, including Kowloon, or Macao）。此外，还包括战争险（war risk）和罢工险（strikes risk）等。

4.2.3 除外责任

除外责任（exclusion）是指保险公司明确规定不予承保的损失或费用。保险公司对于由下列原因所造成的损失不负赔偿责任：

（1）被保险人的故意行为或过失所造成的损失。

（2）属于发货人责任所引起的损失。

（3）在保险责任开始前，被保险货物已存在品质不良或数量短少现象所造成的损失。

（4）被保险货物的自然损耗，本质缺陷。例如：自然挥发引起的短量不予赔偿。

（5）市价跌落，运输迟延所引起的损失或费用。

（6）保险公司《海洋运输货物战争险条款》和《货物运输罢工险条款》规定的责任范围和除外责任。

4.2.4 保险责任起讫

1. 本险的保险责任的起讫采用国际保险业惯用的"仓至仓条款"。即保险责任自被保险货物运离保险单所载明的起运地仓库或储存处所开始运输时生效。包括正常运输过程中的海上、陆上、内河和驳船运输在内，直到该项货物到达保险单所载明目的地收货人的最后仓库或储存处所或被保险人用作分配、分派或非正常运输的其他储存处为止。如未抵达上述仓库或储存处，则以被保险货物在最后卸载港全部卸离海轮后满 60 天为止。如在上述 60 天内被保险货物需转运到保险单所载明目的地时，则以该项货物开始转运时终止。

由于保险人无法控制的运输延迟、绕道、被迫卸货、重新装载、转载或承运人运用运输契约赋予的权限所作的任何航海上的变更或终止运输契约，致使被保险货物运到非保险单所载明目的地时，在被保险人及时将获知的情况通知保险人，并在必要时加缴保险费的情况下，本保险仍继续有效，保险责任按下列规定终止：

（1）被保险货物如在非保险单所载明的目的地出售，保险责任至交货时为止，但不论任何情况，均以被保险货物在卸载港全部卸离海轮后满 60 天为止。

（2）被保险货物如在上述 60 天期限内继续运往保险单所载原目的地或其他目的地时，保险责任仍按上述第（1）款的规定终止。

2. 保险的责任起讫仅限于"水上危险"或运输工具上的风险。

（1）以货物装上保险单所载明的起运港的海轮子或驳船开始中，到卸离保险单所载明的目的港的海轮或驳船为止。

（2）如果不卸离海轮或驳船，保险责任以海轮到达目的港当天午夜起算满 15 天为止。

（3）如果货物中途需要转船，卸离海轮也不得超过 15 天，只有在此期限内装上海轮，保险责任才继续有效。

3. 工险的责任起讫也适用"仓到仓"条款。

4.2.5 被保险人的义务

被保险人应按照有关要求办理相关事项，如因未履行规定的义务而影响保险人利益时，保险公司有权对有关损失拒施赔偿：

1. 当被保险货物运抵保险单所载明目的地港以后，被保险人应及时提货，当发现被保险货物遭受任何损失，应立即向保险单上所载明的检查、理赔代理申请检验，如发现被保险货物件数短少或有明显残损痕迹，应立即向承运人、受托人或有关当局索取货损货差证明；如果货损货差是由承运人、受托人或其他有关方面的责任所造成的，应以书面形式向他们提出索赔，必要时还须取得延长时效的认证。

2. 对遭受承保责任内风险的货物，被保险人和保险公司都可以迅速采取合理的措施，防止或减少货物的损失，被保险人采取此项措施，不应视为放弃委付的表示，保险公司采取此项措施，也不得视为接受委付的表示。

3. 如遇航程变更或发现保险单所载明的货物，船名或航程有遗漏或错误时，被保险人应在获悉后立即通知保险人，并在必要时加缴保险费，该保险才继续有效。

4. 在向保险人索赔时，必须提供下列单证：保险单正本、提单、发票、装箱单、磅码单、货损货差证明、检验报告及索赔清单。

5. 在获悉有关运输契约中"船舶互撞责任"条款的实际责任后，应及时通知保险人。

4.2.6 保险索赔期限

保险索赔时效是指保险标的损失的受害方（如被保险人）有权向责任方提出赔偿

损失要求的时间限制。具体索赔期限的长短，应当以当事人订立的相关保险合同的规定为准。但一般情况下，向保险公司索赔的期限，应从被保险货物在最后卸载港全部卸离海轮后起算，最多不超过 2 年。

4.3 陆运、空运及邮包运输保险条款

4.3.1 陆运货物保险险别与条款

我国陆上运输货物保险有陆运险，陆运一切险，陆上运输冷藏货物险和战争险。

1. 陆运货物保险的基本险别

（1）陆运险（Overland Transportation Risks）是陆上运输货物保险的一种基本险，它的承包责任范围为：被保险货物在运输途中遭受暴风、雷电、地震、洪水等自然灾害或由于路上运输工具（主要指火车、汽车）遭受碰撞、倾覆或出轨。比如在驳运的过程中，包括驳运工具搁浅、触礁、沉没或由于遭受隧道坍塌、崖崩或火灾、爆炸等意外事故所造成的全部损失或部分损失。此外，被保险人对遭受承保责任范围内风险的货物采取抢救，防止或减少货物损失的措施而支付的合理费用，保险公司也应负责赔偿，但以不超过该批被救货物的保险金额为限。保险公司对陆运险的承包范围大致相当于海运险中的"水渍险"。

（2）陆运一切险（Overland Transportation All Risks）也是一种基本险，它的承保责任范围为：除上述陆运险必须承担的责任外，保险公司对被保险货物在运输途中由于外来原因造成的短少、短量、偷窃、渗漏、碰损、破碎、钩损、雨淋、生锈、受潮、发霉、串味、玷污等全部或部分损失负责赔偿。保险公司对陆运一切险的承保范围大致相当于海运险中的"一切险"。

（3）陆上运输冷藏货物保险（Overland Transportation Cargo Insurance Frozen Products）。陆上运输冷藏货物保险是陆上运输为适应冷藏货物运输的需要而专设的险种。其承保责任范围主要包括：由陆运险所列举的自然灾害和意外事故所造成的全部损失或部分损失。由于冷藏或隔温设备在运输途中损坏，所造成的被保险货物解冻融化或腐败的损失。

2. 陆上运输货物保险的除外责任

（1）被保险人的故意行为或过失所造成的损失。

（2）属于发货人所负责任或被保险货物的自然损耗所引起的损失。

（3）由于战争、工人罢工或运输延迟所造成的损失。

3. 保险责任的起讫期限

（1）陆运险和一切险的起讫期限

陆运险和一切险的责任起讫也才用"仓至仓"责任条款。保险责任自被保货物运离保险单所在名的起运地仓库或储存处所开始运输时生效。包括正常运输过程中的陆上和与其有关的水上驳运在内,直至该项货物运达保险单所载目的地收货人的最后仓库或储存处所或被保险人用作分配,分派的其他储存处所为止;如果运抵上述仓库或储存处所,则以被保险货物运抵最后卸载的车站满 60 天为止。

(2) 陆运冷藏货物险的起讫期限

陆上运输冷藏货物保险的责任,是从被保险货物运离保险单所载明的启运地点的冷藏仓库装入运输工具开始运输时生效,包括正常陆运和陆运有关的水上驳运在内,直至货物到达目的地收货人仓库为止;如果未运抵上述仓库或储存处所,则以被保险货物到达目的地车站满 10 天为止。

(3) 基本险的索赔期限

以上三种陆上运输货物基本险的索赔时效相同,均是从被保险货物的最后目的地这站全部卸离车辆后算起,最多不超过 2 年。

4. 陆上运输货物战争险

陆上运输货物战争险 (Overland Transportation Cargo War Risks) 是陆上运输货物险的一种附加险别,只有在投保了陆运险与陆运一切险的基础上,经过投保人与保险公司的协商后方可投保。加入陆上运输货物战争险后,保险公司负责赔偿在火车运输途中,由于战争、类似战争的行为、敌对行为、武装冲突所致的损失以及各种常规武器,包括地雷、炸弹所致的损失。但是对于敌对行为使用原子弹或热核武器所致的损失和费用以及根据执政者、当权者或其他武装集团的扣押、拘留所引起的承保运程的丧失与挫折而造成的损失除外。

陆上运输货物战争险的责任起讫与海运战争险相似,以货物置于运输工具时为限,即自被保险货物装上保险单所载启运地的火车开始时,到卸离保险单所载目的地火车时为止。

同海洋货物运输保险一样,陆上运输货物可以在投保战争险的基础上加保罢工险,加保罢工险不另收保费。但是如果单独要求加保罢工险,则按照战争险费率收取保费。陆上运输罢工险的承保责任范围与海洋货物运输罢工险的责任范围相同。

4.3.2　空运货物保险险别与条款

我国航空运输货物保险的基本类别有航空运输险和航空运输一切险两种,附加险有航空运输货物战争险。

1. 航空运输的基本险别

(1) 航空运输险 (Air Transportation Risks) 的承保责任范围与海洋运输货物保险条款中的水渍险大致相同,保险公司负责赔偿被保险货物在运输途中遭受到雷电、火灾、爆炸或游湖飞机遭受碰撞、倾覆、坠落或失踪等自然灾害与意外事故所造成的被保险货物的全部或部分损失。

（2）航空运输一切险（Air Transportation All Risks）的承保范围大致相当于海运险中的一切险，航空运输一切险的承保责任范围除了包括上述航空运输险的全部责任外，保险公司还负责赔偿被保险货物由于被偷窃、短少等外来原因所造成的全部或部分损失。

2. 航空货物运输的除外责任

航空运输货物保险的除外责任与海洋运输货物保险的除外责任基本相同。

3. 保险责任的起讫期限

航空运输货物险的两种基本险的责任起讫期限也采用"仓至仓"条款，但与海洋运输货物险的"仓至仓"条款的区别为：如果被保险货物运达保险单所载明目的地而未运抵保险单所载明的收货人仓库或储存处所，则以被保险货物在最终卸货地卸离飞机后 30 天为止。如果在 30 天内被保险货物需要转运到非保险单所载明的目的地时，则以该项货物开始转运时终止。

4. 航空运输货物战争险

航空运输货物战争险（Air Transportation Cargo War Risks）属于附加险，须在投保了航运险或航运一切险并取得保险公司认可的前提下才能投保。其承保责任范围为：保险公司负责被保险货物在航空运输途中由于战争、类似战争行为、敌对行为或武装冲突以及各种常规武器和炸弹所造成的损失，但不包括因使用原子或热核制造的武器所造成的损失。

航空运输货物战争险的保险责任期限是，自被保险货物装上保险单所载明的启运地的飞机开始，知道卸离保险单所载明的目的地的飞机时为止。如果被保险货物不卸离飞机，保险责任期限以载货飞机到达目的地当日午夜起算 15 天为止。如被保险货物需在中途转运，也不得超过 15 天。只要在此期限内装上续运飞机，保险责任仍恢复有效。

4.3.3 邮包货物保险险别与条款

我国的邮包运输货物保险有邮包险、邮包一切险和邮包战争险。由于邮包运输可能经过海、陆、空三种运输方式进行，因此保险责任也兼顾了海、陆、空三种运输方式的风险。

1. 邮包运输的基本险别

邮包险（Parcel Post Risks）的承保责任范围是由保险公司负责被保险邮包在运输途中，由于恶劣气候、雷电、海啸、地震、洪水等自然灾害或由于运输工具搁浅、触礁、沉没、倾覆、坠落、失踪、失火和爆炸等意外事故所造成的全部或部分损失，还包括海运途中共同海损的牺牲、分摊和救助费用。

邮包一切险（Parcel Post All Risks）的承保责任范围是保险公司除承担上述邮包险

的全部责任外，还对由于外来原因所造成的全部或部分损失负责。

2. 邮政包裹运输保险的除外责任

邮包运输货物保险的除外责任与海洋运输货物保险的除外责任基本一致。

3. 邮政包裹运输保险责任的起讫期限

邮包险和邮包一切险的责任期限是自被保险货物离开保险单所载启运地寄件人的处所运往邮局时开始生效，直至被保险邮包运抵保险单所载明的目的地邮局，自邮局发出到货通知书给收件人当日午夜起满 15 天为止，但在此期限内，邮包已经递交至收件人的处所时，保险责任即行终止。

4. 邮包战争险

邮包战争险（Parcel Post War Risks）是邮包货物运输的一种附加险。投保人在投保了邮包险或邮包一切险的基础上，经过投保人与保险公司协商后方可加保。交保邮包战争险须另外支付保险费。加保邮包战争险后，保险公司负责赔偿在邮包运输途中，由于战争、类似战争的行为和敌对行为、武装冲突、海盗行为以及各种常规武器包括水雷、鱼雷、炸弹所造成的货物损失，但不包括适用原子弹或热核武器所致的损失和费用。此外，保险公司还负责被保险人对遭受以上承保责任危险的物品采取抢救、防止或减少损失的措施而支付的合理费用。

邮包战争险的责任起讫是即自被保险邮包经邮政机构收讫后自储存所开始运送时生效，直至该被保险邮包运送达保险单所载明的目的地邮政机构送交收件人为止。

邮政包裹附加险除战争险外还有罢工险，在投保战争险的基础上，可加保罢工险，加保罢工险不另行收费。但如果仅要求交保罢工险，则按战争险费率收取费用。邮政包裹罢工险的承保范围与海洋货物运输罢工险的责任范围相同。

4.4　伦敦保险协会海运货物保险条款

伦敦保险协会是世界上最早，也是规模和影响最大的保险机构。目前，世界上仍有许多国家和地区的保险公司在国际货物运输保险业务中直接采用由英国伦敦保险协会制定的《协会货物条款》。

现行的《协会货物条款》（Institute Cargo Clauses，简称 ICC）制定于 1921 年，为了适应国际贸易、航运、法律等方面的发展需求，该条款先后经历了多次的补充和修订，最近一次修订完成于 1982 年 1 月 1 日，并于 1983 年 4 月 1 日正式实行。

4.4.1　保险条款的种类

现行的伦敦保险协会海运货物保险主要有 6 种险别，分别如下：

1. 协会货物条款（A）(Institute Cargo Clause（A），简称 I. C. C.（A））

2. 协会货物条款（B）（Institute Cargo Clause（B），简称 I. C. C.（B））

3. 协会货物条款（C）（Institute Cargo Clause（C），简称 I. C. C.（C））

4. 协会战争险条款（货物）（Institute War Clause- Cargo）

5. 协会罢工险条款（货物）（Institute Strikes Clause- Cargo）

6. 恶意损害险条款（Malicious Damage Clause）

在上述 6 种海运货物险别中，前 5 种都可单独投保，只有第 6 种险别恶意损害险不能单独投保而只能"加保"。另外 I. C. C.（A）险里已经包括了"恶意损害险"的责任。

4.4.2　保险条款的内容

伦敦保险协会海运条款的基本内容包括 8 项，分别为：承保范围、除外责任、保险期限、索赔、保险利益、减少损失、防止延迟、法律与惯例。

根据协会货物保险条款，在 I. C. C.（A）、（B）、（C）条款与 I. C. C. 战争险、罢工险条款中，对以上 8 项内容，除保险责任、除外责任和保险期限外，其他各项内容完全相同。除恶意损害险外，前 5 种险别可以作为独立险别单独投保。

4.4.3　协会货物保险的主要险别条款

1. 协会货物条款（A）（Institute Cargo Clause（A），简称 I. C. C.（A））

I. C. C.（A）采用的是"一切风险减去除外责任"的列举办法，其意思基本是除了"除外责任"不负责以外，其他风险损失都给予赔偿。I. C. C.（A）的除外责任如表 4-1：

表 4-1

类别	除外责任
一般除外责任	因被保险人故意的不法行为造成的损失或费用
	自然渗漏、重量或容量的自然损耗或自然磨损
	包装或准备不足或不当所造成的损失或费用
	保险标的的内在缺陷或特性所造成的损失或费用
	直接由于延迟所引起的损失或费用
	由于船舶所有人、经理人、租船人或经营破产或不履行债务造成的损失或费用
	由于适用任何原子或热核武器等所造成的损失或费用
不适航、不适货除外责任	保险标的在装船时，被保险人或其受雇人已经知道船舶不适航，以及船舶装运工具入集装箱等不适货
	违反适航、适货的默示保证为被保险人或其受雇人所知悉

续表

类别	除外责任
战争除外责任	由于战争、内战、敌对行为等造成的损失或费用
	由于拘捕、拘留、扣留（海盗除外）所造成的损失或费用
	由于漂流水雷、鱼雷等造成的损失或费用
罢工除外责任	由于罢工者、被迫停工工人等造成的损失或费用
	罢工、被迫停工造成的损失或费用
	任何恐怖主义者或出于政治动机而行动的人所造成的损失或费用

2. 协会货物条款（B）(Institute Cargo Clause（B），简称 I. C. C.（B）)

（1）I. C. C.（B）的责任范围

I. C. C.（B）采用的是"列举承保风险"的方式。即把保险人的承保风险——列出。I. C. C.（B）的承保责任范围如表 4-2：

表 4-2

灭失或损害合理归因于下列原因者	火灾、爆炸
	船舶或驳船触礁、搁浅、沉没或倾覆
	陆上运输工具倾覆或出轨
	船舶、驳船或运输工具同水以外的外界物体碰撞
	在避难港卸货
	地震、火山爆发、雷电
灭失或损害由于下列原因造成者	共同海损牺牲
	抛货
	浪击落海
	海水、湖水或河水进入驳船、船舶、运输工具、集装箱、大型海运箱或储存处所
	货物在装卸时落海或摔落造成整件的全损

注：上表中"抛货"是指类似于"共同海损牺牲"性质的善意、合理性下的投弃，它与其他处于破坏动机的恶意违法行为不是同一回事。

（2）I. C. C.（B）的除外责任

①I. C. C.（A）险的全部除外责任

②由于任何个人或多人的非法行动故意损坏或故意破坏保险标的所造成的损失或费用。

③海盗行为所造成的损失或费用。

④一般外来原因造成的损失。

3. 协会货物条款（C）(Institute Cargo Clause（C），简称 I. C. C.（C）)

I. C. C.（C）较 I. C. C.（A）和 I. C. C.（B）而言，它的承保范围是最小的，它只承保重大意外事故所致的风险损失，而对于自然灾害和一般意外事故造成的风险损失不予负责。具体承保风险如表4-3：

表4-3

灭失或损害合理归因于下列原因者	火灾、爆炸
	船舶或驳船触礁、搁浅、沉没或倾覆
	陆上运输工具倾覆或出轨
	船舶、驳船或运输工具同水以外的外界物体碰撞
灭失或损害合理归因于下列原因者	在避难所卸货
灭失或损害由于下列原因造成者	共同海损牺牲
	抛货

为了便于理解和掌握，现将 I. C. C.（A）、I. C. C.（B）、I. C. C.（C）三种险别中保险公司承保的风险责任综合列入表4-4中：

表4-4

承保风险	I. C. C.（A）	I. C. C.（B）	I. C. C.（C）
火灾、爆炸	承保	承保	承保
船舶或驳船触礁、搁浅、沉没或倾覆	承保	承保	承保
陆上运输工具倾覆或出轨	承保	承保	承保
船舶、驳船或运输工具同水以外的外界物体碰撞	承保	承保	承保
在避难所卸货	承保	承保	承保
共同海损牺牲	承保	承保	承保
共同海损分担和救助费用	承保	承保	承保
运输合同订有"船舶互撞责任条款"，根据该条款的规定应由货方偿还船方损失	承保	承保	承保
抛货	承保	承保	承保
地震、火山爆发或雷电	承保	承保	不承保

续表

承保风险	I.C.C.（A）	I.C.C.（B）	I.C.C.（C）
浪击落海	承保	承保	不承保
海水、湖水或河水进入驳船、船舶、运输工具、集装箱、大型海运箱或储存处所	承保	承保	不承保
货物在装卸时落海或摔落造成整件的全损	承保	承保	不承保
由于被保险人以外的其他人（如船长、船员等）的故意违法行为所造成的损失或费用	承保	不承保	不承保
海盗行为	承保	不承保	不承保
由于一般外来原因所造成的损失	承保	不承保	不承保

4.5　我国进出口货物运输保险实务

我国出口货物一般采取逐笔投保的办法。按 FOB 或 CFR 术语成交的出口货物，卖方无办理投保的义务，但卖方在履行交货之前，货物自仓库到装船这一段时间内，仍承担货物可能遭受意外损失的风险，需要自行安排这段时间内的保险事宜。按 CIF 或 CIP 等术语成交的出口货物，卖方负有办理保险的责任，一般应在货物从装运仓库运往码头或车站之前办妥投保手续。我国进口货物大多采用预约保险的办法，各专业进出口公司或其收货代理人同保险公司事先签有预约保险合同（Open Cover）。签订合同后，保险公司负有自动承保的责任（见表4-5）。

4.5.1　投保险别的选择

保险公司承担的保险责任是以险别为依据的，不同的险别所承保的责任范围并不相同，其保险费率也不相同。例如，在我国海运货物保险条款的三种主险中，平安险的责任范围最小，水渍险次之，一切险最大，与此相对应，平安险的费率最低，水渍险次之，一切险最高。因此投保人在选择保险险别时，应该根据货物运输的实际情况予以全面衡量，既要考虑使货物得到充分保障，又要尽量节约保险费的支出，降低贸易成本，提高经济效益。在国际货物运输保险业务中，选择何种险别，一般应考虑下列因素：

1. 货物的性质和特点

投保人在投保时应充分考虑货物的性质和特点，选择适当的险别。例如，服装等纺织品容易受到水湿及沾污损失，所以海运时需投保一切险，或在水渍险的基础上加保淡水雨淋险和混杂沾污险。再如，玻璃器皿、家具、大理石的特点是比较容易碰损、破碎，因而可在投保平安险的基础上加保碰损破碎险。

表 4-5   海洋货物运输保险单

中 国 人 民 保 险 公 司

海洋货物运输保险单

发票号码：

保险单号次：

中国人民保险公司（以下简称本公司）根据＿＿＿＿＿＿（以下简称为被保险人）的要求由被保险人向本公司缴付约定的保险费，按照本保险单承保险别和背后所载条款与下列条款承保下述货物运输保险，特立本保险单。

标记	包装及数量	保险货物项目	保险金额

总保险金额：＿＿＿＿＿＿＿＿＿＿＿＿＿＿＿＿

保　　费：＿＿＿＿＿＿＿＿＿＿

费　　率：＿＿＿＿＿＿＿＿＿＿

装 载 工 具：＿＿＿＿＿＿＿＿

开航日期＿＿＿＿＿＿＿＿＿＿自＿＿＿＿＿＿＿＿＿＿至＿＿＿＿＿＿＿＿

承保险别：

所保货物，如遇风险，本公司凭本保险单及其有关证件给付赔款。

所保货物，如发生保险单项下负责赔偿的损失或事故，应立即通知本公司下述代理人查勘。

中国人民保险公司

赔 款 偿 付 地 点＿＿＿＿＿＿＿＿＿＿＿＿＿＿＿＿＿＿

出 单 公 司 地 址＿＿＿＿＿＿＿＿＿＿＿＿日　　期＿＿＿＿＿＿

2. 货物的包装

投保时因考虑货物包装情况。例如，散装货物（矿石、矿砂）在装卸时容易发生短量损失，此时应加保短量险；裸装货物，例如卡车等，一般停放于甲板上并采取固定、防滑措施后进行运输，容易因碰撞或挤擦而出现表面凹瘪、油漆掉落等损失，此时应加保碰损险。

3. 货物的用途与价值

一般而言，食品、化妆品及药等与人的身体、生命息息相关的商品，一旦发生污染或变质损失，就会全部丧失使用价值，因此，在投保时应尽量考虑能得到充分全面的保障。例如，茶叶在运输途中一旦被海水浸湿或吸收异味即无法饮用，失去使用价值，故应当投保一切险。

价值的高低对投保险别的选择也有影响。对于古玩及贵重工艺品之类的商品，由于其价值昂贵，而且一旦损坏对其价值的影响会很大，所以应投保一切险。而对于矿石、矿砂等商品，因其价值低廉，也不易受损，故一般仅需在平安险的基础上加保短量险。

4. 运输路线

运输路线的长短和货物的损失有一定的关系。一般而言，运输路线越长，货物在运输途中可能遭遇到的风险越多；反之，运输路线越短，货物可能遭遇到的风险就越少。例如从上海港海运一批面粉到日本，由于只有 2~3 天的航程，面粉在途中发霉的可能性很小。但如果目的地为德国汉堡，由于航程为 1 个月左右，面粉在运输途中就很可能因气候变化、船舱通风设备不畅等原因导致受潮受热而发霉。

运输过程中经过的区域的地理位置、气候状况及政治形势等也会对货物的安全运输产生影响。例如船舶在经过赤道地带时，有些商品（如粮谷类）很可能因气候潮湿炎热而导致发霉变质，而有些商品（如鱼粉），则可能因为燃点低而发生自燃。又如经过的区域政局动荡或是正发生内战，货物遭受意外损失的可能性自然也会增加。因此，投保人应根据运输路线的不同选择合适的保险险别。

5. 货物的运输季节

货物运输季节不同，会对运输货物带来不同的风险和损失。例如冬季运送橡胶制品，货物可能出现冻裂损坏；而夏季运送水果，则极易出现腐烂现象。投保人应根据不同季节的气候特点来选择险别。

6. 港口（车站）条件

装货港（车站）、卸货港（车站）及运输工具中途停靠的港口（车站）条件的不同，运送能力、装卸设备、安全设施、管理水平及治安状况等方面所存在的差异，也会影响货物在装卸及存放时发生货损、货差的可能性。例如，有的港口由于设备陈旧、管理松懈，货物在装卸时包装破裂的可能性将大大增加。因此，投保人在投保时，应事先了解装卸地及中转地港口（车站）的情况，根据需要加保必要的险别。

4.5.2 保险价值、保险金额和保险费的确定

1. 保险价值

保险价值（Insured Value）又叫"投保价值"，一般是指保险标的的 CIF 或 CIP 价值。

2. 保险金额

保险金额（Insured Amount）是被保险人对保险标的的实际投保金额，是保险人承担保险责任的标准和计收保险费的基础。在保险货物发生保险责任范围内的损失时，保险金额就是保险人赔偿的最高限额。因此，投保人投保运输货物保险时一般应向保险人申报保险金额。

"保险金额"不同于"保险价值"。保险金额原则上应与保险价值相等，但实际上也常出现不一致情况。保险金额同保险价值相等称为足额保险（Full Insurance）。被保险人申报的保险金额小于保险价值，就是不足额保险（Under Insurance）。被保险人申报的保险金额大于保险价值，就是超额保险（Over Insurance）。

国际贸易运输货物保险的保险金额，一般要在原"保险价值"的基础上再加成一定比例的金额，这部分金额叫"投保加成"。投保加成一般包括先前对于投保价值的业务费用支出和预期利润。

按照国际保险市场的习惯做法，出口货物的保险金额一般按 CIF 货价另加 10% 计算，10% 叫保险加成率，也就是买方进行这笔交易所付的费用和预期利润。保险金额计算的公式如下：

$$保险金额 = CIF 货值 \times (1 + 投保加成率)$$

在我国出口业务中，保险金额一般也按 CIF 加 10% 计算。如果国外商人要求将保险加成率提高到 20% 或 30%，其保费差额部分应由国外买方负担。同时，国外要求加成率如超过 10% 时，应先征得保险公司的同意，在签订贸易合同时不能贸然接受，以防止由于加成过高，保险金额过大，保险公司拒绝承保。保险公司拒绝承保主要是对下列不良情况的考虑。

①当市场价格下跌时，作风不好的商人故意造成货物损失骗取保险赔款。

②由于保险金额高，赔偿金额高，当被保险货物遭遇风险时，一般商人也可能不积极采取措施防止或减少损失。

3. 保险费

保险费（Premium）是保险人因为承保风险而向投保人收取的报酬，其计算公式

如下：

$$保险费 = 保险金额 \times 保险费率$$

在我国出口业务中，CFR 和 CIF 是两种常用的术语。鉴于保险费是按 CIF 货值为基础的保险金额计算的，两种术语价格应按下述方式换算。

由 CIF 换算成 CFR 价：$CFR = CIF \times [1-(1+投保加成率) \times 保险费率]$

由 CFR 换算成 CIF 价：$CIF = CFR/[1-(1+投保加成率) \times 保险费率]$

在进口业务中，按双方签订的预约保险合同承担，保险金额按进口货物的 CIF 货值计算，不另加减，保费率按"特约费率表"规定的平均费率计算；如果 FOB 进口货物，则按平均运费率换算为 CFR 货值后再计算保险金额，其计算公式如下：

FOB 进口货物：$保险金额 = [FOB 价 \times (1+平均运费率)]/(1-平均保险费率)$

CFR 进口货物：$保险金额 = CFR 价/(1-平均保险费率)$

4.5.3　投保程序

所谓投保就是从投保人角度看待的投保人与保险人达成保险合同的过程。一般包括以下步骤：

1. 了解保险市场的概况；

2. 了解具体保险人的资信和相关的险种；

3. 选择险种；

4. 与保险人商谈合同条款；

5. 签订保险合同；

6. 交纳保费并取得保费单据。

另外，投保人办理海运货物保险时，应当注意如下的事项：

1. 如实申报货物的情况。包括货物的名称、装载的工具或船舶的名称以及其他重要情况。投保人申报不实，保险人可以根据最大诚实信用原则行使解除合同的权利。

2. 保险险别和保险条件、保险金额和保险目的地应当根据买卖合同的要求，并结合货物和运输的具体情况灵活掌握。是否需要加保战争险、罢工险或附加险，应根据贸易条件需要和运输风险情况具体把握。

3. 取得的保险单或保险凭证必须和信用证的要求严格一致，以免遭到拒付。

4. 投保后发现保险项目有遗漏或错误的，要及时向保险公司申请批单，特别是涉及目的地的变更、船名的错误、保险金额的增加，更应及时申报。保险人在签发批单时，首先会列明批单项目，然后再加批单的措辞。批单签发后，必须粘贴在原保险单上，加盖骑缝章，作为保险单的一个部分。

4.5.4　保险单据

保险单据是保险人与被保险人之间订立保险合同的证明文件，它反映了保险人与被保险人之间的权利和义务关系，也是保险人的承保证明。当发生保险责任范围内的损失时，它又是保险索赔和理赔的依据。目前使用最广泛的一种保险单据是保险单。

保险单（Insurance Policy）：俗称大保单，其背面载有保险公司印就的保险条款。它具有法律效力，对双方当事人均有约束力。保险单正面通常载有以下基本内容：

①当事人的名称和地址。

②保险标的的名称、数量、重量、运输标志。

③运输工具。

④保险险别。

⑤保险责任起讫时间和地点。

⑥保险币别和金额。

⑦保险费。

⑧出立保险单的日期和地点。

⑨赔款偿付地点。

⑩保险人签章。

◎ 案例分析

某公司以 CIF 条件出口大米 1000 包，共计 100 000 千克。合同规定由卖方投保一切险加战争险，后应买方要求加附罢工险，保险公司按照仓至仓条款承保。货抵达目的港卸至码头后，恰遇码头工人罢工与警方发生冲突，工人将大米包垒成掩护墙进行对抗，罢工历时 15 天才结束。当收货人提货时发现这批大米损失了将近 80%，因而向保险公司索赔。

请问：

保险公司是否应该给予赔偿？为什么？

◎ 复习思考题

1. 进出口货物为什么要投运输保险？
2. 什么是实际全损？什么是推定全损？
3. 什么是共同海损？它与单独海损有何区别？
4. 中国保险条款（海运）规定的基本险和附加险都有哪些？

第5章

进出口商品的价格

◎ **本章要点**

通过对货物价格相关问题的学习，了解国际贸易中进出口商品的作价原则和方法，熟悉出口货物价格构成，加深对价格条款中贸易术语的认识，掌握佣金、折扣的计算方法、进出口报价和出口还价的核算方法。

在进出口商品交易中，货物的价格是买卖双方争论的焦点，直接关系到买卖双方的切身利益。价格条款是国际贸易中一项重要的交易条件，因此，贸易谈判的成功与失败往往与价格因素有关。在实际业务中，正确掌握商品的作价方法，根据实际情况认真做好进出口商品的成本核算工作，适当运用与价格有关的佣金和折扣，对于提高外贸经济效益具有十分重要的意义。

5.1 作 价 方 法

5.1.1 固定价格

固定价格是指买卖双方在协商一致的基础上，将货物的具体价格在进出口合同中予以明确规定，合同价格一经确定则必须严格执行。

在合同中规定固定价格是一种常见做法。它具有明确、具体、肯定和便于核算的特点。但是，市场行情的变化尤其是过于剧烈的变动，往往会给某一方造成较大损失，一些不守信用的商人为了逃避亏损，很可能寻找各种借口撕毁合同，从而影响履约的顺利进行。因此，在选择固定作价方法时，为减少信用风险和价格风险，应该对影响商品供需的各种因素进行了解和研究，对客户的资信进行细致的考察，对价格前景作出判断。

固定作价的方法通常适合于交易量小、交货期较短、市场价格相对稳定的商品交易。在大宗商品交易时，或者是商品市场变动频繁、价格受各种因素的影响而变化莫测的情况下，可以采取一些变通做法来减少风险，提高履约率。

5.1.2 非固定价格

非固定价格即一般业务上所说的"活价"，大体上可分为以下几种：

1. 具体价格待定

这种方法可以再分为：（1）在价格条款中明确规定定价时间和定价方法。如"在装运月份前 45 天，参照当地及国际市场价格水平，协商议定正式价格"。（2）只规定作价时间。如"由双方在××××年×月×日协商确定价格"。这样的定价方式因为缺乏明确的作价标准，从而容易导致合同无法执行。因此，这种方式一般只适用于双方有长期交往并已形成比较固定的交易习惯的合同。

2. 暂定价格

暂定价格是指买卖双方在合同中先订立一个初步价格，作为开立信用证和初步付款的依据，待最后的价格确定后再进行最后的清算，多退少补。

3. 部分固定价格，部分非固定价格

为了照顾双方的利益，解决双方在采用固定价格或非固定价格方面的分歧，也可采用部分固定价格部分非固定价格的做法。即近期交货的货物采取固定价；远期交货的货物采取非固定价，在交货前的一定期限内由双方商定。这种方式适用于分期分批交货或者外商长期报销的货物。

非固定价格的做法是先订约后作价，双方均不承担市场价格变动的风险。但是，由于存在双方在作价时不能取得一致意见的情况，有可能使合同最终无法顺利执行。

5.1.3 价格调整条款

价格调整条款是指按照原料价格和工资的变动来计算合同的最后价格。这种方法旨在把价格变动的风险固定在一定范围之内，因而尤其适合于加工周期长的机器设备合同，在通货膨胀的条件下，价格调整条款成为出口商转嫁国内通货膨胀、确保利润的一种手段。联合国欧洲经济委员会已将此项条款纳入它所制定的一些"标准合同"之中，并且其应用范围已从原来的加工周期较长的机械设备交易扩展到一些初级产品交易。

5.2 商品的价格核算

实际业务中，我国进出口商作价应遵循的原则为：在平等互利的前提下，参照国际市场价格水平，结合国别与地区政策，根据购销意图，制定适当的价格。

因此，在报价前确定一个合理的双方都可接受的价格是一件十分重要而复杂的工作。这涉及我国进出口商品的作价原则、对国际市场行情的了解、对出口商品成本和利

润的测算、国际货币的运用和换算以及影响价格的各种因素。

5.2.1　出口价格表示方法及构成

1. 出口报价的表示方法

①单价（unit price）

单价是指商品的每一个计量单位的价格金额，它由计价货币、计价金额、计量单位和贸易术语四个部分组成。

②总值（total amount）

总值即为商品单位价格与商品数量的乘积。

2. 出口价格的基本构成

在国际货物买卖中，货物的价格包括成本、费用和预期利润三大类。

（1）成本（cost）

产品通常包括生产企业的生产成本或加工成本。对于大多数外贸企业来说，出口货物的成本主要是指采购成本。

（2）费用（expenses）

①国内费用：包括仓储费、包装费、国内运输费、认证费、港口费、商检报关费、捐税、购货利息、经营管理费、银行费用等。

②国外费用：包括出口运费、出口保险费、佣金等。

（3）预期利润（expected profit）

预期利润是交易的最终目的，是出口价格的重要组成部分，也是出口商的收入。一般情况下出口商确定利润水平需要考虑诸如市场特点、交易数量、销售特点等多种因素。

3. 出口商品的作价原则

在"公平合理"的基础上，我们必须遵循三项原则：

（1）按国际市场价格水平作价；

（2）结合国别/地区政策作价；

（3）结合购销意图作价。

5.2.2　出口货物价格的核算

1. 出口成本核算

企业的出口成本包括两部分，即商品本身的成本和商品装运出口前的费用，即国内总费用。

（1）商品本身的成本计算

生产成本：制造商生产某一产品所需的投入。

加工成本：加工商对成品或半成品进行加工所需的成本。

采购成本：贸易商向供应商采购的价格，亦称进货成本。

一般情况下，出口方的商品成本就是供货商的报价，通常是包含了增值税的。但很多国家为鼓励出口，往往对出口商品采取退还全部或部分增值税的做法。因此，出口方的实际成本应为含税成本减去出口退税部分。我国同其他一些国家一样也实行了出口退税制度，采取对出口商品在国内征收的增值税全部或按一定比例予以退还的做法。因此核算时应将退税额从成本中扣除。

（2）国内总费用的计算

国内运输费：出口货物在装运前所发生的境内运输费，通常有卡车运输费、内河运输费、路桥费、过境费及装卸费。

包装费：包装费用通常包括在采购成本之中，但如果客户对货物的包装有特殊的要求，由此产生的费用就要作为包装费另加。

仓储费：需要提前采购或另外存仓的货物往往会发生仓储费用。

认证费：出口商办理出口许可、配额、产地证明以及其他证明所支付的费用。

港区港杂费：出口货物在装运前在港区码头所需支付的各种费用。

商检费：出口商品检验机构根据国家的有关规定或出口商的请求对货物进行检验所发生的费用。

捐税：国家对出口商品征收、代收或退还的有关税费，通常有出口关税、增值税等。

贷款利息：出口商由向国内供应商购进货物至从国外买方收到货款期间由于资金的占用而造成的利息损失，也包括出口商给予买方延期付款的利息损失。

业务费用：出口商在经营中发生的有关费用，如通讯费、交通费、交际费、广告费等，又称为经营管理费。

银行费用：出口商委托银行向国外客户收取货款、进行资信调查等所支出的费用。

出口货物涉及的各种国内费用在报价时大部分还没有发生，因此该费用的核算实际是一种估算。其方法有两种：

①将货物装运前的各项费用根据以往的经验进行估算并叠加，然后除以出口商品数量获得单位商品装运前的费用，即：

单位出口商品国内总费用=国内总费用÷出口商品数量。

②因为该类费用在货价中所占比重较低，而且项目繁杂琐碎，贸易公司根据以往经营各种商品的经验，采用定额费用率的做法。

所谓定额费用率，是指贸易公司在业务操作中对货物装运前发生的费用按公司年度支出规定一个百分比，一般为公司购货成本的3%～10%左右。实际业务中，该费率由贸易公司按不同的商品、交易额大小、竞争的激烈程度自行确定。因出口费用涉及项目繁杂，单位众多，各项费用不易精确估算，故而常用定额费率的方法加以核算。

2. 出口运费核算

鉴于海洋运输在国际货物运输中使用最为广泛，同时我国出口货物大多也是采用海洋运输方式，因此，我们将主要就海洋运输的运费进行计算。海洋运输分为班轮运输、租船运输和集装箱海运运输。

①班轮运输的运费计算

班轮运费由基本运费和附加费两部分组成。

$$班轮运费 = 基本运费 + 附加费用$$
$$= 基本运费费率 \times 运费吨 + 附加费$$

其中，

——基本费率（basic rate）是指每一计费单位（如一运费吨）货物收取的基本运费。基本费率有等级费率、货种费率、从价费率、特殊费率和均一费率之分。

——附加费（surcharges）主要有：燃油附加费、货币贬值附加费、转船附加费、直航附加费、超重附加费、超长附加费和超大附加费、港口附加费、港口拥挤附加费、选港附加费等。班轮公司设置了基本费率之外又规定了各种附加费用，主要是为了保持在一定时期内基本费率的稳定，同时又能如实反映出各种货物的航运成本。

运费计算步骤：

a. 选择相关的运价表（the tariffs）；

b. 根据货物名称，在货物分级表中查到运费计算标准（basis）和等级（class）；

c. 在等级费率表的基本费率部分，找到相应的航线、启运港、目的港，按等级查到基本运价；

d. 再从附加费部分查出所有应收（付）的附加费项目和数额（或百分比）及货币种类；

e. 根据基本运价和附加费算出实际运价；

f. 运费 = 运价 × 运费吨。

②租船运输的运费计算

租船运输费率的高低主要决定于租船市场的供求关系，但也与运输距离、货物种类、装卸率、港口使用、装卸费用划分和佣金高低有关。一般而言，承租合同中有的规定运费率，按货物每单位重量或体积若干金额计算；有的规定整船包价（lump sum freight）。合同中对运费按装船重量（in taken quantity）或卸船重量（delivered quantity）计算以及运费是预付还是到付，均须在合同条款中详细地表示出来。

装卸费用的划分法分别有以下四种：

船方负担装卸费（Gross or Berth Terms）又称"班轮条件"。

船方不负担装卸费（Free In and Out，FIO）采用这一条件时，还要明确理舱费和平舱费由谁负担。一般都规定租船人负担，即船方不负担装卸，理舱和平舱费条件（Free In and Out，Stowed，Trimmed——F. I. O. S. T.）。

船方管装不管卸（Free Out——F. O. ）条件。

船方管卸不管装（Free In——F. I. ）条件。

③集装箱海运运费的计算

目前，相对于内陆运价体系，经过多年发展的集装箱货物海上运价体系已比较成熟。该体系基本上分为两个大类，一类是按件杂货运费计算方法，即以每运费吨为单位（俗称散货价），另一类是以每个集装箱为计费单位（俗称包箱价）。

在计算方法上，集装箱数量按货物总重量或总体积除以集装箱的有效载货重量或有效容积，取整。一般20英尺箱有效载货重量为17.5公吨，有效容积为25立方米。40英尺箱有效载货重量为24.5公吨，有效容积为55立方米。

整箱货集装箱运费＝包箱费率×集装箱数量

整箱货采用此种方法。

——集装箱的数量计算，关键在于确定整箱货还是拼箱货。若为拼箱，应先算出所装箱的确切数量，再按件杂货的计算方法查表计算；若为整箱货，直接按表中给出的单箱运费计算即可；若部分装整箱，部分以拼箱方式运输时，需混合这两种计算方式。

——包箱费率（Box Rate）：这种费率以每个集装箱为计费单位，常用于集装箱交货的情况，即CFS—CY或CY—CY条款。常见的包箱费率有以下三种表现形式：

a. FAK包箱费率（Freight for All Kinds）——即对每一集装箱不细分箱内货类，不计货量（在重要限额之内）统一收取的运价。

b. FCS包箱费率（Freight for Class）——按不同货物等级制定的包箱费率。集装箱普通货物的等级划分与杂货运输分法一样，仍是1～20级，但是集装箱货物的费率级差大大小于杂货费率级差，一般低级货的集装箱收费高于传统运输，高价货集装箱收费低于传统运输；同一等级的货物，重量货集装箱运价高于体积货运价。在这种费率下，拼箱货运费计算与传统运输一样，根据货物名称查得等级、计算标准，然后去套相应的费率，乘以运费吨，即得运费。

c. FCB包箱费率（Freight for Class or Basis）——这是按不同货物等级或货类以及计算标准制定的费率。

拼箱货集装箱运费＝基本运费＋附加运费

这主要适用于拼装货物。

——基本费率：参照传统件杂货运价，以运费吨为计算单位，多数航线上采用等级费率。

——附加费：除传统杂货所收的常规附加费外，还要加收一些与集装箱货物运输有关的附加费。

3. 保险费核算

在进出口贸易中，在以CIF术语为成交的条件时，出口方就需要对保险费进行核算。具体计算方法如下：

保险费＝保险金额×保险费率

其中，

$$保险金额 = CIP（或 CIF）货价 ×（1 + 保险加成率）$$

——保险加成率亦称投保加成率，由买卖合同确定，一般为 10%、20% 或 30%，实践中使用最多的是 10%，一般不超过 30%。出口商也可根据进口商的要求与保险公司约定不同的保险加成率。

由于保险金额一般是以 CIF 或 CIP 价格为基础加成确定的，因此，在已知货价和运费（即 CFR 或 CPT 价）时，可按下列公式计算：

$$CIF = CFR / [1 -（1 + 保险加成率）× 保险费率]$$
$$CIP = CPT / [1 -（1 + 保险加成率）× 保险费率]$$

保险费率是计算保险费的依据，保险公司根据不同货物、不同目的地、不同运输工具以及不同险别分别制定的。不同的保险公司其规定的保险费率是不同的。一般而言，保险公司的保险费率构成如下：

（1）一般货物费率表，适用于所有货物；

（2）指明货物费率表，针对易损货物加收费率；

（3）战争、罢工险费率表；

（4）其他加费规定，即附加费率表。

4. 预期利润核算

价格中所包含的利润大小往往根据商品、行业、市场需要以及企业的价格策略来决定，因此，它并没有一定的标准。利润作为商人自己的收入，其核算方法由商人自己决定。

在实践中，商人决定利润的方法有两种：

（1）根据以往经营的经验按某一固定的数额作为单位商品的利润；

（2）以一定的百分比作为经营的利润率来核算利润额。在用利润率来核算利润额时，应当注意计算的基数，可以用某一成本（生产成本、购货成本或出口成本）作为计算利润的基数，也可以用销售价格作为计算利润的基数。具体计算公式：

$$利润额 = 出口成本 × 利润率$$

或：

$$利润额 = 出口报价 × 利润率$$

5.2.3　FOB、CFR、CIF 三种贸易术语下的出口报价核算

1. 价格构成

出口报价通常使用 FOB、CFR、CIF 三种贸易术语。在确定了费用和利润的计算依据后，其价格的基本构成如下：

$$FOB 价 = 进货成本价 + 国内费用 + 净利润$$
$$CFR 价 = 进货成本价 + 国内费用 + 国外运费 + 净利润$$

$$CIF 价=进货成本价+国内费用+国外运费+国外保险费+净利润$$

2. FOB、CFR 和 CIF 三种价格的换算方法及公式如下：

（1）FOB 价换算为其他价

$$CFR 价=FOB 价+国外运费$$

$$CIF 价=（FOB 价+国外运费）/（1-投保加成×保险费率）$$

（2）CFR 价换算为其他价

$$FOB 价=CFR 价-国际运费$$

$$CIF 价=CFR 价/（1-投保加成×保险费率）$$

（3）CIF 价换算为其他价

$$FOB 价=CIF 价×（1-投保加成×保险费率）-国际运费$$

$$CFR 价=CIF 价×（1-投保加成×保险费率）$$

3. 对外报价核算

报价核算有总价核算和单价核算两种方法。总价法比较精确，但要将核算结果折算成单价后才能对外报价；单价法可以直接求出报价，但计算过程需保留多位小数，否则容易造成报价上的较大误差。此外，还要注意报价的计量单位以及集装箱内装箱数量的准确性。

5.2.4　出口商品成本核算的主要指标

1. 出口商品盈亏率

出口商品盈亏率是指出口商品盈亏额与出口总成本的比率。出口商品盈亏额是指出口销售人民币净收入与出口总成本的差额，前者大于后者为盈利；反之为亏损。其计算公式为：

$$出口商品盈亏率=（出口销售人民币净收入-出口总成本）/出口总成本×100\%$$

2. 出口商品换汇成本

出口商品换汇成本是用来反映出口商品盈亏的一项重要指标，它是指以某种商品的出口总成本与出口所得的外汇净收入之比，即出口净收入一单位的外币所耗费的人民币数额。在实际业务中，较为通用的外币有美元、欧元等。其计算公式为：

$$出口商品换汇成本=出口总成本（人民币）/出口销售外汇净收入（外币）$$

换汇成本是考察出口企业有无经济效益的重要指标，其衡量的标准为：人民币对外币的当期汇价。如果换汇成本低于人民币对外币的当期汇价，则表示盈利。反之则意味着亏损。

3. 出口创汇率

出口创汇率是指加工后成品出口的外汇净收入与原料外汇成本的比率。若原料为国产品，其外汇成本通常按原料的 FOB 出口价格计算；若原料是进口的，则按该原料的 CIF 价格计算。该方法特别适合于进料加工的盈亏核算。即通过出口的外汇净收入和原料外汇成本的对比，从而确定出口成品是否获利。其计算公式为：

出口创汇率＝（成品出口外汇净收入－原料外汇成本）/原料外汇成本×100％

5.2.5　除了成本、费用、利润外的其他影响对外报价的因素

1. 商品的质量和档次

在国际市场上，一般都贯彻按质论价的原则，即好货好价，次货次价。品质的优劣、档次的高低、包装的好坏、式样的新旧、商标和品牌的知名度都影响着商品的价格。

2. 交货地点和交货条件

在国际贸易中，由于交货地点和交货条件不同，买卖双方承担的责任、费用和风险有很大差异，因此在确定进出口商品价格时，必须考虑这些因素。例如，同一运输距离内成交的同一商品，按 CIF 成交的价格一定会高于按 EX 条件成交的价格。

3. 季节性需求的变化

在国际市场上，某些节令性商品，如赶在节令前到货，抢先应市，即能卖上好价，而过了节令的商品，其售价往往很低，甚至以低于成本的"跳楼价"出售。因此，应充分利用季节性需求的变化，切实掌握好季节性差价，争取按对我有利的价格成交。

4. 成交数量

按国际贸易的习惯做法，成交量的大小影响着价格。即成交量大时，在价格上应给予适当优惠，或者采用数量折扣的办法；反之，如成交量过少，甚至低于起订量时，也可以适当提高出售价格。那种不论成交量多少，都采取同一个价格成交的做法是不当的，我们应当掌握好数量方面的差价。

5. 支付条件和汇率变动风险

同一商品在其他交易条件相同的情况下，与凭信用证付款方式的价格相比，采取预付货款方式下的价格应有一定的优惠。同时，确定商品价格时，一般应争取采用对自身有利的货币成交，如采用不利的货币成交时，应当把汇率变动的风险考虑到货价中去，即适当提高出售价格或压低购买价格。

6. 其他因素

此外，交货期的远近，市场销售习惯和消费者的爱好与否等因素，对确定价格也有不同程度的影响，我们必须在调查研究的基础上通盘考虑，权衡得失，然后确定适当的

价格。

5.2.6 出口还价核算

在进出口业务中，作为一个出口商，在对外报价后十分愿意收到肯定的回复。然而，在进出口交易中，无论出口商还是进口商，在收到对方的报价后立即接受成交，即一锤定音的情况很少见。在激烈的市场竞争环境中，讨价还价常常是交易磋商中的主旋律。当对外报出的价格遭到了对方的还价，即表明原来的价格构成要素发生了变化。所以，出口商在收到客户的还价之后，应该对还价作出恰当的反应。若决定进行再还价，就应当针对还价进行细致的分析，对价格要素作出必要并且合理的调整，在保证自身利益不受损失的前提下，尽可能地达成交易。

在出口还价核算时，出口商首先考虑的是在客户还价后，自己是否还有利润？利润是多少？利润率又是多少？核算利润率的主要目的就是为了将经过还价后的利润和报价利润率进行比照。

1. 出口还价核算的方法

出口还价核算通常采用倒算的原理，即用销售收入减去相关内容来分析还价后价格中各种要素（如购货成本、费用、利润等）可能发生的改变。

采用的计算公式如下：

$$销售利润 = 销售收入 - 各种费用 - 实际成本$$
$$实际成本 = 销售收入 - 销售利润 - 各种费用$$

2. 出口还价核算应注意的问题

（1）使用正确的运价标准计算运费

随着运输的发展使得集装箱大量使用，在出口贸易中，国外进口商往往要求用集装箱装运。而整箱装运的运费比散箱装运的运费低。所以，在测算运费时，一定得注意使用的运价标准，出口商品的数量能够装满一整集装箱，才能使用整箱运价计算运费；商品数量少，只能够散箱装运的，则只能使用运价较高的散箱运价来计算运费。

（2）准确掌握整集装箱所能装的商品数量，避免交付空载运费

在合同条款规定要求整集装箱装运时，如果不能准确掌握出口商品的内外包装情况，不能准确掌握每一集装箱能够装载多少数量的商品，就极易引起空载，而空载就意味着运费的白白支出，也就意味着对运费的计算不准确，换汇成本的测算自然也不准确。

（3）注意计算托盘加集装箱的装运方式下的额外费用

托盘和集装箱在运输中都起着保护商品、便于装卸、防止偷窃的作用，所以，计算费用时可根据具体情况采用其中一种方式。如果国外进口商要求先打托盘，后装集装箱，那么，我们在测算换汇成本时，则应计算额外的包装费用及运输费用。

（4）正确计算高投保加成发生的额外保险费

按照国际惯例，投保加成通常为 10%，保险费用随着投保加成的提高而高涨。在测算换汇成本时，一定要加上保险公司确认的高投保加成发生的所有费用。

（5）不能漏算指明货物需要加计的保费

如果出口商品是需要加计保费的指明货物，保险费则为基本保险费加上加计保险费，因此，应了解出口商品是否属于指明货物。

（6）重视出口商品保险免赔问题

保险公司对某些商品有免赔的规定，因此，应了解出口商品是否属于保险公司免赔规定范围内的商品，如果商品在免赔范围内，而合同未签订相应的免赔条款，出口方将承担一定的赔偿风险，一旦赔偿成立，出口方将付出不小的代价，必因换汇成本的增高导致亏损的发生，因此，对保险公司规定免赔范围内的商品必须在合同上签订相应的免赔条款，规避可能发生的赔偿风险，消除换汇成本可能增高的隐患，以保证测算的换汇成本的准确性。

（7）正确估算正常的银行费用

托收所发生的正常的银行费用主要有：托收费和寄单费。信用证结算发生的正常的费用主要有：信用证通知费、保兑费、议付费、寄单费、单据处理费、电报费、偿付费等。由于信用证结算发生的银行费用比较复杂，对信用证结算的合同，在测算换汇成本时，要特别注意银行费用，因为信用证金额不同、内容条款不同、开证国家不同以及各银行收取费用的标准不同、优惠项目不同，所以信用证结算产生的费用各不相同，那么，在测算换汇成本时，就需要我们根据不同国家、不同银行的银行费用水平，再结合合同规定的条款来测算银行费用。

（8）适当预计非正常银行费用的支出

在信用证结算中产生的非正常银行费用主要有：不符点交经费，不符点交单引起的电报费以及客户转嫁来的开证费、转证费等。谁也不能在事前保证：合同条款的签订百分之百合理，履行合约百分之百准确，没有一点纰漏。因此，在测算换汇成本时，应当适当预估可能产生的非正常银行费用。

（9）注意减去佣金

佣金是中间商介绍交易或代做买卖而取得的收入，我们的出口合同，有相当一部分是与各类中间商签订的，需要在交易完成、收回货款后，支付佣金给中间商，在测算换汇成本时，应减去支出的佣金，特别是在中间商因为某些原因，要求我们支付暗佣，不得在合同中显示佣金比例时，更要注意：测算换汇成本时，减去佣金的支出。

（10）远期放账所产生的利息应计入成本

在出口贸易中，我们做信用证远期、D/P 远期、D/A 远期，不仅要承担到期不能收汇的风险，还要支付资金被占压的利息，这项费用可根据我们的放账金额、放账天数及银行贷款利率计算出来，其公式为：放账利息 = 放账金额×放账天数/360 天×银行贷款利率。在测算换汇成本时，应注意把这项利息费用计入出口所需总成本。

5.3 佣金与折扣的运用

5.3.1 佣金

1. 佣金的含义

佣金（Commission）是指买方或卖方付给中间商为促进交易而提供服务的酬金。佣金一般由卖方支付给中间商，但有时也可以约定由买方支付。通常，包含佣金的价格称为含佣价，不包含佣金的价格称为净价。

凡在合同价格条款中，明确规定佣金的百分比，叫做"明佣"。如不标明佣金的百分比，甚至连"佣金"字样也不标示出来，有关佣金的问题由双方当事人另行约定，这种暗中约定佣金的做法，叫做"暗佣"。货物价格中是否包括佣金和佣金比例的大小，都会直接影响商品的价格。虽然含佣价比净价要高，但是正确运用佣金，有利于调动中间商推销和经营我方商品的积极性，增强有关货物在国外市场上的竞争力。

2. 佣金的规定方法

在国际贸易中，计算佣金的方法不一样，有的按成交金额约定的百分比计算，也有的按成交商品的数量来计算，即按每一单位数量收取若干佣金计算。

在按成交金额计算时，有的以发票总金额作为计算佣金的基数，有的则以 FOB 总值为基数来计算佣金。在实际业务中，如按 CIF 成交，而以 FOB 值为基数计算佣金时，则应从 CIF 价中减去运费和保险费，求出 FOB 值，然后以 FOB 值乘佣金率，即得出佣金额。不论采用哪种规定方法，都需要事先明确，以防事后发生争执。

3. 佣金的计算方法

关于计算佣金的公式如下：

$$单位货物佣金额 = 含佣价 \times 佣金率$$
$$净价 = 含佣价 - 单位货物佣金额$$

上述公式也可写成：

$$净价 = 含佣价 \times (1 - 佣金率)$$

假如已知净价，则含佣价的计算公式应为：

$$含佣价 = 净价 / (1 - 佣金率)$$

5.3.2 折扣

1. 折扣的含义

折扣（Discount，Allowance）是卖方给予买方一定百分比的价格减让。从性质上看，它是一种优惠。在对外贸易业务中，灵活运用折扣的方法能够扩大销售和发展客户关系。

2. 折扣的规定方法

在国际贸易中，折扣通常在价格条款中用文字明确表示出来。例如：每公吨 1000 美元 CIF 伦敦包括 2% 折扣（USD1000 per M/T CIF including 2% discount）。此外，折扣还可以用绝对数表示，例如：每公吨折扣 8 美元。

3. 折扣的计算方法

折扣通常是以成交额或发票金额为基础计算出来的。折扣的计算公式为：

$$单位货物折扣额=原价（或含折扣价）\times 折扣率$$

卖方实际净收入为：

$$净收入=含折扣价\times（1-折扣率）$$
$$=含折扣价-折扣额$$

5.3.3　佣金与折扣的支付办法

佣金往往是在出口商收到全部货款后，再按约定数额将佣金支付给中间商，也可以在发票货款中直接扣除，合同对此应作出明确规定。折扣一般由买方在支付货款时扣除。在实际业务中，如果在价格术语中未对佣金和折扣有任何表示，则应理解为没有佣金和折扣。

◎ 案例分析

经中间商的斡旋，我国 A 公司与外国 B 公司签订出口机械设备合同。合同签订后中间商要求 A 公司支付佣金。我公司认为不妥，并告知其佣金的支付将在买方收到货物之后。但是中间商表明了目前急需资金的愿望。考虑到中间商在促成该笔交易中确实发挥了作用，并且今后还需要与中间商在开拓市场方面进行合作，于是 A 公司支付了佣金。然而，A 公司出口的设备到达目的地后"因交单不符"被 B 公司拒收，A 公司没有收到货款。A 公司请求中间商斡旋，经中间商与 B 公司商谈，B 公司同意降价50%后收货。A 公司认为中间商在其中未发挥足够的作用，要求其返还所有佣金。

请分析：

A 公司能否要回佣金？从该笔交易中，A 公司应吸取什么教训？

◎ 复习思考题

1. 进出口商品的作价原则是什么？在确定进出口商品价格时主要应考虑哪些因素？
2. 佣金、折扣、净价的含义各是什么？怎样计算它们？

3. 为什么价格条款是进出口合同中的核心条款？规定此条款时应注意哪些问题？

4. 在出口贸易中为什么要加强成本核算？如何计算出口商品盈亏率、出口商品换汇成本和出口创汇率？

第*6*章
国际货款的结算

◎ **本章要点**

通过对国际货款结算相关问题的学习，了解货款、托收、信用证等结算方式的基本含义，掌握汇款的种类、运用和特点；跟单托收的程序、交单方式、结算特点；信用证的基本内容、开立方式办理程序和当事人责任等。

6.1 支付工具

在国际贸易中，作为支付工具使用的是货币和票据。货币可用于计价、结算和支付。用来计价和结算的货币可以是进口国、出口国或进出口双方同意的第三国的货币。在实际业务中，采用现金结算的较少，大多使用非现金结算，即使用代替现金作为流通手段和支付手段的信用工具来结算国际间的债权债务。票据作为一种信用工具，在国际结算和贸易融资业务中得到普遍应用。票据包括汇票、本票和支票，在国际贸易结算中，使用最多的是汇票。

6.1.1 汇票

1. 汇票的定义

我国《票据法》对汇票的定义：汇票是出票人签发的，委托付款人在见票时或者在指定日期无条件支付确定的金额给收款人或持票人的票据。

汇票的基本内容包括：①汇票号码；②汇票金额（小写）；③汇票日期和地点；④汇票期限；⑤收款人（payee）；⑥汇票金额（大写）；⑦出票条款；⑧付款人（payer，drawee）；⑨出票人（drawer）。

2. 汇票的基本内容

汇票的内容是指汇票上记载的项目。根据其性质及重要性不同，这些项目可以分为三类：

（1）绝对必要记载项目

①表明"汇票"字样

我国《票据法》和《日内瓦统一法》均规定为必须记载事项，以区别于其他票据。"汇票"一词在英文中的表示方法为：bill of exchange、draft or exchange。

②无条件支付的委托

汇票是无条件的书面付款委托或付款命令，是出票人命令他人付款。

③确定的金额

汇票票面所记载的金额必须确定，如有利息条款，则必须规定利率。

④付款人

付款人指汇票命令的接收者亦即售票人，但受票人不一定付款，因为付款人可以拒付，也可以指定担当付款人。付款人可以是法人或个人，为确定起见应注明地址。

⑤收款人

收款人是汇票出票时记明的债权人，也称汇票的抬头。汇票上的"收款人"的填写方法主要有三种：

一种是指示性抬头，又称记名抬头，即写明收款人的名称。指示性抬头的汇票，可由收款人背书转让，由受让人以持票人身份取款。指示性汇票并不是必须转让，是否实际转让取决于收款人的意愿。

另一种是限制性抬头。此种抬头的汇票只限于付给指定的收款人，即票据的义务人只对记明的收款人负责。

第三种是持票人或来人抬头。即不管谁持有来人抬头票据，都有权要求付款人付款，该种抬头汇票无需背书转让，只需通过简单交付就可实现转让。

⑥出票日期

出票日期是指汇票上记载的签发汇票的日期。多数国家的票据法和《日内瓦统一法》都将出票日期规定为绝对必要记载事项，但是英国票据法则允许汇票不记载出票日期。出票日期对汇票所确定的债务债权关系有重大的作用。主要有：确定出票人是否具有行为能力和代理权；确定见票即付汇票的付款提示期限；确定出票后定期汇票的付款日期；确定某些票据权利实效期限的依据，等等。

⑦出票人签章

出票人签章表示其确认对票据的债务责任。若汇票上没有出票人签章或签章是伪造的，则该汇票无效。我国票据法规定票据上的签章为签名或盖章或签名加盖章。英国票据法规定必须手签。目前，按国际惯例，涉外票据应采用手签方式。

（2）相对必要记载项目

①付款日期

付款日期又称汇票到期日。各国票据法及《统一法》均规定，若汇票上没有记载付款时间，则视为见票即付汇票。我国票据法规定，付款日期是相对应记载事项，凡是汇票上明确记载付款日期的，以票载日期为准；未记载付款日期的，为见票即付。

②付款地

付款地是指持票人提示票据请求付款的地点。付款地有重要的法律意义。根据国际私法的"行为地原则"，到期的计算、在付款地发生的"承兑"、"付款"等行为都要适用付款地法律。我国票据法规定，汇票上若记载付款地，应当清楚明确。未记载付款地的，则付款人的营业场所、住所或经常居住地为付款地。

③出票地点

出票地点指出票人签发汇票的地点。我国票据法规定，汇票上若记载出票地，应当清楚明确，未记载出票地的，出票人的营业场所、住所或经常居住地为出票地。出票地的法律意义在于，汇票出票时所记载的事项适用出票地法律，以此来判断票据的必要项目是否齐全，汇票是否有效。因此，付款地的记载是非常重要的。但是，不注明付款地的票据仍然成立。

（3）任意记载事项

任意记载事项是指除以上两类项目以外的项目，它是由出票人等根据需要记载的相关内容。这些项目一旦被接受，即产生约束力。

3. 汇票的种类

（1）按出票人划分

银行汇票（banker's draft）。出票人为银行，付款人为另一家银行。

商业汇票（commercial draft）。出票人是企业或个人，付款人可以是银行，也可以是企业或个人。

（2）按汇票流通中是否附有货运单据划分

光票（clean bill）是指使用中不附带货运单据的汇票。货运单据是指包括运输单据在内的商业单据，如果汇票只附有发票等商业单据，而不包括运输单据，则仍为光票。银行汇票多是光票。

跟单汇票（documentary bill）是指使用中附带有货运单据的汇票。商业汇票一般为跟单汇票。

（3）按付款期限划分

即期汇票（sight bill）是指见票即付的汇票。

远期汇票（usance bill）是指在固定的或在可以确定的未来某一日期付款的汇票。

（4）按承兑人划分

商业承兑汇票（trader's acceptance bill）是指经企业或个人承兑的一种远期商业汇票。

银行承兑汇票（banker's acceptance bill）是指经银行承兑的远期汇票，通常是远期的商业汇票。

（5）按票据行为地划分

国内汇票（domestic bill）是指票据行为均发生在同一国家的汇票。

涉外汇票（foreign bill）是指出票、背书、承兑、保证、付款等行为，发生在两个或两个以上国家的汇票。

4. 票据行为

票据行为是指票据流通过程中，确定权利义务或行使权利或履行义务的行为。当事人实施票据行为，必须符合票据法的规定，方为有效。

（1）出票

出票是产生票据关系的基础。出票包括两个动作：一是出票人写成汇票并加以签章；二是将汇票交付给收款人。

出票后，票据关系成立，出票人成为汇票的主债务人，收款人成为汇票的债权人，即持票人。

（2）背书

背书是转让票据权利的行为，其完成包括两个动作：一是持票人在汇票背面签署，即签章并记载日期；二是将汇票交付给受让人。背书后，原持票人成为背书人，票据权利由原持票人转移至受让人，即被背书人。背书使票据从一种支付工具成为一种依靠信用实现融资的工具，扩展了票据在流通结算中的功能。

（3）提示

提示是指持票人向付款人出示票据要求其履行票据义务的行为。提示分为承兑提示和付款提示。

承兑提示是持票人在票据到期前向付款人出示票据，要求其承兑或承诺到期付款的行为。

付款提示是指持票人在即期或远期票据到期日向付款人出示票据要求其付款的行为。

（4）承兑

承兑是指付款人对远期汇票承诺到期付款的行为。承兑行为的完成包括两个动作：一是完成记载及行为人签名，指付款人在汇票正面记载"承兑"字样，加注日期并签署；二是完成交付，指付款人把已承兑的汇票交还持票人或另行出具承兑通知书交给持票人。

（5）付款

付款是指汇票的持票人（或担当付款人或预备付款人）支付汇票金额的行为。付款是票据流通过程的终结，是票据债权债务的最后清偿。

（6）追索

追索是指持票人在汇票到期不获付款或不获承兑或有其他法定原因时，向其前手背书人、出票人及其他票据债务人行使请求偿还的行为。它是持票人在特殊情况下要求或主张票据权利的一种手段和方式。

（7）保证

保证是指汇票债务人以外的第三人，担保特定的票据债务人能够履行票据债务的票据行为。关于保证人，我国《票据法》要求必须是票据债务人以外的第三人，被保证人则只能是票据债务人，如出票人、承兑人、背书人等。按照我国《票据法》的规定，保证只适用于汇票和本票，支票不适用保证。原因在于我国支票的付款提示期限过短，同城结算支票的提示期限只有 10 天。而国外，无论是日内瓦统一票据法系还是英美法系，大多规定有支票保证制度。

6.1.2　本票

1. 本票的定义

我国票据法对本票的定义是："本票是出票人签发的，承诺自己在见票时无条件支付确定金额给收款人或者持票人的票据。"

2. 本票的必要记载内容

根据我国《票据法》规定，本票的绝对必要记载内容有六个方面：

（1）"本票"字样；

（2）无条件支付的承诺；

（3）确定的金额；

（4）收款人名称；

（5）出票日期；

（6）出票人签章。

以上条款，缺一不可；否则，本票无效。

《日内瓦统一法》和英国票据法的规定大致相同，均比我国《票据法》多了一个相对应记载事项——付款期限。这是因为我国《票据法》规定的本票是银行本票，均为见票即付；而国外票据法规定的本票为银行本票和一般本票，一般本票可以是见票即付，但大多是远期付款，远期的一般本票必须记载付款期限。

3. 本票的种类

（1）商业本票

商业本票又称一般本票，它是指公司、企业或个人签发的本票。在国际贸易中，进口企业为延期付款，可按合约规定向出口方开出远期本票。商业本票的信用基础是商业信用，往往需要由本国银行为其提供保证，获得银行保证的已不是一般意义上的本票。

（2）银行本票

银行本票是指银行签发的本票。它通常被用于代替现金支付或进行现金的转移。

6.1.3　支票

1. 支票的定义

我国《票据法》对支票的定义："支票是出票人签发的，委托办理支票存款业务的银行或者其他金融机构在见票时无条件支付确定金额给收款人或持票人的票据。"

《英国票据法》对支票的定义:"支票是以银行为付款人的即期汇票。"

2. 支票的必要记载内容

(1) 表明"支票"的字样;
(2) 无条件支付的委托;
(3) 确定的金额;
(4) 付款人名称;
(5) 出票日期;
(6) 出票人签章。

3. 支票的票据责任

(1) 出票人的责任

支票的出票人必须是银行存户,在银行有足够存款,即支票的出票人所签发的支票金额不得超过其付款时在付款人处实有的存款金额。如果支票的出票人在存款不足时,签发的支票不超过银行允许的透支范围,也是可以的。但是应在规定的时间内偿还透支金额并承担相应的利息费用。出票人不得开立空头支票,不得签发与其预留本名签名式样或者印鉴不符的支票。我国《票据法》规定,凡签发空头支票或故意签发与印鉴不符支票骗取财物的,应依法追究刑事责任。

(2) 付款人责任

支票付款人为出票人的开户银行。付款人付款时,有责任核对出票人签字的真实性。如果错付,银行应承担赔偿责任。付款人依法付款后,即解除其对出票人和持票人的责任。

4. 支票的种类

(1) 根据收款人抬头不同,可分为记名支票和不记名支票

①记名支票

记名支票指写明收款人姓名的支票。除非记名支票有限制转让的文字,否则记名支票即为指示性抬头支票,可以背书转让。记名支票在取款时必须有收款人签章。

②不记名支票

不记名支票又称空白支票或来人支票,它是不记载收款人姓名或仅记载"付来人"(To Bearer),取款时仅凭此种支票,付款人即向持票人付款,且取款时不需要签章。银行对持票人获得支票是否合法不负责任。

(2) 根据附加的付款保障分为划线支票和保付支票

①划线支票

划线支票是指由出票人或持票人在支票正面划有两条平行线的支票。划线支票的持票人只能通过银行收款,不能直接提现,其目的是使不正当持票人转让支票或领取票款

更为困难，以保障收款人利益。

划线支票可分为两种：一种是普通划线支票，指不注明收款银行的划线支票，收款人可以通过任何一家银行收款；另一种是特殊划线支票，指在平行线中注明了收款银行的支票。对于特殊划线支票，只能通过该指定收款银行向付款行提示付款。

我国《票据法》中没有支票划线制度的规定，但是有对现金支票和转账支票的规定。转账支票是由发票人或持票人在普通支票上载明"转账支付"的支票。对于标有转账支付记载的支票，付款银行只能通过银行转账收款，不能提取现金。

②保付支票

保付支票是指由付款银行加注"保付"（certified to pay）字样的支票。银行在保付时，需查核出票人支票存款账户，并将相应金额转入保付支票账户名下。如果付款行对支票进行了保付，就是承担了绝对付款的责任，从而保证持票人在任何情况下都能获得支付。

6.2　结算方式——汇款

6.2.1　汇款的含义及其当事人

汇款（Remittance）又称汇付，是付款人（进口商）主动通过银行将款项交付收款人（出口商）的结算方式。在国际贸易中如采用汇款，一般是由买方按照合同约定的条件和时间，将货款通过银行汇交给卖方。

在汇款方式中有四个基本当事人：

1. 汇款人。即拥有款项并申请汇出者。在国际贸易中，通常是买卖合同的进口人。

2. 收款人。即汇款金额的最终接收者，也称受益人。在国际贸易中，通常是出口方或债权人，也可以是汇款人本人。

3. 汇出行。即受汇款人的委托汇出款项的银行。通常是汇款人所在地的银行，即进口地的银行。

4. 汇入行。即接受汇出行的委托解付汇款的银行。汇入行通常是收款人所在地或出口方银行。

6.2.2　汇款方式

汇款方式可分电汇、信汇和票汇三种。

1. 电汇

电汇（Telegraphic Transfer，T/T）是指汇出行应汇款人的申请，通过加押电报或电传指示汇入行解付一定金额给收款人的汇款方式。

在银行业务中，电汇优先级较高，一般均当天处理。电汇大多是银行之间直接联系，安全准确。资金在途占用时间很短，提高了资金的利用效率。因此，在国际贸易汇款方式中使用电汇的越来越多。

随着 SWIFT 会员银行迅速增加，电汇更多地采用 SWIFT 标准格式通过 SWIFT 发送。

2. 信汇

信汇（Mail Transfer, M/T）是指汇出行应汇款人的申请，以航空信函方式指示汇入行解付一定金额给收款人的汇款方式。

信汇具有费用低廉的优点，但是信汇时，银行占用在途资金较长，信函在传递过程中还可能发生积压甚至丢失等情况，现在已很少使用信汇。

3. 票汇

票汇（Remittance by Banker's Demand Draft, D/D）是指汇出行应汇款人的申请，开出银行即期汇票交汇款人，由其自行携带出国或寄送给收款人凭票取款的汇款方式。

6.2.3 汇款在国际贸易中的应用

在国际贸易中，汇款方式通常可分为预付货款和货到付款两种类型。

1. 预付货款

预付货款（Payment in Advance）是指进口商在出口商交货前，先将货款通过银行汇交出口商，出口商收到货款后在约定时间内将货物发运给进口商。

在这种支付方式下，出口商实际上接受了进口商提供的信用，出口商不仅可以因此得到从收到货款之日起至发货日间的利息收入，还可以用它来进行周转，对出口商而言是最为有利的一种支付方式。而进口商则承担了出口商不按时发货甚至不发送货物的风险，在货物到手前付出的货款还将造成利息损失，影响自身资金周转。

预付货款通常是出口商信誉良好，或者在卖方市场的情况下，买方为了保证购到货物而采取的办法。

2. 货到付款

货到付款（Payment after Arrival of Goods）是指进口商在收到出口商发出的货物后，再按销售合同所订明的未来某一日期将货款汇交出口商。此种方式不利于出口商而有利于进口商。因为出口商的货款收回通常是在进口商收到货物后的一段时间，出口商的资金在此期间被占用。而且，出口商还承担了进口商不按时付款、不付款或不按时付足货款的风险。而进口商的资金负担小，同时在交款方面掌握了主动权。例如，进口商如果收到的货物不符合合同规定，可以不付或少付货款。

货到付款是卖方给予买方的优惠贸易条件，可以吸引客户购买货物，扩大交易，但是对出口商而言风险极大，因此必须对进口商的信用有充分的了解。

买卖双方有时采用部分预付货款、部分货到付款的方式。这仍然是通过汇款方式进行结算，但双方按比例分阶段承担风险和资金负担，因而这种方法兼顾了买卖双方的利益和要求。

6.3　结算方式二——托收

6.3.1　托收的含义及其当事人

国际商会制定的《托收统一规则》（URC522）对托收做了如下定义：托收是指由接到托收指示的银行根据所收到的指示处理金融票据和/或商业单据以便取得付款或承兑，或凭付款或承兑交出商业单据或凭其他条款或条件交出单据。

金融单据是指汇票、本票、支票或其他用来获得现金付款的类似凭证。

商业单据是指发票、运输单据、所有权单据或其他类似单据，或其他任何不附金融单据的单据。

根据（URC522）第 3 条规定，托收方式所涉及的当事人主要有：

1. 委托人。它是指委托银行取得国外付款人的付款或承兑后向其交单的人，通常是出口方。

2. 托收行。它是指接受委托人的委托，办理托收业务的银行，通常为出口地银行。

3. 代收行。它是指接受托收行的指示，在取得国外付款人的付款或承兑后向其交单，并最终得到付款的银行，代收行通常是托收银行的国外分行或代理行。

4. 付款人。它是指代收行的交单对象，并要求其付款的人，通常是进口方。

6.3.2　托收的种类

托收可分为光票托收和跟单托收两类。

1. 光票托收

光票托收是指金融单据不附有商业单据的托收，即提交金融单据委托银行代为收款。光票托收如以汇票作为收款凭证，则使用光票。在国际贸易中，光票托收主要用于小额交易、预付货款、分期付款以及收取贸易的从属费用等。

2. 跟单托收

跟单托收是指金融单据附有商业单据或不附有金融单据的商业单据的托收。跟单托收如以汇票作为收款凭证，则使用跟单汇票。

跟单托收按交单条件的不同分为付款交单和承兑交单。

（1）付款交单（Documents against Payment，简称 D/P）

　　付款交单是指出口人的交单是以进口人的付款为条件。即出口人发货后，取得装运单据，委托银行办理托收，并指示银行只有在进口人付清货款后，才能把商业单据交给进口人。

　　付款交单按付款时间的不同，又可分为即期付款交单和远期付款交单。

　　①即期付款交单（Documents against Payment at Sight）。出口方按合同规定发运货物后，开具即期汇票（或者不开汇票）连同全套商业单据，通过银行向付款人（进口方）提示，进口方见票（或见单），审单无误后应立即付款，银行在其付款货款后，交出全套单据。

　　②远期付款交单（Documents against Payment after Sight）。出口方发货后开具远期汇票连同商业单据，通过银行向进口方提示，进口方审核无误后即在汇票上进行承兑，于汇票到期日付清货款后再领取商业单据。

　　目前国际贸易中，已很少使用远期付款交单方式成交。

　　（2）承兑交单（Documents against Acceptance，简称 D/A）

　　出口方发运货物后开具远期汇票连同全套商业单据，委托银行向进口方提示，并明确指示银行，进口方承兑汇票后，即可领取全套商业单据，在汇票到期时再履行付款义务。承兑交单方式只适用于远期汇票的托收。

6.3.3　跟单托收的业务程序

1. 即期付款交单

　　（1）出口方发运货物后，填写托收指示，开立即期汇票（或不开立汇票），连同商业单据，交托收行委托收款；

　　（2）托收行接受委托后，将汇票、单据和托收指示寄交进口地的代收行；

　　（3）代收行按照托收指示向付款人提示汇票和单据；

　　（4）付款人审单无误后付款；

　　（5）代收行向付款人交单；

　　（6）代收行按托收指示规定的方式将货款交付托收行；

　　（7）托收行向出口方交付货款。

2. 远期付款交单

　　（1）出口方发运货物后，填写托收申请书，开立远期汇票，连同商业单据，交托收行委托收款；

　　（2）托收行接受委托后，将汇票、单据和托收委托书寄交进口地的代收行；

　　（3）代收行按照托收指示向付款人提示汇票和单据，付款人审单无误后，在汇票上承兑，代收行收回汇票和单据；

　　（4）付款人到期付款；

（5）代收行向付款人交单；

（6）代收行按托收指示规定的方式将货款交付托收行；

（7）托收行向出口方交付货款。

3. 承兑交单

（1）出口方发运货物后，填写托收申请书，开立远期汇票，连同商业单据，交托收行委托收款；

（2）托收行接受委托后，将汇票、单据和托收委托书寄交进口地的代收行；

（3）代收行按照托收指示向付款人提示汇票和单据，付款人审单无误，在汇票上承兑后，代收行收回汇票，将单据交给付款人；

（4）付款人到期付款；

（5）代收行按托收指示规定的方式将货款交付托收行；

（6）托收行向出口方交付货款。

6.3.4 跟单托收的特点

1. 托收是一种凭商业信用结算的方式

在跟单托收时，银行只是按照卖方的指示，提供代收货款、代为交单的服务，而是否付款则依赖于进口商的信用，银行不承担付款的责任。所以，托收的支付方式是建立在商业信用基础上的。

2. 托收对出口商有一定的风险

在托收方式中，出口商先行发货，然后委托银行收取货款。出口商能否按期收回货款，完全取决于进口商的资信。如果进口商不付款或不承兑或承兑后破产或无力支付或故意拖延支付，则出口商就收不到货款或不可能按期收到货款。

3. 出口商资金负担较重

在托收结算方式中，在进口商付款之前，货物的占用资金主要由出口商来承担，进口商基本不负担资金。虽然出口商有货权单据，可以通过出口押汇从银行融通资金，从而可以在一定程度上减轻资金负担的压力，但是银行一般不愿做跟单托收下的押汇业务。对于即期付款，出口商从发货到收回货款一般在 10~15 天，对于远期汇票，则还需加上从承兑到付款的日期。

4. 结算简单、迅速，费用较低

跟单托收结算方式简单、费用较低。对买方而言可以减少费用支出，有利于资金融通，因而有利于调动进口商采购货物的积极性，促进成交和扩大出口。

6.3.5 使用托收方式的注意事项

1. 正确评估进口商资信，确定合理的交易额度

采用托收方式是出口商出于对进口商的信任，带有对进口商融资的性质。因此出口商应事先详细调查进口商的资信，根据其具体情况确定授信额度、成交金额与交货进度。对于资信不好的客户或新的客户最好不要使用托收方式。

2. 选择合适的价格术语

出口合同应争取按 CIF 或 CIP 条件成交，由出口商办理货运保险。如果进口国规定必须由进口商办理保险，则出口商应在货物装运后及时通知对方投保，同时出口商加投"卖方利益险"，在货物遇险后进口商既未投保又不付款赎单的情况下，由保险公司对出口商因货物受损而收不到货款的损失予以赔偿。

3. 了解进口国家的有关规定和商业惯例

出口商应了解进口国家的有关贸易法令、外汇管理条例等。北欧和拉美一些国家习惯把"单到"付款或承兑，视为"货到"付款或承兑，这样进口商可以拖延付款时间，对出口商不利。有些国家的银行按当地的法律和习惯，将远期付款交单（D/P 远期）改为承兑交单（D/A）处理，即在进口人承兑远期汇票后，立即把商业单据交给进口人，因而会使出口商增加收汇的风险。

4. 了解《托收统一规则》的内容

国际商会《托收统一规则》（URC522）是托收方式下有关当事人遵循的国际惯例，它对托收当事人的权利、义务和责任作了系统的规定。掌握这一惯例可以减少当事人之间在托收业务中的误解和纠纷。

6.4 结算方式三——信用证

6.4.1 信用证概述

1. 信用证的含义

信用证是银行应开证申请人（通常为进口商）的要求，向受益人（通常为出口商）开立的有条件的承诺付款的书面文件。

跟单信用证统一惯例（Uniform Customs and Practice for Documentary Credits，简称 UCP），是国际贸易单证方面最重要的国际惯例之一，该惯例的存在使信用证项下的操作具有了统一的规则，极大地便利了全球的国际贸易支付。70 多年来，国际商会

（ICC）不断对其修订、完善，使之适应实践的需要并具有更好的操作性。《跟单信用证统一惯例（1993 年修订本)》，即《UCP500》，在使用十余年后，从 2007 年 7 月起，已被《UCP600》取代。

2. 信用证的特点

（1）信用证付款是一种银行信用

开证行以自己的信誉为担保，对受益人承担第一性的付款责任。开证行支付款项不以买方的意愿和能力为条件，只以单据符合信用证的要求为前提。所以它属于银行信用的性质。

（2）信用证是独立于买卖合同之外的文件

信用证的开立以买卖合同为依据，但信用证一经开出，就不受买卖合同条款的约束。《UCP600》规定：信用证与可能作为其开立基础的销售合同或其他合同是相互独立的交易，即使信用证中含有对此类合同的任何援引，银行也与该合同无关，且不受其约束。因此，银行关于承付、议付或履行信用证项下其他义务的承诺，不受申请人基于与开证行或与受益人之间的关系而产生的任何请求或抗辩的影响。受益人在任何情况下不得利用银行之间或申请人与开证行之间的合同关系。

（3）信用证业务是一种单据的买卖

在信用证结算方式下，实行的是凭单付款的原则。银行在处理信用证业务时，只凭单据，不问货物。只要单据表面上符合信用证的规定，银行就应承担付款责任，申请人也必须向银行付款赎单。

6.4.2 信用证的主要当事人

1. 开证申请人（Applicant）

开证申请人是指向银行申请开立信用证的人，又称开证人（Opener），通常是进口方。该申请人必须在规定的时间内开证，交开证押金并及时付款赎单。

2. 开证行（Opening/Issuing Bank）

开证银行是指接受开证申请人的委托开立信用证的银行，一般是进口地银行。开证行有权收取开证费，正确及时开证，承担第一性付款责任。一般情况下开证行无追索权。但是如果开证行在仅凭议付行索汇电报或偿付行凭汇票和议付行索汇证明书付款时，接到单据并发现不符合，则开证行仍有权向议付行退还单据，追索票款。

3. 通知行（Advising/Notifying Bank）

通知行是指受开证行的委托，将信用证转交出口方的银行，一般是出口地银行。通知行应审慎鉴别信用证表面的真实性，如果无法确定信用证的真实性，通知行必须立即通知开证行；如果通知行决定将该信用证通知受益人，也必须说明它未能鉴别该证的表面真实性。

4. 受益人（Beneficiary）

受益人是指信用证上所指定的有权使用该证的人，通常为出口方。受益人拥有索取货款、按时交货、提交符合信用证要求的单据的权利和义务。

5. 议付行（Negotiating Bank）

议付行指根据开证行的授权买入或贴现受益人开立和提交的符合信用证规定的汇票和单据的银行。议付行需要按照信用证中开证行的付款承诺和邀请并根据受益人的要求对单据进行审核，然后议付，并有权向开证行凭正确单据要求偿付。如遭拒付，它有权向受益人追索垫款。

议付实际上是银行向出口商提供融资的活动。因此，议付行要向受益人收取融资利息与费用。

6. 付款行（Paying/Drawee Bank）

付款行是开证行的付款代理，代开证行验收单据，一旦验收付款后，付款行无权向受益人追索。付款行一般是开证行，也可以是它指定的另一家银行，主要由信用证条款的规定来决定。

7. 保兑行（Confirming Bank）

保兑行是指根据开证行的授权或要求对信用证加具保兑的银行，具有与开证行相同的责任和地位。保兑行可以由通知银行兼任，也可以由其他银行加具保兑。

8. 偿付行（Reimbursement Bank）

偿付行是指接受开证行的指示或授权，代开证行偿还议付行垫款的第三国银行。

偿付行不审核单据，其对议付行、付款行的偿付，就不能视为开证行的最终付款。开证行收到的单据若与信用证不符，仍有权向议付行、付款行追回已付款项，但不得向偿付行追索。偿付行只管偿付，与退款无关。

6.4.3 信用证的业务流程

1. 开证申请人根据合同填写开证申请书，并交纳押金或提供其他保证，请开证行开证。

2. 开证行根据申请书内容，向受益人开出信用证并寄交或电讯送达通知行。

3. 通知行核对印鉴无误后，将信用证交受益人。

4. 受益人审核信用证内容与合同规定相符后，按信用证规定装运货物、备妥单据并开出汇票，在信用证有效期内，送议付行议付。

5. 议付行按信用证条款审核单据，对相符提示予以议付。

6. 议付行将汇票和货运单据寄开证行或其特定的付款行索偿。

7. 开证行核对单据无误后，付款给议付行。

8. 开证行通知开证人付款赎单。

信用证支付流程示意图（如图 6-1）：

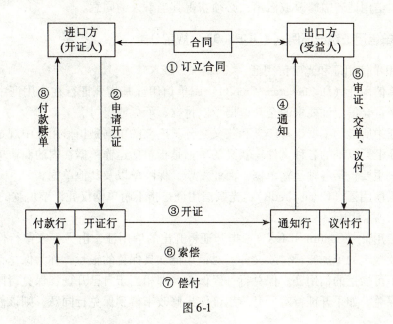

图 6-1

6.4.4　信用证的种类

1. 信用证的不可撤销性及修改

《UCP500》规定，信用证可以是可撤销或不可撤销的，但信用证中应明确表示是可撤销还是不可撤销的，如果没有这种明确的表示，则一律视为不可撤销。

2006 年，国际商会再次对《UCP500》进行了修改，形成了《UCP600》，并于 2007 年 7 月 1 日正式生效。《UCP600》在第 2 条、第 3 条、第 7 条、第 8 条中分别对"不可撤销"概念作了表述。例如，"信用证意指一项不可撤销的安排，无论其名称或描述如何，该项安排构成开证行对于相符交单予以承付的确定承诺"；"信用证是不可撤销的，即使未如此表明，信用证一经开立即为不可撤销"；"开证行自开立信用证之时起，即不可撤销地承担承付责任"；"保兑行自对信用证加具保兑之时起即不可撤销地承担承付或议付的责任"。

信用证的不可撤销性充分体现了信用证保护受益人利益的原则。只要受益人提交了符合信用证规定的单据，开证行就必须履行其保证承付的义务，且不得向受益人行使追索权。因此，受益人在信用证开立后即可放心地备货发运，消除了对开证行承付承诺被撤回的担心。

但是，信用证的不可撤销性并不表明信用证不能撤销或修改，只要其当事人同意，信用证是可以撤销或修改的。《UCP600》第 10 条第 1 款规定，除第 38 条的规定外，信用证未经开证行、保兑行（如已保兑）和受益人的同意，既不能修改，也不能撤销。也就是说，信用证若需修改或撤销，必须获得其当事人的同意。

2. 按《跟单信用证统一惯例》(《UCP600》) 规定分类

（1）跟单信用证和光票信用证

①跟单信用证（Documentary Credit）：跟单信用证是指开证行在信用证中规定，凭受益人提交符合信用证要求的全套单据予以付款、承兑或议付。

信用证中所指的单据，有广义和狭义之分。广义的单据是指信用证中规定要求受益人提交的除汇票以外的各种文件。狭义的单据是指包括运输单据在内的商业单据，又称装运单据。主要包括各种运输单据、商业发票、保险单以及其他单据。

②光票信用证（Clean Credit）：光票信用证是指不附单据仅凭汇票付款的信用证。

（2）保兑信用证

保兑信用证（Confirmed L/C）：指开证行开出的信用证，由另一家银行保证对符合信用证条款规定的单据履行付款义务。对信用证加具保兑的银行，称为保兑行。保兑信用证应是不可撤销的信用证。保兑行一经保兑，即相当于自己开证，保兑行同样不能片面撤销其保兑。如果开证行对所开信用证作出修改未得到保兑行同意，则该修改对保兑行无效。

相对保兑信用证而言，有不保兑信用证（Non-Confirmed L/C），它是指开证行开出的信用证没有经另一家银行保兑。

（3）即期付款信用证、延期付款信用证、承兑信用证和议付信用证

①即期付款信用证（Sight L/C）是指开证行或付款行收到符合信用证条款的跟单汇票或装运单据后，立即履行付款义务的信用证。它的特点是一般不需要汇票，只凭商业单据付款，也可以开立以指定付款行为付款人的即期汇票。典型的即期付款信用证，开证行往往指定出口地银行（比如通知行）为付款行，并且可以不被扣除议付程序中需扣除的利息。这是一种对受益人非常有利的信用证。

②远期信用证（Usance L/C）是指开证行或付款行收到信用证的单据时，在规定期限内履行付款义务的信用证。

③承兑信用证（Acceptance L/C）要求受益人开立以指定银行（承兑行）为付款人的远期汇票，连同规定单据向承兑行作承兑交单，承兑行收下单据后将已承兑的汇票（或以承兑通知书的方式）交还受益人（或受益人的委托银行）并到期付款。

银行承兑汇票对受益人比较有利，特别是受益人需要承兑汇票融资时，它更容易为贴现市场接受。

④议付信用证（Negotiation L/C）是指由指定银行对受益人提交的相符单据进行议付的信用证。议付信用证又可分为限制议付信用证和自由议付信用证两种。前者指开证

行在信用证中指定一家银行办理议付；后者是指信用证中并未指定，受益人可选择任何银行议付，一旦议付，该银行即被看成是开证行指定的议付银行。

不可议付信用证的有效地点是开证行所在地，所有的单据必须在有效期内全部到达开证行，开证行付款后，对出票人无追索权，这种信用证对受益人十分不利。

（4）可转让信用证与不可转让信用证

①可转让信用证（Transferable L/C）是指信用证的受益人（第一受益人）可以要求授权付款、承担延期付款责任，承兑或议付的银行（统称"转让行"），或当信用证是自由议付时，可以要求信用证中特别授权的转让银行，将信用证全部或部分转让给一个或数个受益人（第二受益人）使用的信用证。开证行在信用证中要明确注明"可转让"（Transferable）字样，且只能转让一次。

②不可转让信用证（Non-Transferable L/C）是指受益人不能将信用证的权利转让给他人的信用证。凡信用证中未注明"可转让"字样，即是不可转让信用证。

3. 按信用证上附加的约定分类

（1）循环信用证

循环信用证（Revolving L/C）是指信用证被全部或部分使用后，其金额又恢复到原金额，可再次使用，直至达到规定的次数或规定的总金额为止。它通常在分批均匀交货情况下使用。在按金额循环的信用证条件下，恢复到原金额的具体做法有：

①自动式循环：每期用完一定金额，不需等待开证行的通知，即可自动恢复到原金额。

②非自动循环：每期用完一定金额后，必须等待开证行通知到达，信用证才能恢复到原金额使用。

③半自动循环：即每次用完一定金额后若干天内，开证行未提出停止循环使用的通知，自第×天起即可自动恢复至原金额。

（2）预支信用证

预支信用证（Anticipatory L/C）是指开证行授权代付行（通知行）向受益人预付信用证金额的全部或一部分，由开证行保证偿还并负担利息，即开证行付款在前，受益人交单在后，与远期信用证相反。预支信用证凭出口人的光票付款，也有要求受益人附一份负责补交信用证规定单据的说明书，当货运单据交到后，付款行在付给剩余货款时，将扣除预支货款的利息。

预支信用证中的预支条款内容包括：

①预支的最高额度，分全部预支或部分预支两种；

②开证行向预支行的担保声明；

③受益人应向预支行按时交单，预支行在议付或付款时扣除预支款和利息。

4. 按两张信用证的关系分类

（1）对背信用证

对背信用证（Back to Back L/C）又称转开信用证，指受益人要求原证的通知行或其他银行以原证为基础，另开一张内容相似的新信用证。对背信用证的开立通常是中间商转售他人货物或两国不能直接办理进出口贸易时，通过第三者以此种办法来沟通贸易。原信用证的金额（单价）应高于对背信用证的金额（单价），对背信用证的装运期应早于原信用证的规定。

（2）对开信用证

对开信用证（Reciprocal L/C）：指两张信用证申请人互以对方为受益人而开立的信用证。两张信用证的金额相等或大体相等，可同时互开，也可先后开立。它多用于易货贸易或来料加工和补偿贸易。

对开信用证的特点是，第一张信用证的受益人和申请人分别是第二张回头信用证的申请人和受益人；第一张信用证的开证行和通知行分别是第二张回头信用证的通知行和开证行。

6.4.5 信用证的主要内容

目前信用证大多采用全电开证，各国银行使用的格式不尽相同，文字语句也有很多差别，但基本内容大致相同，主要包括以下几个方面：

1. 信用证本身的说明

信用证号码、开证日期、到期日、到期地点，说明信用证可否转让、是否经另一家银行保兑、偿付方式等。

2. 信用证的当事人

包括申请人、开证行、受益人、通知行，还可能有保兑行（保兑信用证项下）、议付行（议付信用证项下）、付款行、偿付行等。

3. 信用证的金额

信用证的币别代号、金额、加减百分率。

4. 运输条款

包括运输方式、装运地和目的地、最迟装运日期、可否分批装运或转运等。

5. 商品描述

包括货物名称、规格、数量、包装、单价等。

6. 单据条款

说明要求提交的单据种类、份数、内容要求等，基本单据包括：商业发票、装箱单或重量单、运输单据。其他单据有：保险单、检验证书、产地证等。

7. 其他规定

①对交单期的说明。

②对银行费用的说明。

③对议付行寄单方式、议付背书和索偿方法的指示。

8. 责任文句

通常说明根据《跟单信用证统一惯例（2007 年修正本）》开立以及开证行保证付款的承诺。

9. 有权签字人的签名或电传密押

6.5　银行保函和备用信用证

6.5.1　银行保函的定义

银行保函（Banker's letter of guarantee，简称 L/G）又称银行保证书，是银行或其他金融机构（保证人）应开证申请人（委托人）的请求向第三方（受益人）开立的一种书面信用担保凭证，保证在申请人未能按双方协议履行其责任或义务时，由担保人代其履行一定金额、一定期限范围内的某种支付责任或经济赔偿责任。

6.5.2　银行保函的主要当事人

银行保函的当事人有以下三个：

委托人（Principal），又称申请人，即要求银行开立保函的一方，一般是合同的债务人。

担保人（Guarantor），又称保证人，即保证书的开立者，一般是银行。

受益人（Beneficiary），即收到银行保函并凭此以要求银行担保的一方。

6.5.3　银行保函的主要内容

银行保函并没有统一的格式，内容也因具体交易情况的不同而异，但其主要内容如下：

1. 基本栏目。其中包括：保函的编号；开立日期；各当事人的名称和地址；有关交易或工程项目的名称；有关合同或者标书的编号和订约或签发日期等。

2. 责任条款。它是开立保函的银行或其他金融机构在保函中承诺的责任条款。这是银行保函的主体。

3. 保证金额。保证金额是开立保函的银行或其他金融机构所承担责任的最高金额，可以是一个具体金额，也可以是合同或有关文件金额某个百分率。如果保证人可以按照委托人履行合同的程度减免责任，则必须作出具体说明。

有效期。有效期是最迟的索赔期限，或称到期日。它可以确定一个具体日期，也可以是在某一行为发生后的一定时期到期。

4. 索偿方式。索偿方式即索偿条件，是指受益人在何种情况下可向开立保函的银行提出索赔。对此，国际上有两种不同的处理方法：一种是无条件的或称"见索即偿"保函（First Demand Guarantee）；另一种是有条件的保函（Accessory Guarantee）。前者是对受益人有利，后者是对申请人有利。但是在现实中，并不存在完全无条件的保函，只是条件的多少，宽严的程度不同而已。按照国际商会《合同保证统一规则》，即使是见索即偿保函的受益人，在索偿时也要递交一份声明书。因此，银行保函通常按照不同情况规定不同的索偿条件。

6.5.4 银行保函的种类

1. 投标保函

投标保函（Tender guarantee）是银行应投标人（申请人）的委托向招标人（受益人）发出的保证书，保证投标人在开标前不中途撤标、不片面修改投标条件，中标后不拒绝交付履约保证金、不拒绝签约。否则，银行赔偿招标人的损失。

投标保函一般自开立之日起生效，在开标后一定时期内，若投标人未收到中标通知，则保函失效；若收到中标通知，则保函自动延续到投标人与中标人签订合同并提交规定的履约保函时失效。

2. 履约保函

履约保函（Performance guarantee）是银行向受益人保证申请人一定履行有关合约而开立的信用文件。由于履约保函的涵盖面较广，而担保金额又相对较高（一般为合同总金额的10%左右），因此，许多担保银行尽量将履约保函下的一些担保行为分离出来，成为一种独立的保函。履约保函的基础合约性质各异，卖方义务差别很大，因此，相应的履约保函在担保金额、到期日、减额条款和索赔单据上都有不同的规定方式。

3. 还款保函

还款保函（Repayment guarantee）又称预付款保函或定金保函，它是银行应合同一方的申请，向另一方开立的还款保证书。保证如申请人不按合同规定履行义务，也未将受益人预付给申请人的任何金额以其他方式偿还时，由担保行向受益人赔付一定金额的款项。

6.5.5 备用信用证

备用信用证又称商业票据信用证、担保信用证。指开证行根据开证申请人的请求对受益人开立的承诺承担某项义务的凭证。即开证行保证在开证申请人未能履行其义务时，受益人只要凭备用信用证的规定并提交开证人违约证明，即可取得开证行的偿付。

它是银行信用，对受益人来说是备用于开证人违约时，取得补偿的一种方式。

6.6　结算方式的综合运用

由于信用证属于银行信用，开证行作出了明确的付款承诺，所以，在国际贸易中，作为出口方往往倾向于以信用证方式结算货款。但是，由于具体的情况存在差异，信用证方式也并非总是最合适的支付选择。我们完全可以根据不同的客户、不同的市场状态和不同销售意图，采用灵活、多样的支付方式，以便取得最优的经济效益。不同支付方式的灵活运用介绍如下。

6.6.1　汇付与信用证、保函相结合

1. 汇付与信用证相结合

信用证与汇付相结合系指部分货款采用信用证，余额货款采用汇付结算。例如，货物装运前 T/T 预付 30%，装运后 L/C 支付 70%。

2. 汇付与银行保函相结合

在国际贸易中，进出口商双方经谈判对大型设备、成套机械及大型交通工具的成交时，可采用上述支付方式。这种特定的贸易方式其特点是契约货物金额大、制造生产周期长、检验手段复杂、交货条件严格及产品质量保证期较长等，可采用两种不同的支付方式：

（1）分期付款，即货款在卖方正式转移货物所有权之前或同时，分若干批付清。例如，签订合同后 T/T 支付 30%，货物装运后 T/T 支付 40%（凭银行保函），余下的30% 在买方提货之前 T/T 付清（凭银行保函）。

（2）延期付款，即买方支付一定比例的定金后，大部分货款在交货后的一段较长时间内分期付清。例如，交货前预付 20%，然后由银行开立保函，安装调试后支付30%，余款在以后的五年里每年支付 10%，万一买方到期不付款，由银行按照保函的约定予以支付。

6.6.2　托收与预付金、信用证和保函相结合

托收（Collection）是指由接到托收指示的银行根据所收到的指示处理金融单据及/或商业单据，以便取得付款或承兑，或凭付款或承兑交出商业单据，或凭其他条款或条件交出单据的行为。在进出口业务中，为了推销产品，出口商可给进口商提供优惠的支付条件，如即期跟单托收方式成交。

1. 跟单托收与提交预付金相结合

具体做法是跟单托收并须由进口商提交预付款或一定数量的押金作为保证。货物装

运后，出口商通过银行托收获得其余货款。若托收遭到进口商拒付，出口商可将货物运回，而从已获款额中扣除来往运费、利息及合理的利润等损失费用。

2. 跟单托收与信用证相结合，即部分 L/C，部分托收

不可撤销信用证与跟单托收相结合的支付方式，是指部分货款采用信用证支付，部分余额货款采用跟单托收结算。

一般的做法是在信用证中应规定出口商须签发两张汇票，一张汇票是依信用证项下的规定，货款凭光票付款。另一张汇票须附全部规定的单据，按即期或远期托收。但在信用证中列明如下条款，以示明确：

货款50%应开具不可撤销信用证，其余额50%见票付款交单，全套货运单据应附在托收部分项下，于到期时全数付清发票金额后方可交单。

采用不可撤销信用证与跟单托收相结合的支付方式，其优点如下：

对进口商来讲，可减少开证保证金，用少数的资金可做大于投资几倍的贸易额，有利于资金的周转，而且可节约银行费用。

对出口商来讲，采用部分使用信用证部分托收，虽然托收部分须承担一定的风险，但以信用证作保证，这是一种保全的办法。除此之外，还有保全措施，即全部货运单据须附在托收汇票项下，开证银行或付款银行收到单据与汇票时，由银行把住关口，须由进口商全部付清货款后才可把物权单据交给进口商，以便安全收汇，可防止进口商于信用证项下部分货款付款后，取走提单。

3. 跟单托收与银行保函（L/G）或备用信用证相结合

采用银行保函或备用信用证与跟单托收相结合作为支付方式，这是为了防止跟单托收项下的货款一旦遭到进口商拒付时，可利用备用信用证的功能追回货款。为了表示其功能，在备用信用证中须载明如下条款：

凭即期付款交单与备用信用证相结合为付款方式，在备用信用证中应列明以卖方为受益人，其金额为_____并明确依_____号信用证项下跟单托收，若付款人于到期拒付时，受益人有权凭本信用证签发汇票和出具证明书，依_____号信用证项下收回货款。

采用这种支付方式的特点是跟单托收被拒付时，出票人可凭备用信用证所列的条款，予以追偿。

◎ 案例分析

A与B两家食品进出口有限公司共同对外成交出口货物一批，双方约定各交货50%，各自结汇，由B公司对外签订合同。事后，外商开立以B公司为收益人的不可撤销信用证，证中未注明"可转让"，但规定允许分批装运。B公司在收到信用证后及时通知了A公司，两家公司都根据信用证的规定各出口了50%的货物并以各自的名义制作有关的结汇单据。

请问：

两家公司的做法是否妥当？

◎ 复习思考题

1. 什么是汇票、银行汇票、商业汇票？
2. 托收的含义、种类和特点各有哪些？采用托收主要应该注意哪些问题？
3. 简述信用证结算的优缺点。
4. 何谓可转让信用证？简述可转让信用证的一般业务流程和转让规则。
5. 简述信用证当事人的权利和义务。
6. 简述银行保函的含义与特点。
7. 简述备用信用证的含义与特点。

第7章
出入境货物报检

◎ **本章要点**

通过对国际货物检验相关问题的学习，了解进出口货物检验的基本运作程序、国际商品检验的依据与内容以及办理保险和订立检验条款的注意事项。

对外贸易不比国内贸易，货物不能当面交接验收。为了避免交货以后双方因品质、数量、重量等方面发生争执，出入境检验检疫工作就成为了对外贸易中的一个重要环节。在进出口合同履行时，及时办理进出口货物的报检手续，确保进出口货物按时、按质、按量出运，维护我国对外贸易的信誉，保证我国的出口企业按时收汇；对进口货物进行及时检验，及时对缺损货物提出索赔，维护我国的进口企业的正当利益。本章将重点阐述进出口货物报检的相关内容。

7.1 合同中检验权的规定

有关商品检验权的规定是直接关系到买卖双方权利与义务的重要问题，因此，交易双方在买卖合同的检验条款中都会对如何行使检验权作出明确具体的规定，即规定检验的时间和地点。在国际买卖合同中，根据国际贸易习惯做法和我国的业务实践，有关检验权的规定办法可归纳为以下几种：

7.1.1 在出口国产地检验

发货前，由卖方检验人员会同买方检验人员对货物进行检验，卖方只对商品离开产地前的品质负责。离开产地后运输途中的风险，卖方概不负责。

7.1.2 在装运港（地）检验

该检验又称为"离岸品质和离岸数量"，是指货物在装运前或装运时由双方约定的商检机构检验，并出具检验证明，作为确认交货品质和数量的依据。

7.1.3 目的港（地）检验

货物在目的港（地）卸货后，由双方约定的商检机构检验，并出具检验证明，作为确认交货品质和数量的依据，这种规定，又称为"到岸品质和到岸数量"。

7.1.4 买方营业处所（最终用户所在地）检验

对于一些因使用前不便拆开包装，或因不具备检验条件而不能在目的港或目的地检验的货物，如密封包装、精密复杂的商品，可将检验推迟至用户所在地，由双方认可的检验机构检验并出具证明。

7.1.5 出口国检验，进口国复检

按照这种做法，装运前的检验证书作为卖方收取货款的出口单据之一，但不作为买方收货的最后依据。货物抵达目的地后的一定时间内，买方有复验权。如经双方认可的商检机构复验后，发现货物不符合合同规定，且是卖方责任，买方可在规定时间内向卖方提出异议和索赔，直至拒收货物。

检验权的规定方式应视具体的商品交易性质而定。对大多数一般商品交易来说，"出口国检验，进口国复验"的做法最为方便而且合理，因为它一方面肯定了卖方的检验证书是有效的交接货物和结算凭证，另一方面又确认买方在收到货物后有复验权，符合各国法律和国际公约的规定。因此，在我国对外贸易中大多采用此种做法。

7.2 进出口货物报检的一般规定

报检，又称报验，是指有关当事人根据国家有关法律、行政法规的规定、对外贸易合同的约定或证明履约的需要，向检验检疫机构申请检验检疫、鉴定以获准出入境或取得销售使用的合法凭证及某种公证证明所必须履行的程序和手续。凡属国家规定或合同规定必须经国家出入境检验检疫局出证的商品，在货物备齐后，必须向出入境检验检疫局申请检验。只有取得出入境检验检疫局签发合格的证书，海关才准放行。

2001 年 1 月 1 日起，由中国国家出入境检验检疫局颁布的《出入境检验检疫报检规定》开始施行，明确规定凡是在我国从事对外贸易活动，办理进出口商品检验检疫时，均应按照这一规定及时办理报检。

7.2.1 报检范围

我国现行的法律、行政法规或国际条约、协议的规定，有一部分进出口商品及其运输工具必须经过商检机构的检验。未经检验合格的，不能出口或不能在国内销售，这类商品及其运输工具的报检称为法定检验报检。

1. 出口商品及其运载工具法定检验报检的范围

(1) 列入《种类表》的出口商品。

(2) 出口食品的卫生检验。

(3) 贸易性出口动物产品的检疫。

(4) 出口危险物品和《种类表》内商品包装容器的性能检验和使用鉴定。

(5) 装运易腐烂变质食品出口的船舱和集装箱。

(6) 有关国际条约、协议规定须经商检机构检验的出口商品。

(7) 其他法律、行政法规规定须经商检机构检验的出口商品。

2. 进口商品法定检验范围

(1) 列入《种类表》的进口商品。

(2) 有关国际条约、协议规定须经商检机构检验的进口商品。

(3) 其他法律、行政法规规定须经商检机构检验的进口商品。

3. 法定检验范围以外的报检

根据《中华人民共和国进出口商品检验法》及《中华人民共和国进出口商品检验法实施条例》的规定，对外经济贸易关系人或者外国商检机构可以根据有关合同的约定或自身的需要，申请或委托商检机构办理进出口商品鉴定业务，签发鉴定证书。商检机构受理鉴定业务的范围主要有：

(1) 进出口商品的质量、数量、重量、包装鉴定和货载衡量。

(2) 进出口商品的监视装载和监视卸载。

(3) 进出口商品的积载鉴定、残损鉴定、载损鉴定和海损鉴定。

(4) 装载出口商品的船舶、车辆、飞机、集装箱等运载工具的适载鉴定。

(5) 装载进出口商品的船舶封舱、舱口检视、空距测量。

(6) 集装箱及集装箱货物鉴定。

(7) 与进出口商品有关的外商投资财产的价值、品种、质量、数量和损失鉴定。

(8) 抽取并签封各类样品。

(9) 签发价值证书及其他鉴定证书。

(10) 其他进出口商品鉴定业务。

7.2.2 报检时限、地点与方式

由于贸易合同中规定的检验权、货物的种类及性质、索赔有效期和品质保证期的不同，因此报检的时限和地点也不同。

1. 出境货物报检的时限和地点

(1) 属于法定检验范围的出口商品，发货人应当于接到合同或信用证后备货出口前，在商检机构规定的地点和期限内向商检机构报检。属于法定检验范围以外的出口商品，如果对外经济贸易合同约定由商检机构检验的，也应按上述要求办理。

（2）属于在产地检验后需要在口岸换证出口的商品，发货人应在商检机构所规定的期限内向口岸商检机构报请查验换证。

（3）盛装危险货物出口的包装容器以及属于法定检验范围内的出口商品包装容器，包装生产企业应在将包装容器交付有关商品生产企业使用之前向商检机构申报性能检验；在装货出口前，出口经营单位应向商检机构申报使用鉴定。

（4）对装运出口易腐烂变质的食品，冷冻品的船舱，集装箱等运载工具，承运人，装箱单位或代理人必须在装运前向商检机构申请清洁、卫生、冷藏、密固等适载检验。

（5）经商检机构检验合格的出口商品或其运载工具，逾期报运出口的，发货人或承运人必须向商检机构报检。

2. 入境货物报检的时限和地点

（1）属于法定检验范围内的进口商品，在到货后，收货人必须向卸货口岸或者报关地的商检机构办理登记，由商检机构在报关单上加盖"已接受登记"的印章，海关凭此验放。同时，收货人还必须在规定的检验地点和期限内，向商检机构报检。

（2）法定检验范围以外的进口商品，如果对外经济贸易合同或者运输合同约定由商检机构检验，在进口到货后应依合同所约定的检验地点向商检机构报检，如果合同没有约定检验的地点，则在卸货口岸，到达地或者商检机构指定的地点向商检机构报检。

（3）大宗散装商品，易腐变质商品以及卸货时发现残损或者数量、重量短缺的商品，必须在卸货口岸或者到达地向当地商检机构报检。

（4）需要结合安装调试进行检验的成套设备，机电仪表产品以及在口岸打开包装检验后难以恢复的商品，可在收货人、用货人所在地向商检机构报检。

（5）法定检验范围以外的进口商品，如果对外经济贸易合同也未约定由商检机构检验，收货人应当按照合同的约定进行验收，商检机构应督促收货人验收并进行抽查检验。验收不合格需要凭商检机构检验证书索赔的，收货人应当及时向所在地的商检机构申请检验出证。

（6）对那些关系国计民生、价值较高、技术复杂的重要进口商品和大型成套设备，收货人应当在对外经济贸易合同中约定在出口国装运前进行预检验、监造或者监装，并保留到货后最终检验和索赔的权利。

3. 报检方式

报检方式分为自理报检和委托报检两种方式：

自理报检：凡具备自理报检条件的各类进出口、生产、加工企业，须持有关证件向当地的检验检疫机构申请办理备案登记手续，经审查合格后，取得报检单位代码，方可办理相关检验检疫报检及申报手续。

委托报检：是指进出口货物的收货人、发货人或出口货物生产企业，由于本身不具备报检条件，委托代理报检单位办理相关的检验检疫报检申报手续；代理报检单位必须是在工商行政管理部门注册登记的境内企业法人，而且经国家质检总局注册登记、具有批准的报检单位代码的专门从事代理出入境检验检疫的报检及申报手续的代理企业。

7.2.3 报检时需提供的单证

1. 出境货物报检时应填写《出境货物报检单》，并提供对外贸易合同、信用证、发票、装箱单等有关单证

根据情况还需提供如下单证：

（1）凡实施质量许可、卫生注册或需经审批的货物，报检时必须提供商检机构签发的卫生注册证书或出口质量许可证编号和厂检合格单。

（2）经生产经营单位自行检验的，须加附厂检结果单或化验报告单，如同时申请鉴定的，须加附重量明细单（磅码单）。

（3）凭样成交的，需提供买卖双方成交的小样。

（4）报检出境危险货物，应提供危险货物包装容器性能鉴定结果单和使用鉴定结果单。

（5）申请签发一般原产地证明书或普惠制原产地证明书的商品，应提供商业发票等资料。

（6）第一次检验不合格，经返工整理后申请重新检验的，应交附原来的商检机构签发的不合格通知单和返工整理记录。

（7）申请委托检验时，报检人应填写"委托检验申请单"并提交检验样品、检验标准和方法。国外委托人在办理委托检验手续时还应提供有关函电、资料。

（8）特殊货物报检时，应根据相关法律法规规定提供有关的审批文件。

2. 入境货物报检时，一般应填写《入境货物报检单》，并随附对外贸易合同、信用证、发票、装箱单及进口货物到货通知单等有关单证

（1）申请品质、规格、安全检验的，还应提供国外的检验证书、使用说明书以及有关标准和技术资料。凭样成交的，应提交成交样品。

（2）申请重量鉴定的，应提交国外的重量、水分检验证书和重量明细单。申请木材材积鉴定的，应提供国外的材积明细单。

（3）申请残损鉴定、载损鉴定、积载鉴定、海损鉴定的，要提供各程提单、海运散件货物港船交接时的理货残损溢短单、铁路商务记录、空运事故记录等。此外，船方还应提供航海日志、海事报告、舱单、配载图、验舱证书、验舱报告等各种有关资料。

（4）申请外商投资财产价值、品种、质量、数量和损失鉴定的，还应提供财产的明细单、发票及各种价值的证明、财产的已使用年限、财产的维修保养情况等各种有关的资料。

（5）在办理国内委托检验时，申请人除按要求填写"委托检验申请单"外，还应提供检验的样品、检验标准和方法。国外委托人在办理委托检验时，还应提供有关函电资料。

7.2.4　检验内容与检验检疫流程

1. 检验内容

根据《中华人民共和国进出口商品检验法》（简称《商检法》）的规定，商检机构实施进出口商品检验的内容，包括商品的质量、数量、重量、包装以及是否符合安全、卫生要求。

（1）商品的质量检验：商品的质量不仅包括商品的化学成分、物理和机械性能、生物特征、造型、结构、色香味以及技术指标等内在特征，还包括颜色、光泽、透明度、款式、花色等外在因素。其检验方法一般采取感官检验、物理检验、化学检验、微生物检验等方法。

（2）商品的数量检验：商品的数量检验，指对商品的个数、长度、面积、体积、容积的检验。对于批量较小、体积较大的商品（如成套机器设备等），可逐件检验；对批量较大、体积较小的商品（如电子元件）则可抽样检验。

（3）商品的重量检验：对商品重量的检验，根据商品性质的不同采用不同的方法。对固态商品，一般用衡器计重；对液态商品，一般采用流量、容积计量；对于大宗原料商品，一般采用水尺计量。

（4）商品的包装检验：主要检验包装是否完好，包装材料、包装方式是否符合合同规定，是否按合同规定印制包装标志等。

（5）商品的卫生检验：主要对食品的卫生质量进行检验。

（6）商品的安全检验：主要对商品有关的安全性能项目进行检验。

2. 检验检疫流程

出入境货物的检验检疫工作程序如下：进出口货物的出口商或进口商向检验检疫机构报检，检验检疫机构受理报检和计收费用后，转检验检疫部门实施检验检疫。其检验检疫流程可概括如下：

报检→检验检疫部门审单接单→现场查验或抽取样品检验、检疫、鉴定、除害处理→出具检验检疫结果→检务审单→计费、收费→出证。

对产地和报关地相同的出境货物，经检验检疫合格的，出具出境货物通关凭单。对产地和报关地不一致的出境货物，出具出境货物换证凭单，由报关地检验检疫机构换发出境货物通关单。出境货物经检验检疫不合格的，出具出境货物不合格通知单。即先检验检疫，后通关放行。

7.2.5　商检机构与商检证书

1. 商检机构

在我国，国家质量监督检验检疫总局（通常简称为国家质检总局）垂直管理着各地的出入境检验检疫机构，各省、直辖市、自治区检验检疫局及其分支机构负责管理本地区的进出口商品检验检疫工作。

此外，还有许多专职检验部门。如出口计量器具的鉴定工作由国家计量部门检验鉴定；出口船舶、主要船用设备和材料、集装箱的船舶规范检验由船舶检验机构办理；出口飞机、飞机发动机、机载制备等的适航检验由民航部门的专门机构办理；出口文物必须经过国家文物行政管理部门检验复写并出具准予出口的凭证等。上述物品的出口只有依法向各专职检验机构申请办理出口货物检验，并取得合格的检验鉴定文件之后，才准予出口。

除政府设立的官方商品检验机构外，世界上许多国家中还有由商会、协会、同业公会或私人设立的半官方或民间商品检验机构，担负着国际贸易货物的检验和鉴定工作。如我国的中国进出口商品检验总公司（简称 CCIC），它是由国家指定的实施进出口商品检验和鉴定业务的民间商品检验机构。CCIC 在全国各省、市、自治区设有分支机构，接受对外贸易关系人的委托，办理各种进出口商品检验鉴定业务。另外，该机构还在世界上 20 多个国家设有分支机构，承担着装船前检验和对外贸易鉴定业务。由于民间商品检验机构承担的民事责任有别于官方商品检验机构承担的行政责任，所以，在国际贸易中更易被买卖双方所接受。民间商品检验机构根据委托人的要求，以自己的技术、信誉及对国际贸易的熟悉，为贸易当事人提供灵活、及时、公正的检验鉴定服务，受到对外贸易关系人的共同信任。

目前在国际上比较有名望、有权威的民间商品检验机构有：瑞士通用公证行（SGS）、英国英之杰检验集团（IITS）、日本海事检定协会（NKKK）、新日本检定协会（SK）、日本海外货物检查株式会社（OMIC）、美国安全试验所（UL）、美国材料与试验学会（ASTM）、加拿大标准协会（CSA）、国际羊毛局（IWS）及中国商品检验公司（CCIC）。

2. 商检证书

商检证书的种类主要有：品质检验证书、重量或数量检验证书、兽医检验证书、卫生/健康证书、消毒检验证书、熏蒸证书、残损检验证书、积载鉴定证书、财产价值鉴定证书、船舱检验证书、生丝品级及公量检验证书、产地证明书、价值证明书、货载衡量检验证书、集装箱租箱交货检验证书。商检证书是各种进出口商品检验证书、鉴定证书和其他证明书的统称，是对外贸易有关各方履行契约义务、处理索赔争议和仲裁、诉讼举证，具有法律依据的有效证件，也是海关验放、征收关税和优惠减免关税的必要证明。

另外，出口商品经检验后，如果较长时期不出口，商品的质量就可能发生变化，原来检验的结果就不可能完全反映商品的实际情况。因此，各种重要的出口商品、特别是出口预验的商品必须规定适当的检验有效期。一般货物的检验证书自发证日起 2 个月内有效；鲜果、鲜蛋类的检验证书 14 天内有效；动植物检疫证书 20 天内有效；鲜活商品证书 14 天内有效。出口方应在检验证书规定的有效期内将货物装运出口。如果逾期未能装运出口，应向检验检疫机构申请展期，并交回原签证，经检验检疫机构复验合格后，方可出口。

7.2.6　报检的变更、撤销与重新报检

1. 保险的变更与撤销

已检的出口货物遇到如下情况时，需及时办理报检的变更手续：

（1）国外开来信用证修改函中有涉及与检验检疫有关条款的内容。

（2）由于生产、运输等原因造成的数量、重量变化。

（3）经检验检疫合格的货物，已签发了检验检疫证书，但仍需作改动。

申请变更时必须提交与变更内容相关的单证，并退回原签发的证书、通关单等。经审核同意后方可办理更改手续。若品名、检验检疫结果、包装、发货人、收货人等重要项目更改后与合同信用证等不符的，或者更改后与出口国或进口国法律法规不符的，均不准变更。

已向检验检疫机构报检的出口货物，由于生产、运输、批文等原因不能出境的，应向检验检疫机构申请撤销报检。申请人申请撤销报检时，应书面说明原因，经批准后方可办理撤销手续。报检后 30 天内未联系检验检疫事宜的，将自动撤销报检。

2. 重新报检

凡具有下列情况之一的，应重新报检，并交还原签发的证书或证单，并按规定交纳检验检疫费。

（1）超过检验检疫有效期限或逾期报运出境的。

（2）更改不同输入国或地区而有不同检疫要求的。

（3）出境改换包装或又重新拼装的货物需重新检验检疫的。

（4）报检后在 30 日内未联系检验检疫事宜或已撤销报检的。

7.3　出境货物报检单的填写

报检单是出入境货物报检的重要依据之一，填写出入境货物报检单是报检时必须履行的手续。以下将具体阐述填制出境货物报检单的有关内容（入境货物报检单与出境

货物报检单大致相同)。

7.3.1 出境货物报检单填制的基本要求

填制出境货物报检单时有如下基本要求:

1. 申请报检人必须按所申报的货物内容填写,应附资料要齐整,并与报检单一致。并要求完整、准确、清晰地填写各项内容,不得涂改。

2. 报检日期填写的是检验检疫机构受理报检的日期。

3. 填制完报检单后,须加盖报检单位的公章或已经向检验检疫机构备案的"报检专用章"。报检人还应在签名栏手签,必须是本人手签,不得代签。

4. 一批货物填写一份报检单。"一批货物"是指同一合同、同一类货物、同一运输工具、运往同一地点。特殊情况除外。

7.3.2 出境货物报检单的填写说明

出境货物报检单所列各栏必须填写完整、准确、清晰,没有内容填写的栏目应以斜杠"/"表示,不得留空。具体填写要求如下:

1. 联系人:报检人姓名。

2. 电话:报检人联系电话。

3. 报检日期:按报检当天日期填写。

4. 发货人:按合同、信用证中所列卖方的名称填写。如需要出具英文证书的,填写中英文。

5. 收货人:按合同、信用证中所列买方的名称填写。如需要出具英文证书的,填写中英文。

6. 货物名称:按合同、信用证中所列名称及规格填写。根据需要可填写型号、规格或牌号。

7. H·S编码:按《协调商品名称及编码》中所列名称及规格填写货物对应的海关商品代码,填写8位数字或10位数字。

8. 产地:填写货物生产/加工的省(自治区、直辖市)以及地区(市)名称。

9. 数量/重量:按实际申请检验检疫的数量/重量填写,重量一般填写净重,如填写毛重或以毛重净净重则需要特别注明。

10. 货物总值:按合同或发票所列货物总值填写,需注明币种。如果同一报检单报检多批货物,需列明每批货物的总值。如果申报货物总值与国内、国际市场价格存在着较大差异,检验检疫机构可保留核价权力。

11. 包装种类和数量:填写包装材料的种类及包件数量。

12. 运输工具名称号码:填写货物实际装载的运输工具类别名称及运输工具编号(船名、飞机航次,车牌号码、火车车次等)。如果在报检时未能确定运输工具编号的,可只填写运输工具类别名称。

13. 合同号:填写本批货物贸易合同编号。

14. 信用证号：国外银行开来的信用证编号。

15. 贸易方式：填写该批货物具体的贸易方式，如一般贸易、来料加工、进料加工、边境贸易以及其他贸易方式。

16. 货物存放地点：填写本批货物存放的具体地点及仓库。

17. 发货日期：填写本批货物信用证或合同上所列的出境日期。

18. 输往国家或地区：填写本批货物贸易合同中买方所在的国家或地区。

19. 许可证/审批号：对实施许可证制度或者审批制度管理的货物，报检时填写许可证编号或审批单编号。

20. 生产单位注册号：填写生产或加工本批货物的单位在检验检疫机构的注册登记号。

21. 启运地：填写本批货物最后离境的启运口岸（即装运港）。

22. 到达口岸：填写装运本批货物的交通工具最终抵达目的地停靠的口岸名称。

23. 集装箱规格、数量及号码：属集装箱运输的货物应填写装载本批货物的集装箱规格（如 40 英寸、20 英寸）以及集装箱的数量和集装箱号码。若集装箱太多，可用附单形式填报。

24. 标记及号码：按合同、发票、装箱单所列的货物唛头填写，若无则填写"N/M"。标记栏不够填写的，可用附页填写。

25. 随附单据：按实际提供的单据，在对应的"□"处打"√"。对于报检单上未标出的，须自行补加提供的单据名称。

26. 需要单证名称：根据合同、信用证的规定和买卖双方约定要出具的单证，在对应的"□"处打"√"，并注明所需单证的正副本的数量。对报检单上未标出的，须自行补填所需单证的名称及数量。

27. 特殊要求：填写贸易合同或信用证中贸易双方对本批货物特别约定而订立的质量、卫生等条款和报检单位对本批货物检验检疫的特别要求。

28. 签名：需由持有报检员证的报检人员亲笔填写。

29. 检验检疫费：由检验检疫机构的计费人员核定费用并填写。

30. 领取单证：报检单位人员在领取单证时的签字及时间。

7.4　原产地证明书

7.4.1　普惠制原产地证明书

普惠制（简称 GSP），即普遍优惠制，是发达国家（给惠国）对从发展中国家（受惠国）进口某些适合的产品时给予减免或免税的优惠待遇。目前已有英国、法国、德国、意大利、荷兰、卢森堡、比利时、爱尔兰、丹麦、希腊、葡萄牙、西班牙、日本、挪威、新西兰、澳大利亚、瑞士、瑞典、芬兰、奥地利、加拿大和波兰等 20 多个国家对我国实行普惠制。

根据大多数给惠国的规定，享受普惠制必须持凭受惠国政府指定的机构签署的普惠制原产地证书（注：我国政府指定各地出口商品检验机构签发普惠制原产地证书）。办理普惠制原产地证书签证的基本程序如下：

1. 注册登记

我国规定，普惠制原产地证明书由出入境检验检疫局签证，出口商应向当地的检验检疫机构办理注册登记手续，并将其使用的中英文对照的企业签证公章和负责签字人员的姓名及手签笔迹向当地的检验检疫机构备案。登记时须提交下列证件：

（1）经营出口业务的批准文件。

（2）国家工商行政管理部门核发的营业执照。

（3）由申请签证单位法人代表签署的、委托该单位人员办理普惠制原产地证书申请及手签事宜的委托书一份，以及被委托手签人的免冠半身一寸近照两张。

2. 申请出证

申报手签人在本批货物出运前五日到商检机构办理申请事宜。申请时一般应提交：

（1）《普惠制原产地证明书申请书》一份。

（2）出口商业发票（副本）一份、装箱单一份。

（3）普惠制原产地证明书（FORM A）一套。

（4）含有进口成分的出口商品申请签证，申请人应提交《含进口成分商品成本明细单》。

（5）商检机构认为有必要提供的其他有关单证（如信用证、合同、报关单等），并如实解答商检机构提出的有关问题。

对首次申请签证的单位，商检机构将派员到生产现场作例行调查。对非首次申请签证的单位，商检机构对申报内容有疑问或认为有必要时，也可派员对产品的生产企业进行抽查。作上述调查后，商检机构将填写出口企业（或生产厂）普惠制签证调查记录，以此作为是否同意签证的依据。被调查或抽查的单位有义务积极协助商检人员进行查核，提供必要的资料、证件和工作条件。

3. 签发证书

商检机构正式接受调查后，一般在两个工作日内完成审核、签发《普惠制原产地证书》，并交申请单位。

7.4.2 一般原产地证明书

中国原产地证明书是证明我国出口货物生产和制造在中国的证明文件，是出口产品进入国际贸易领域的"经济国籍"和"护照"。我国目前所签发的原产地证已成为国际贸易中的一个重要环节，货物进口国据此对进口货物给予不同的关税待遇和决定限制与否。通常情况下，在中华人民共和国境内依法设立、享有对外贸易经营权的企业，从事

"来料加工"、"来样加工"、"来件加工"和"补偿贸易"业务的企业和外商投资企业，均可根据需要申请办理一般原产地证。特殊情况下，如参加国外展览会或其他国际商事活动或在国内外招标业务中中标的我国无对外贸易经营权的企业、从事经营旅游商品销售的国内企业也可根据需要申请办理一般原产地证。

商检出具中国原产地证是依据我国《原产地规则》规定而出具的。出口企业申请办理此证同普惠制产地证的申办程序相同，首先要在当地办理企业注册登记，然后才有资格申请签证。出口商应至少在货物出运前三天，向检验检疫机构或贸促会申请签证，并提交如下文件：

(1) 一般原产地证申请书一份。

(2) 缮制正确、清楚并经申请单位人员手签和加盖公章的一般原产地证一式四份。

(3) 出口商的商业发票副本一份。

(4) 含有进口成分的产品还得交产品成本明细单。

7.5 电 子 报 检

电子报检是指报检人使用电子软件通过检验检疫电子业务服务平台将报检数据以电子方式传输给检验检疫机构，经检验检疫业务管理系统和检验检疫工作人员处理后，将受理报检信息反馈报检人，实现远程办理出入境检验检疫报检业务的过程。

报检人在申请开展电子报检时，应具备以下条件：遵守报检的有关管理规定；已在检验检疫机构办理报检人登记备案或注册登记手续；具有经检验检疫机构培训考核合格的报检员；具备开展电子报检的软硬件条件；在国家质检总局指定的机构办理电子业务开户手续。此外，申请时还应提供以下资料：在检验检疫机构取得的报检人登记备案或注册证明复印件、电子报检登记申请表及电子业务开户登记表。

检验检疫机构及时对申请开展电子报检业务的报检人进行审查。经审查合格的报检人可以开展电子报检业务。企业可以通过"企业端软件"或"网上申报系统"等方式实现电子申报。

7.5.1 实施电子报检后的工作流程

实施电子报检后的检验检疫工作流程具体如下：

1. 报检：对报检数据的审核采取"先机审，后人审"的程序进行。企业发送电子报检数据，电子审单中心按计算机系统数据规范和有关要求对数据进行自动审核。若不符合要求，则反馈错误信息；符合要求的，将报检信息传输给受理报检人员，受理报检人员再进行人工审核，符合规定的将成功受理报检信息同时反馈报检单位和施检部门，并提示报检企业与相应的施检部门联系检验检疫事宜。出境货物受理电子报检后，报检人应按受理报检信息要求，在检验检疫机构施检时，提交报检单和随附单据。入境货物受理电子报检后，报检人应按受理报检处的要求，在领取《入境货物通关单》时，提交报检单和随附单据。电子报检人对已发送的报检申请需更改或撤销报检时，应发更改或撤销报检申请。检验检疫机构应按相关规定办理。

2. 施检：报检企业接收到报检成功信息后，按信息中的提示与施检部门联系检验检疫。在现场检验检疫时，持报检软件打印的报检单和全套随附单据交施检人员审核。若不符合要求，施检人员会通知报检企业立即更改，并将不符合情况反馈受理报检部门。

3. 计收费：计费由电子审单系统自动完成，接到施检部门转来的全套单据后，对照单据进行计费复核。报检单位逐票或按月缴纳检验检疫等有关费用。

4. 签证放行：签证部门按相关规定办理。

7.5.2 电子报检应注意的问题

在进行电子报检时，报检人应注意以下几点：

1. 电子报检人应确保电子报检信息真实、准确，不得发送无效报检信息。报检人发送的电子报检信息与提供的报检单及随附单据有关内容应保持一致。

2. 电子报检人须在规定的报检时限内将相关出入境地货物的报检数据发送至报检地检验检疫机构。

3. 对于合同或信用证中涉及检验检疫特殊条款和特殊要求的，电子报检人须在电子报检申请中同时提出。

4. 实行电子报检的报检人的名称、法定代表人、经营范围、经营地址等变更时，应及时向当地检验检疫机构办理变更登记手续。

◎ 案例分析

我出口公司 A 向新加坡公司 B 以 CIF 新加坡条件出口一批土特产品，B 公司又将该批货物转卖给马来西亚公司 C。货到新加坡后，B 公司发现货物的质量有问题，但 B 公司仍将原货转销至马来西亚。其后，B 公司在合同规定的索赔期限内凭马来西亚商检机构签发的检验证书，向 A 公司提出退货要求。

请问：

A 公司应如何处理？为什么？

◎ 复习思考题

1. 在国际贸易买卖合同中，为什么要订立商品检验条款？商品检验权的规定办法有哪些？

2. 关于进出口商品的检验时间和地点通常有哪几种规定办法？

3. 在国际贸易中检验证书的作用主要有哪些？

4. 何谓电子报检？

第 *8* 章
进出口货物报关

◎ **本章要点**

通过对进出口货物报关内容的学习，了解报关管理制度的基本内涵，报关的概念和流程，相关报关单据的填制方法。

8.1 报 关 概 述

8.1.1 报关的概念

报关，指的是进出境的运输工具的负责人、货物的收发货人及其代理人、物品的所有人向海关申请办理进出口货物的进出口手续，海关对其呈交的单证和申请进出口的货物依法进行审核、查验、征缴税费、批准进口或者出口的全过程。

根据《中华人民共和国海关法》，任何进出口货物在出入关境时，都必须凭有关单据及证明文件办理报关手续。出口货物从向海关申报到出境为止，进口货物从进境时起到办妥海关手续为止，都必须接受海关的监管。

需要说明的是，在进出境活动中，我们还经常使用"通关"这一概念。通关与报关既有联系又有区别。二者都是对运输工具、货物、物品的进出境而言的。但是其中，报关是指以海关行政管理相对人的角度，仅指向海关办理进出境手续及相关手续，而通关则不仅包括海关行政管理相对人向海关办理有关手续，还包括了海关对进出境运输工具、货物、物品依法进行监督管理，核准其进出境的管理过程。

另外，在货物进出境过程中，有时还需要办理"报检、报验"手续。与报关不同，报检、报验指的是按照国家有关法律、行政法规的规定，向进出口检验、检疫部门办理进出口商品检验、卫生检疫、动植物检疫和其他检验、检疫手续。一般而言，报检、报验手续的办理要先于报关手续。

我国实行报关注册登记制度，凡是在中华人民共和国出入境口岸办理进出口货物报关手续的企业必须向海关办理报关注册登记。无论是自理报关还是代理报关，从事报关业务的报关员必须经海关培训、考核合格并获得由海关颁发的报关员证。

8.1.2 报关的分类

1. 按照报关的对象分类

按照报关的对象分类，可分为运输工具报关、货物报关和物品报关。由于海关对进出境运输工具、货物、物品的监管要求各不相同，报关可分为运输工具的报关、货物的报关和物品的报关三类。其中，进出境运输工具作为货物、人员及其携带物品的进出境载体，其报关主要是向海关直接交验随附的、符合国际商业运输惯例、能反映运输工具进出境合法性及其所承运货物、物品情况的合法证件、清单和其他运输单证，其报关手续较为简单。进出境物品由于其非贸易性质，且一般限于自用、合理数量，其报关手续也很简单。进出境货物的报关就较为复杂，为此，海关根据对进出境货物的监管要求，制定了一系列报关管理规范，并要求必须由具备一定的专业知识和技能且经海关核准的专业人员代表报关单位专门办理。

2. 按照报关的目的分类

按照报关的目的分类，主要可分为进境报关和出境报关。由于海关对运输工具、货物、物品的进境和出境有不同的管理要求，运输工具、货物、物品根据进境或出境的目的分别形成了一套进境报关和出境报关手续。

3. 按照报关的行为性质分类

按照报关的行为性质分类，可分为自理报关和代理报关。进出境运输工具、货物、物品的报关是一项专业性较强的工作，尤其是进出境货物的报关比较复杂，一些运输工具负责人、进出口货物收发货人或者物品的所有人，由于经济、时间、地点等方面的原因，不能或者不愿意自行办理报关手续，而委托代理人代为报关，从而形成了自理报关和代理报关两种报关类型。《中华人民共和国海关法》对接受进出境物品所有人的委托，代为办理进出境物品报关手续的代理人没有特殊要求，但对于接受进出口货物收发货人的委托，代为办理进出境货物报关手续的代理人则有明确的规定。因此，我们通常所称的自理报关和代理报关主要是针对进出境货物的报关而言的。

（1）自理报关

进出口货物收发货人自行办理报关业务称为自理报关。根据我国海关目前的规定，进出口货物收发货人必须依法向海关注册登记后方能办理报关业务。

（2）代理报关

代理报关是指接受进出口货物收发货人的委托代理其办理报关业务的行为。我国海关法律把有权接受他人委托办理报关业务的企业称为报关企业。报关企业必须依法取得报关企业注册登记许可并向海关注册登记后方能从事代理报关业务。

根据代理报关法律行为责任承担者的不同，代理报关又分为直接代理报关和间接代理报关。直接代理报关是指进行以委托人（被代理人）的名义报关纳税的行为。间接代理报关是指报关企业接受委托人的委托以报关企业自身的名义向海关办理报关业务的行为。在直接代理中，代理人代理行为的法律后果直接作用于被代理人；而在间接代理中，报关企业应当承担与进出口货物收发货人自己报关时所应当承担的相同的法律责任。目前，我国报关企业大多采取直接代理形式代理报关，间接代理报关只适用于经营快件业务的国际货物运输代理企业。

8.1.3　报关制度

1. 报关注册登记制度

报关注册登记制度是海关对进出口货物报关管理的主要制度。只有先经海关批准成为报关单位，才能履行进出口货物的报关手续。对于有需要向海关办理报关手续的企事业单位，应首先向海关提交报关注册登记申请书及有关证件办理注册手续。海关将对符合条件的外贸经营者予以注册登记，并颁发报关注册登记证明书。企事业单位在取得该证书后企业才可以向海关办理进出境运输工具、货物的报关手续。而未向海关办理注册登记手续的单位，不得直接向海关办理报关手续。

根据《海关法》的规定，可以向海关办理报关注册登记的单位有两类：一是进出口货物收发货人，主要包括依法向国务院对外贸易主管部门或者其委托的机构办理备案登记的对外贸易经营者等；二是报关企业，主要包括报关行、国际货物运输公司等。海关一般不接受其他企业和单位的报关注册登记申请。

海关对未取得对外贸易经营者备案登记表，但依照国家有关规定需要从事非贸易性进出口活动的有关单位，允许其向进出口口岸地或者海关监管业务集中地海关办理临时注册登记手续。临时注册登记单位，海关一般不予核发注册登记证书，仅出具临时报关单位注册登记证明。临时注册登记有效期最长为 7 日，法律、行政法规、海关规章另有规定的除外。

考虑到两类报关单位的不同性质，海关对其规定了不同的报关注册登记条件。对于报关企业，海关要求其必须具备规定的设立条件并取得海关报关注册登记许可。对于进出口货物收发货人则实行备案制，其办理报关注册登记的手续和条件比报关企业简单。凡是依照《中华人民共和国对外贸易法》经向对外贸易主管部门备案登记，有权从事对外贸易经营活动的境内法人、其他组织和个人（个体工商户）均可直接向海关办理注册登记。

2. 报关单位注册登记证书的时效及换证管理

（1）报关单位注册登记证书的时效

根据海关规定，报关企业登记证书的有效期限为 2 年，收发货人登记证书的有效期限为 3 年。

（2）报关单位注册登记换证手续

报关企业应当在办理注册登记许可延期的同时办理换领报关企业报关登记证书手续。

进出口货物收发货人应在收发货人登记证书有效期届满前 30 日到注册地海关办理换证手续。进出口货物收发货人办理换证手续时应当向注册地海关递交的文件材料包括：企业法人营业执照副本复印件（个人独资、合伙企业或者个体工商户提交营业执照）；对外贸易经营者登记备案表复印件（法律、行政法规或者商务部规定不需要备案登记的除外）；中华人民共和国外商投资企业批准证书，中华人民共和国台、港、澳、侨投资企业批准证书复印件（限外商投资企业提交）；报关单位情况登记表、报关员情况登记表（无报关员的免提交）、报关单位管理人员情况登记表。

材料齐全、符合法定形式的报关单位由注册地海关换发报关企业登记证书或者收发货人登记证书。

3. 报关单位的变更登记及注销登记

（1）变更登记

报关企业取得变更注册登记许可后或者进出口货物收发货人单位名称、企业性质、企业住所、法定代表人（负责人）等海关注册登记内容发生变更的，应当自批准变更之日起 30 日内，向注册地海关提交变更后的工商营业执照或者其他批准文件及复印件，办理变更手续。

（2）注销登记

对于报关单位有以下列出情形之一者，应当以书面形式向注册地海关报告：

①破产、解散、自行放弃报关权或者分立成两个以上新企业的；

②被工商行政管理部门注销登记或吊销营业执照的；

③丧失独立承担责任能力的；

④报关企业丧失注册登记许可的；

⑤进出口货物收发货人的对外贸易经营者备案登记表或者外商投资企业批准证书失效的；

⑥其他依法应当注销注册登记的情形。

海关在办结相关手续后，将依法办理注销报关单位的注册登记手续。

4. 异地报关备案制度

异地报关备案制度是指已经在所在地海关办理了报关注册登记的企业，为取得在其他海关所辖关区的报关资格，而在有关主管海关办理报关备案审批手续的海关管理制度。

该制度只适用于自理报关单位，代理、专业报关企业一般不得开展异地报关业务，要办理异地报关的需向所在地海关申请，经报海关部门审批。

8.1.4　报关行为规则

1. 进出口货物收发货人的报关行为规则

进出口货物收发货人在海关办理注册登记后，可以在中华人民共和国关境内的各个口岸或者海关监管业务集中的地点办理本单位的报关业务，但不能代理其他单位报关。当进出口货物收发货人自行办理报关业务时，应当通过本单位所属的报关员向海关办理。

进出口货物收发货人可以委托海关准予注册登记的报关企业，由报关企业所属的报关员代为办理报关业务，但不得委托未取得注册登记许可、未在海关办理注册登记的单位或者个人办理报关业务。

进出口货物收发货人办理报关业务时，向海关递交的纸质进出口货物报关单必须加盖本单位在海关备案的报关专用章。

进出口货物收发货人应对其所属报关员的报关行为承担相应的法律责任。进出口货物收发货人所属的报关员离职，报关员未按规定办理报关员注销的，进出口货物收发货人应当自报关员离职之日起 7 日内向海关报告并将报关员证件交注册地海关予以注销；报关员未交还报关员证件的，其所在单位应当在报刊上声明作废，并向注册地海关办理注销手续。

2. 报关企业的报关行为规则

（1）报关企业报关服务的地域范围

报关企业可以在依法取得注册登记许可的直属海关关区内各口岸或者海关监管业务集中的地点从事报关服务，但是应当在拟从事报关服务的口岸地或者海关监管业务集中的地点依法设立分支机构，并且在开展报关服务前按规定向直属海关备案。

报关企业如需要在注册登记许可区域以外从事报关服务的，应当依法设立分支机构，并且向拟注册登记地海关申请报关企业分支机构注册登记许可。报关企业分支机构经海关依法准予注册登记许可的，向海关办理注册登记后，可在所在地口岸或者海关监管业务集中的地点从事报关服务。报关企业对其分支机构的行为承担法律责任。

（2）报关企业从事报关服务应当履行的义务

①遵守法律、行政法规、海关规章的各项规定，依法履行代理人职责，配合海关监管工作，不得违法滥用报关权。

②依法建立账簿和营业记录。真实、正确、完整地记录其受委托办理报关业务的所有活动，详细记录进出口时间、收发货单位、报关单号、货值、代理费等内容，完整保留委托单位提供的各种单证、票据、函电，接受海关稽查。

③报关企业应当与委托方签订书面的委托协议，委托协议应当载明受托报关企业名称和地址、委托事项、双方责任、期限、委托人的名称和地址等内容，由双方签章

确认。

④报关企业接受进出口货物收发货人的委托，办理报关手续时，应当承担对委托人所提供情况的真实性、完整性进行合理审查的义务。审查内容包括：证明进出口货物的实际情况的资料，包括进出口货物的品名、规格、用途、产地、贸易方式等；有关进出口货物的合同、发票、运输单据、装箱单等商业单据；进出口所需的许可证件及随附单证；海关要求的加工贸易手册（纸质或电子数据的）① 及其他进出口单证等。报关企业未对进出口货物收发货人提供情况的真实性、完整性履行合理审查义务或违反海关规定申报的，应当承担相应的法律责任。

⑤报关企业不得以任何形式出让其名义，供他人办理报关业务。

⑥对于代理报关的货物涉及走私违规情事的，应当接受或者协助海关进行调查。

（3）其他规则

①报关企业办理报关业务时，向海关递交的纸质进出口货物报关单必须加盖本单位在海关备案的报关专用章。报关企业的报关专用章仅限在其标明的口岸地或者海关监管业务集中地使用，每一口岸地或者海关监管业务集中地报关专用章应当只有 1 枚。

②报关企业应对其所属报关员的报关行为承担相应的法律责任。报关企业所属的报关员离职，报关员未按规定办理报关员注册注销的，报关企业应当自报关员离职之日起7 日内向海关报告并将报关员证件交注册地海关予以注销；报关员未交还报关员证件的，其所在单位应当在报刊上声明作废，并向注册地海关办理注销手续。

报关业务应由报关企业和代理报关企业指派专人即报关员办理。报关员必须经海关培训、考核合格并获得由海关颁发的报关员证才可以从事报关工作。

◎ **案例：**

进出口货物申报不实，报关企业是否应承担法律责任？

（1）案件基本情况

2005 年 6 月 15 日，华讯电子设备有限责任公司（以下简称华讯公司）委托新远国际快运代理有限公司（以下简称新远公司）以一般贸易方式向某海关申报进口缝合机 3 台，申报价格每台 15.4 万美元。某海关经查验发现，当事人实际进口缝合机 6 台，少报多进 3 台，涉嫌漏缴税款人民币 47.7 万元。某海关遂对此立案调查，并查明如下事实：2005 年 6 月 13 日，华讯公司在收到外商寄来的 6 台缝合机发票、装箱单和通过因特网发送的 3 台缝合机发票的电子邮件后，委托新远公司以一般贸易方式办理报关事宜。华讯公司业务员在向新远公司移交报关单据时未仔细核对，只将 3 台金线缝合机发票的电子邮件、6 台金线缝合机的装箱单及到货通知提供给报关企业驻厂客服人员；而新远公司驻厂客服人员认为报关时不需要装箱

---

① 本书将《中华人民共和国海关加工贸易手册》、《中华人民共和国海关加工贸易设备登记手册》、《电子账册》及其分册，统称为加工贸易手册。

单，只将收到的 3 台金线缝合机的发票及到货通知传真给该公司报关员。新远公司报关员收到上述发票和到货通知后，向货运公司调取了 6 台金线缝合机的随货发票和记录金线缝合机编号、发票号码和运单后，也未认真核对从货运公司调取的单证与华讯公司提供的资料的有关内容是否一致，便直接以 3 台金线缝合机的数量向某海关办理申报进口手续，致使申报内容不符合进口货物的实际情况。

根据案件调查所掌握的证据情况，某海关认为，本案进口货物收货人华讯公司并无以伪报、瞒报方式逃避海关监管、偷逃应缴税款的主观故意，涉案金线缝合机进口数量申报不实（少报多进）是由于该公司业务员及新远公司报关员未认真核查有关单证、工作疏忽所致；根据海关法和《海关法行政处罚实施条例》的有关规定，华讯公司以及受华讯公司委托从事涉案货物报关业务的新远公司应承担相应的法律责任。2005 年 7 月 22 日，某海关根据《海关行政处罚实施条例》的规定，对华讯公司作出科处罚款人民币 20 万元的行政处罚决定；另根据《海关行政处罚实施条例》第 17 条的规定，对报关企业新远公司罚款人民币 8 万元，并暂停该公司 15 天报关业务。

（2）行政复议情况

华讯公司对海关行政处罚决定未提出异议，但报关企业新远公司不服海关对其作出的罚款 8 万元同时暂停 15 天报关业务的行政处罚决定，于 2005 年 8 月 15 日向某海关的上一级海关申请行政复议。新远公司在《行政复议申请书》中提出以下申辩事由：第一，华讯公司是涉案金线缝合机的国内收货人，负有向海关如实申报的法定义务，某海关已就进口货物申报不实问题对华讯公司作出罚款决定，不应再基于同一事由给予该公司行政处罚；第二，该公司与华讯公司对造成本案进口金线缝合机申报不实一事均有过错，但该公司是受华讯公司委托办理报关事宜的，由此产生的一切法律后果均应由委托人华讯公司承担，该公司工作差错所导致的后果应由其与华讯公司根据双方签订的委托报关协议在民事法律层面协商加以解决，该公司对此不应承担海关法所规定的法律责任。综上，新远公司认为，某海关对其作出的行政处罚决定缺乏事实根据和法律依据，请求复议机关依法撤销某海关上述处罚决定。

复议机关经审理认为，本案华讯公司未将报关所需全部单证提供给报关企业新远公司确属造成进口金线缝合机申报不实的原因之一，但新远公司对此并非全无过错。该公司在办理报关业务过程中未对华讯公司提交的报关资料进行审查，未将上述资料与从货运公司调取的单证进行核对也是造成进口货物申报不实的一个重要原因。新远公司的上述行为违反了《海关法》的有关规定，应承担相应的法律责任。被申请人某海关依据《海关行政处罚实施条例》第 17 条之规定对该公司作出的行政处罚决定认定事实清楚，证据确凿充分，适用依据准确，应予支持。2005 年 9 月 29 日，复议机关对本案作出行政复议决定，维持某海关对新远公司的上述行政处罚决定。

（3）法律提示

　　本案涉及报关企业在海关申报不实案件中是否应承担法律责任的问题。所谓"报关企业"是指为社会提供专门化报关纳税服务的企业。办理进出口货物的报关纳税手续是一项复杂而重要的工作，需要由熟悉法律、税务、外贸、商品知识并精通海关法律法规及海关业务制度的专业人员办理。一些从事对外贸易经营活动的进出口企业（即海关法上的收发货人）由于受到知识水平、业务技能、经济条件以及时间和地点等主、客观因素的限制，往往不能亲自办理进出口货物的通关手续，在此情况下需要委托具有上述专业知识的人员代为办理货物报关纳税事宜。因此，在长期实践中逐渐形成一类为社会提供专业报关服务、代理他人办理报关纳税手续的企业，这就是我们所说的报关企业。报关企业的出现，对于降低收发货人报关成本、提高货物通关速度起到了积极作用，为世界各国海关通关监管作业模式所接受，我国现行《海关法》对于报关企业和代理报关制度也作出了相应规定，明确了报关企业所享有的权利和应当履行的义务。

　　报关企业是基于收发货人委托办理报关纳税事宜的，上述特点决定了报关企业参与的进出口货物报关纳税业务所涉及的行政法律关系比较复杂，涉及海关、收发货人、报关企业三方主体，在有关责、权归属上容易产生分歧和争议，这一问题在海关对申报不实案件的处理过程中表现得较为突出。执法实践中，报关企业就进出口货物的申报内容与实际情况不符、构成《海关行政处罚实施条例》所规定的"申报不实"的情形时，同前文所述案例中的新远公司一样，许多报关企业往往会以"报关行为是受收发货人委托所为、不了解进出口贸易实际情况"为由要求免责，并认为其自身就如实申报问题不负有海关法上的义务，有关责任应由收发货人承担。那么，这些报关企业的上述理解和认识是否正确、其在进出口申报环节是否同收发货人一样负有海关法所规定的如实申报义务并须就申报不实承担相应法律责任呢？现将结合现行法律、行政法规的规定，对有关问题进行说明：

　　①报关企业是否负有海关法所规定的如实申报义务

　　在例1中，新远公司不服海关行政处罚决定的主要抗辩事由是该公司不是进口货物收货人，不负有《海关法》所规定的如实申报义务；其受华讯公司委托实施申报行为所产生的法律责任应由委托人华讯公司承担。事实上，新远公司的上述认识是不正确的。在进出口货物申报问题上，《海关法》第24条虽然规定了进出口货物收发货人负有"向海关如实申报"的法定义务，但《海关法》第10条同时规定：报关企业接受进出口货物收发货人的委托，以委托人的名义办理报关手续的，应当提交由委托人签署的授权委托书，并遵守本法对委托人的各项规定。根据《海关法》的上述规定，报关企业不仅须在进出口货物收发货人（委托人）的授权范围内行使代理权，而且还必须遵守其委托人应当遵守的法律规定。正如代理其委托人签订经济合同的代理人必须遵守合同法的规定、代理其委托人参加诉讼活动的代理人必须遵守诉讼法的规定一样，接受进出口货物收发货人委托办理报关纳税手续的报关企业，同样应当遵守《海关法》对其委托人所设定的各项义务性规定，其中就包括向海关如实申报的义务。报关企业违反《海关法》的有关规定，因自身原因导致进出口货物申报不实的，应承担相应的法律责任。

②报关企业对收发货人提供的进出口货物情况是否负有审查义务

报关企业同委托其办理报关纳税手续的收发货人一样，对进出口货物负有向海关如实申报的法定义务。为保证申报内容与进出口货物的实际情况相符，报关企业不能简单地把收发货人提供的单证直接转交海关，而必须进行适当审查。《海关法》第10条对此作出了明确规定："报关企业接受委托人的委托办理报关手续的，应当对委托人所提供情况的真实性进行合理审查。"应该说，《海关法》的上述规定是符合报关企业的自身特点和贸易实践的。报关企业作为进出口货物收发货人提供专门化报关纳税服务的特殊企业，应当比收发货人更熟悉办理报关纳税手续所需的单证情况以及需要向海关申报的有关内容，更了解海关法律法规以及相关管理制度的规定和要求，更精通海关行政管理所涉及的商品归类、海关估价、原产地规则等具有较强技术性的海关专业知识。因此，报关企业在接受收发货人委托办理报关纳税业务过程中，应当本着认真审慎的原则，运用其所掌握的知识和技能对收发货人提供的单证资料进行合理审查，及时发现其中不真实的情况，防止走私或违反海关监管规定等违法事情的发生。

根据《海关法》和《海关进出口货物申报管理规定》（海关总署令第113号）的有关规定，报关企业对收发货人提供的有关进出口货物情况的真实性应当进行合理审查，审查内容主要包括以下几个方面：

其一，能够证明进出口货物实际情况的有关资料，包括进出口货物的品名、规格、用途、原产地、贸易方式等。

其二，有关进出口货物的合同、发票、运输单据、装箱单等商业单据以及进出口货物所需要的许可证件及随附单证。

其三，海关要求的加工贸易手册（纸质或电子数据的）及其他进出口单证。

其四，收发货人的名称、法定代表人、地址、资信情况、联系方法和委托人签署的授权委托书等资料。

其五，办理报关纳税手续过程中需要了解的其他情况。

③未尽合理审查义务的报关企业应承担何种法律责任

根据《海关法》和《海关行政处罚实施细则》的有关规定，如果报关企业对委托其报关的收发货人所提供的进出口货物情况的真实性未尽到合理审查义务，或者因工作疏忽导致进出口货物的商品名称、税则号列、数量、规格、价格、贸易方式、原产地、启运地、运抵地、最终目的地或者其他应当申报的项目未申报或申报不实的，海关可对报关企业处货物价值10%以下罚款，暂停其6个月以内从事报关业务；情节严重的，撤销其报关注册登记。在此类案件处理过程中，报关企业就是否尽到合理审查义务负有举证责任，如果其不能提供充分证据证明履行了上述义务，海关将依据有关规定对报关企业给予相应行政处罚。

在进出口货物申报不实案件中，海关对造成申报不实情形发生负有责任的收发货人同样有权给予行政处罚。根据《海关行政处罚实施条例》第16条的规定，如果收发货人未按规定向报关企业提供所委托事项的真实情况导致报关企业申报内容与进出口货物实际情况不符的，海关可根据申报不实行为所造成的不同危害后果，对收发货人给予不同处罚标准和幅度的行政处罚，同时没收违法所得。例如，申报不实行为影响海关统计准确性的，予以警告或处 1 000 元以上 1 万元以下罚款；影响海关监管秩序的，予以警告或处 1 000 元以上 3 万元以下罚款；影响国家外汇、出口退税管理的，处申报价格 10% 以上 50% 以下罚款；影响国家许可证件管理的，处货物价值 5% 以上 30% 以下罚款；影响国家税款征收的，处漏缴税款 30% 以上 2 倍以下罚款。在前文所述案例中，某海关对华讯公司影响国家税款征收的申报不实行为就是按上述罚款幅度给予行政处罚的。

8.2　报关的基本程序

报关程序是指进出口货物收发货人、运输工具负责人、物品所有人或其代理人按照海关的规定，办理货物、物品、运输工具进出境及相关海关事务的手续和步骤。本节所指的报关程序主要限于进出境货物的报关程序。

一般进出口货物的报关工作可分为申报、查验、征税及放行四个基本程序。加工贸易进出口货物，经海关批准可减免税或缓期交纳进出口税费的进口货物，以及其他在放行后一定期限内仍须接受海关监管的货物的报关，需经历申报、查验、征税、放行及结关五个基本程序。

8.2.1　进出口货物的申报

申报是出入境货物报关的第一个环节。根据《海关法》的规定，进出口货物的收发货人或者他们的代理人，在货物进出口时，应在海关规定的期限内，按海关规定的格式填写进出口货物报关单，随附有关的货运、商业单据，同时提供批准货物进出口的证件，向海关申报。

1. 申报的方式

主要有三种：口头申报、书面申报及电子数据交换申报。海关在接受申报后，依据国家对进出口货物的有关规定，要对进出口报单申报的内容及递交的随附单证进行认真审核。

2. 报关期限

进出口货物的报关期限在《海关法》中有明确的规定，而且出口货物报关期限与进口货物报关期限是不同的。

出口货物的发货人或其代理人除海关特许外，应当在装货的 24 小时以前向运输工具所在地的海关申报。若在这一规定的期限之内未向海关申报，海关可以拒绝接受通关申报，出口货物将得不到海关的检验、征税和放行，无法装运，影响运输单据的取得，甚至导致违反合同。因此，应及时向海关办理申报手续。

进口货物的收货人或其代理人应当自载运该货的运输工具申报进境之日起 14 天内向海关办理进口货物的申报手续。若在 14 天内未向海关办理申报手续，海关将征收滞报金。滞报金的起收日期为运输工具申报进境之日起的 15 天；转关运输货物为货物运抵指运地之日起的第 15 天；邮运进口货物为收到邮局通知之日的第 15 天。截止日期为海关申报之日。滞报金的每日征收率为进口货物到岸价格的 0.5%，起征点为人民币 10 元。计算滞报金的公式为：

$$滞报金总额 = 货物的到岸价格 \times 滞报天数 \times 0.5\%$$

3. 报关地点

一般情况下，进出口货物应当由收发货人或其代理人在货物的进出境地海关办理海关手续。为了方便进出口货物的收发货人办理海关手续，进出口货物的收发货人向海关申请，海关经审核后可以同意进口货物的收货人在设有海关的指运地，出口货物的发货人在设有海关的启运地，办理报关手续。

4. 报关随附单据

在进出口货物报关时，视出口企业的性质及贸易方式的不同，应提交不同的单据。一般情况下，报关应提交的单据除进出口货物报关单外，还要提供商业发票、装箱单或重量单、商检书、免税证明及其他证件。具体如下：

（1）进出口货物报关单。一般进口货物应填写一式两份；需要由海关核销的货物，如加工贸易货物和保税货物等，应填写专用报关单一式三份；货物出口后需国内退税的，应另填一份退税专用报关单。

（2）货物发票。要求份数比报关单少一份，对货物出口委托国外销售，结算方式是待货物销售后按实销金额向出口单位结汇的，出口报关时可准予免交。

（3）陆运单、空运单和海运进口的提货单及海运出口的装货单。海关在审单和验货后，在正本货运单上签章放行退还报关单位，凭此提货或装运货物。

（4）货物装箱单。其份数同发票一样，散装货物或单一品种且包装内容一致的件装货物可免交。

（5）出口收汇核销单。一切出口货物报关时，应交验外汇管理部门加盖"监督收汇"章的出口收汇核销单，并将核销编号填在每张出口报关单的右上角处。

（6）根据海关对出口商品的监管条件，还须提供相应证明，如商检证、出口许可证、熏蒸证等。

（7）代理报关委托书：《代理报关委托书》是出口企业委托专业或代理企业办理海关手续时填制的一种文件，其作用在于明确双方的委托代理关系。

（8）出口货物明细单。

（9）海关认为必要时，还应交验贸易合同、货物产地证书等。

（10）其他有关单据。包括：经海关批准准予减税、免税的货物，应交海关签章的减免税证明，北京地区的外资企业需另交验海关核发的进口设备清单；已向海关备案的加工贸易合同进出口的货物，应交验海关核发的"登记手册"。

在制作和提交以上单据时必须做到：单证齐全有效；单证相符、单货相符；符合有关法令法规的规定；符合有关海关的要求等。报关单位在预备好上述报关随附单证，按规定填制好报关单或完成报关单预录入后，应在正式的每份报关单左下角加盖报关单位的报关专用章，负责报关的报关员及其所属企业的法定代表人应签名，至此，报关员才可以向口岸的海关正式递交报关单。

8.2.2 进出口货物的查验

海关查验是指海关为确定进出境货物收发货人向海关申报的内容是否与进出口货物的真实情况相符，或者为确定商品的归类、价格、原产地等，依法对进出口货物进行实际核查的执法行为。除海关总署特准查验的以外，海关对申报时的单据进行审核后的进出口货物，还应接受海关查验。查验的目的是核对报关单证所报内容与实际到货是否相符，审查货物的进出口是否合法，同时也为海关的征税、统计、后续管理提供可靠的资料。

1. 查验地点

海关查验货物的地点一般在海关监管区的进出口口岸码头、车站、机场、邮局或海关的其他监管场所。对于大宗散货、危险品、鲜活品，经申请可以在作业现场予以查验。申请人也可申请海关在规定场所以外的工厂、仓库或施工工地查验，但申请人应提供海关人员往返交通工具和住宿费用。

海关查验时，货物的收发货人或其代理人必须到场，并按照海关的要求负责办理货物的搬移、拆装箱和查验货物的包装等工作。特殊情况时，海关可自行开验、复验或者提取货样。

2. 查验方法

海关实施查验可以彻底查验，也可以抽查。彻底查验是指对一票货物逐件开拆包装、验核货物实际状况；抽查是指按照一定比例有选择地对一票货物中的部分货物验核实际状况。

查验操作可以分为人工查验和设备查验。

（1）人工查验

人工查验包括外形查验、开箱查验。外形查验是指对外部特征直观、易于判断基本属性的货物的包装、运输标志和外观等状况进行验核；开箱查验是指将货物从集装箱、货柜车箱等箱体中取出并拆除外包装后对货物实际状况进行验核。

（2）设备查验

设备查验是指以技术检查设备为主对货物实际状况进行的验核。

海关可以根据货物情况以及实际执法需要，确定具体的查验方式。

3. 复验

复检是指海关对已查验货物进行再次的查验。

有下列情形之一的，海关可以复验：

（1）经初次查验未能查明货物的真实属性，需要对已查验货物的某些性状作进一步确认的；

（2）货物涉嫌走私违规，需要重新查验的；

（3）进出口货物收发货人对海关查验结论有异议，提出复验要求并经海关同意的；

（4）其他海关认为必要的情形。

已经参加过查验的查验人员不得参加对同一票货物的复验。

4. 径行开验

径行开验是指海关在进出口货物收发货人或其代理人不在场的情况下，对进出口货物进行开拆包装查验。

有下列情形之一的，海关可以径行开验：

（1）进出口货物有违法嫌疑的；

（2）经海关通知查验，进出口货物收发货人或其代理人届时未到场。

海关径行开验时，存放货物的海关监管场所经营人、运输工具负责人应当到场协助，并在查验记录上签名确认。

5. 查验赔偿

查验货物时，由于海关关员责任造成被查货物损坏的，海关应按相关规定赔偿当事人的直接经济损失。赔偿办法如下：

（1）由海关关员如实填写《中华人民共和国海关查验货物、物品损坏报告书》一式两份，查验关员和当事人双方签字，各留一份。

（2）双方共同商定货物的受损程度或修理费用（必要时，可凭公证机构出具的鉴定证明确定），以海关审定的完税价格为基数，确定赔偿金额。

（3）海关填发《中华人民共和国海关损坏货物、物品赔偿通知》，当事人自收到通知单之日起，三个月内凭单向海关领取赔款或将银行账号通知海关划拨，逾期海关不再赔偿。

另外，以下情况则不属于海关赔偿范围：

（1）进出口货物的收发货人或其代理人搬移、开拆、封装货物或保管不善造成的损失；

（2）易腐、易失效货物在海关正常工作程序所需时间内（含扣留或代管期间）所发生的变质或失效；

（3）海关正常查验时产生的不可避免的磨损；

（4）在海关查验之前已发生的损坏和海关查验之后发生的损坏；

（5）由于不可抗拒的原因造成货物的损坏、损失；

（6）进出口货物的收发货人或其代理人在海关查验时对货物是否受损坏未提出异议，事后发现货物有损坏的，海关不负赔偿的责任。

8.2.3 海关征税

查验货物后，海关将根据国家的有关政策法规对进出口货物征收关税及进口环节税费。征税时海关会对进出口货物申报进行核实，主要内容有：品名、规格、数量、单价、总值、成交金额、产地、贸易性质等。审核完毕后，海关将对相关货物计征税费。征税的程序概述如下：

确定税则分类→确定适用的税率→确定完税价格→计算税额→缴纳税费。

纳税人应当在海关签发税款缴纳书的次日起 7 日内，向指定银行缴纳税款。逾期不缴纳税款的，海关自第 8 日起至缴清税款日止，按日征收税款总额的 0.1% 的滞纳金；超过 3 个月仍未缴纳的，海关可责令担保人缴纳税款或者将货物变价抵缴。滞纳金的计算公式如下：

$$滞纳金 = (关税额 + 增值税或消费税应税额) \times 滞纳天数 \times 0.1\%$$

8.2.4 海关放行

海关对进出口货物的报关，经审核报关单据、查验实际货物，并依法办理了征收货物税费手续或减免税手续后，在有关单据上签盖"海关放行章"。货物的所有人或其代理人凭此可提取或装运货物。此时海关对进出口货物的监管行为结束。

对于保税加工贸易进口货物，经海关批准减免税或缓纳税款的进口货物、暂时进出口货物、转关运输货物以及其他口岸海关未缴纳税款的进口货物，口岸海关接受申报以后，经审核单证，符合规定的，即可以放行转为后续管理。如果货物因各种原因需海关特殊处理的，可向海关申请担保放行。海关对此担保的范围和方式均有明确的规定。

8.2.5 结关

结关（又称"清关"）是指对经口岸放行后仍需继续实施后续管理的货物，海关在规定的期限内进行核查，对需要补征、补税的货物作出处理直到完全终止海关监管的行为。

加工贸易进口货物的结关是指海关在加工贸易合同规定的期限内对其进口、复出口及余料情况进行核对，并经经营单位申请办理了经批准内销部分的货物的补证、补税手续，对备案的加工贸易合同予以销案。暂时进出口货物的结关是指在海关规定的期限内（含经批准延期的）暂时进口货物复运出口或者暂时出口货物复运进口，并办理了有关纳税销案手续，完全结束海关监管的工作程序。特定减免税货物的结关是指有关进口货物达到海关监管年限并向海关提出解除监管申请，领取了经主管海关核发的《海关对减免税进出口货物解除监管证明》，完全结束海关监管的工作程序。报关的一般程序如图 8-1 所示。

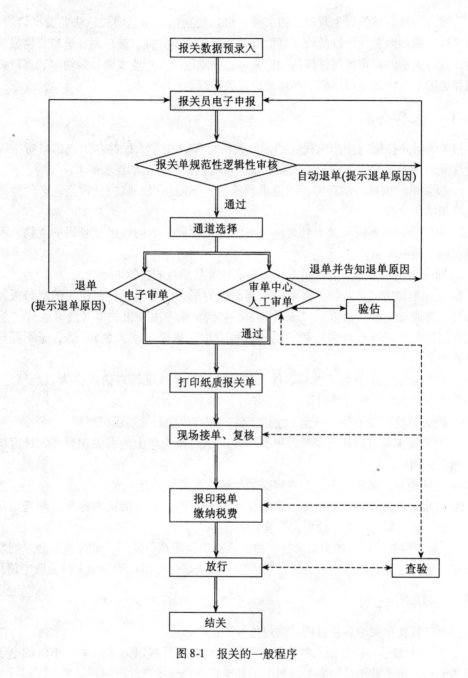

图 8-1　报关的一般程序

8.3　进出口货物报关单的填制

出口货物报关单是由海关总署统一格式印制，由出口商在装运前填制，经海关填制，经海关审核、签发后生效的法律文件。出口货物报关单是海关依法监管出口货物、征收关税、编制海关统计以及处理其他海关业务的重要凭证。进口商在进口货物报检合格后，按海关法的规定填写进口货物报关单，并随附国外商业发票、装箱单、进口贸易合同和运输单据向当地口岸海关办理进口报关手续。

8.3.1 基本要求

报关人必须按照《中华人民共和国海关法》和《中华人民共和国进出口货报关单填制规范》的有关规定，向海关如实申报。填写报关单的基本要求如下：

1. 报关单的填报必须真实，不得出现差错，不能伪报、瞒报及虚报；必须做到单证相符和单货相符。

2. 不同合同、不同运输工具名称、不同征免性质、不同许可证号码的货物，不得填报在同一报关单上。

3. 同一报关单最多只能填报 5 项海关统计商品编号的货物。

4. 不同贸易方式的货物，需要用不同颜色的报关单填报。目前使用的出口报关单有四种：普通报关单（白色）、"来料加工、补偿贸易专用"报关单（浅绿色）、"进料加工专用"报关单（粉红色）和"出口退税专用"报关单（黄色）。适合于不同贸易方式和需要。

5. 进料加工、来料加工的料、件及加工的成品经批准转内销或作为以产顶进的，按相关的进口料件，填写进口货物报关单。

6. 报关单填写要准确、齐全、字迹工整，如有改动必须加盖校对章。

7. 为实现报关自动化的需要，申报单位除填写报关单上的有关项目外，还应填上有关项目的代码。

8. 电脑预录入的报关单，其内容必须与原始报关单完全一致。

9. 申报的进出口货物报关单，事后由于种种原因，出现所报内容与实际进出口货物不符的，需立即向海关办理更正手续。

10. 对于海关放行后的出口货物，由于运输工具配载等原因，全部或部分未能装载上原申报的运输工具的，出口货物发货人应向海关递交《出口货物报关单更改申请》。

8.3.2 填写说明

进出口货物报关单各栏目的填制规范如下：

1. 预录入编号：指预录入单位的书面报关单的编号或以 EDI 报关的单位的电子报关单的编号，用于该单位与海关之间引用其申报后尚未批准放行的报关单。

2. 海关编号：指海关接受申报时给予报关单的编号。海关编号标识一般为 9 位数码。此栏由海关填写。

3. 进口口岸/出口口岸：指货物实际进（出）我国关境口岸海关的名称。本栏应根据货物实际进（出）境的口岸海关选择《关区代码表》中相应的口岸海关名称及代码填报。

4. 备案号：指进出口企业在海关办理加工贸易合同备案或征、减、免税审批备案等手续时，海关给予《进料加工登记手册》、《来料加工及中小型补偿贸易登记手册》、进出口货物征免税证明或其他有关备案审批文件的编号。一份报关单只允许填报一个备案号。无备案审批文件的报关单，本栏目免于填报。

5. 进口日期/出口日期：进口日期指运载所申报货物的运输工具申报进境的日期。本栏目填报的日期必须与相应的运输工具进境日期一致。出口日期指运载所申报货物的运输工具办结出境手续的日期。日期填写顺序为年、月、日，如 2007 年 8 月 7 日填写为 2007.08.07。本栏目供海关打印报关单证明联用，预录入报关单及 EDI 报关单均免于填报，无实际进出口的报关单填报办理申报手续的日期。

6. 申报日期：指海关接受进（出）口货物的收发货人或其代理人申请办理货物进（出）口手续的日期。录入及 EDI 报关单填写向海关申报的日期，与实际情况不符时，由审单关员按实际日期修改、批注。日期填写方法与进口日期/出口日期相同。

7. 经营单位：本栏目应填报经营单位名称及经营单位编码。经营单位编码由 10 位数组成，指进出口企业在所在地主管海关办理注册登记手续时，海关给企业设置的注册登记编码。

8. 运输方式：指运载货物进出关境所使用的运输工具的分类。本栏应根据实际运输方式按海关规定的《运输方式代码表》选择填报相应的运输方式。

9. 运输工具名称：指运载货物进出境的运输工具的名称或运输工具编号。本栏目填制内容应与运输部门向海关申报的载货清单所列相应内容一致。一份报关单只允许填报一个运输工具名称。无实际进出境的，本栏目为空。

10. 提运单号：指进出口货物提单或运单的编号。本栏目填报的内容应与运输部门向海关申报的载货清单所列相应内容一致。一份报关单只允许填报一个提运单号，一票货物对应多个提运单时，应分单填报。

11. 收货单位/发货单位：收货单位指已知的进口货物在境内的最终消费、使用单位。发货单位指出口货物在境内的生产或销售单位。本栏目应填报收发货单位的中文名称或其海关注册编码。

12. 贸易方式：本栏目应根据实际情况，并按海关规定的《贸易方式代码表》选择填报相应的贸易方式简称或代码，如"一般贸易0010"。一份报关单只允许填报一种贸易方式。

13. 征免性质：本栏目应按照海关核发的《征免税证明》中批注的征免性质填报，或根据实际情况按海关规定的《征免性质代码表》选择填报相应的征免性质简称或代码，如"一般征税101"。一份报关单只允许填报一种征免性质。

14. 征税比例/结汇方式：征税比例仅用于"非进口合同进料加工"贸易方式下（代码"0715"）进口料件的进口报关单，填报海关规定的实际应征税比率，例如5%填报5，15%填报15。出口报关单应填报结汇方式，即出口货物的发货人或其代理人收结外汇的方式，填写时应按海关规定的《结汇方式代码表》选择填报相应的结汇方式名称或代码。

15. 许可证号：应申领进（出）口许可证的货物，此类货物必须填报商务部及其授权发证机关签发的进（出）口货物许可证的编号，不得为空。

16. 起运国（地区）/运抵国（地区）：起运国（地区）指进口货物起始发出的国家（地区）。运抵国（地区）指出口货物直接运抵的国家（地区）。本栏目应按海关规定的《国别（地区）代码表》选择填报相应起运国（地区）或运抵国（地区）的中文名称或代码，如"日本 116"。

17. 装货港/指运港：装货港指进口货物在运抵我国关境前的最后一个境外装运港。指运港指出口货物运往境外的最终目的港；最终目的港不可预知的，可按尽可能预知的目的港填报。填写时应根据实际情况按海关规定的《港口航线代码表》选择填报相应港口的中文名称或代码。无实际进出境的，本栏目为空。

18. 境内目的地/境内货源地：本栏目应根据进口货物的收货单位、出口货物生产厂家或发货单位所属国内地区，并按海关规定的《国内地区代码表》选择填报相应的国内地区名称或代码。

19. 批准文号：进口报关单中本栏目用于填报《进口付汇核销单》编号。出口报关单中本栏目用于填报《出口收汇核销单》编号。

20. 成交方式：应根据实际成交价格条款按海关规定的《成交方式代码表》选择填报相应的成交方式代码。无实际进出境的，进口填报 CIF 价，出口填报 FOB 价。

21. 运费：该栏目用于成交价格中不包含运费的进口货物或成交价格中含有运费的出口货物，应填报该份报关单所含全部货物的国际运输费用。可按运费单价、总价或运费率三种方式之一填报，同时注明运费标记，并按海关规定的《货币代码表》选择填报相应的币种代码。运费标记"1"表示运费率，"2"表示每吨货物的运费单价，"3"表示运费总价。例如：5% 的运费率填报为 5/1；24 美元的运费单价填报为 502/24/2（502 为美元代码）；7 000 美元的运费总价填报为 502/7 000/3。

22. 保费：该栏目用于成交价格中不包含保险费的进口货物或成交价格中含有保险费的出口货物，应填报该份报关单所含全部货物国际运输的保险费用。可按保险费总价或保险费率两种方式之一填报，同时注明保险费标记，并按海关规定的《货币代码表》选择填报相应的币种代码。保险费标记"1"表示保险费率，"3"表示保险费总价。例如：3‰的保险费率填报为 0.3/1；9 000 港元保险费总价填报为 110/9 000/3（110 为港元的代码）。

23. 杂费：指手续费、佣金、回扣等应从完税价格中扣除的费用。可按杂费总价或杂费率两种方式之一填报，同时注明杂费标记，并按海关规定的《货币代码表》。选择填报相应的币种代码。杂费标记"1"表示杂费率，"3"表示杂费总价。例如：应计入完税价格的 1.5% 的杂费率填报为 1.5/1；应从完税价格中扣除的 1% 的回扣率填报为 −1/1；应计入完税价格的 500 英镑杂费总价填报为 303/500/3。

24. 合同协议号：本栏目应填报进（出）口货物合同（协议）全部字头和号码。

25. 件数：填报有外包装的进（出）口货物的实际件数。如果是集装箱就填集装箱件数，裸装货填 1。

26. 包装种类：根据进（出）口货物的实际外包装种类，按海关规定的《包装种类代码表》（另文发布）选择填报相应的包装种类代码。

27. 毛重（公斤）：填报进（出）口货物实际毛重，计量单位为公斤，不足一公斤的填报为 1。

28. 净重（公斤）：填报进（出）口货物的实际净重，计量单位为公斤，不足一公斤的填报为 1。

29. 集装箱号：填报集装箱编号，如集装箱号为 TEXU5678021 的 20 英寸集装箱，应填写为 TEXU5678021/20/2 280（2 280 是集装箱的自重）。在多于一个集装箱的情况下，其余集装箱编号打印在备注栏或随附清单上。

30. 随附单据：应按海关规定的《监管证件名称代码表》，填写与进（出）口货物报关单一并向海关递交的单证或文件的名称及代码，但合同、发票、装箱单、许可证等必备的随附单证不在本栏目填报。

31. 生产厂家：进口货物报关单中本栏目应根据进口货物的实际用途，按海关规定的《用途代码表》填报相应的用途代码。出口货物报关单中本栏目应填写出口货物的境内生产企业。

32. 标记唛码及备注：指货物外包装上的标记唛码及其他说明事项。本栏目应根据实际情况填写除图形外的文字、数字。

33. 项号：指货物在本报关单中的序号和加工贸易保税货物在《登记手册》中的序号。

34. 商品编号：按海关规定的商品分类编码规则确定的进（出）口货物的商品编号填写。如果加工贸易《登记手册》中商品编号与实际商品编号不符的，应按实际商品编号填报。

35. 商品名称、规格型号：根据实际情况填写货物的中英文名称、规格、型号等。

36. 原产国（地区）/最终目的国（地区）：原产国（地区）指进口货物的生产、开采或加工制造国家（地区）。最终目的国（地区）指已知的出口货物的最终实际消费、使用或进一步加工制造国家（地区）。本栏目应按海关规定的《国别（地区）代码表》选择填报相应的国家（地区）名称或代码。

37. 数量及单位：指海关统计法定的计量单位及相应进出口货物的实际数量。

38. 单价：如实填报同一项号下进（出）口货物实际成交的商品单位价格。无实际成交价格的，本栏目填报货值。

39. 总价：如实填报同一项号下进（出）口货物实际成交的商品总价。无实际成交价格的，本栏目填报货值。

40. 币制：根据实际成交情况按海关规定的《货币代码表》选择填报相应的货币名称或代码，如 USD，JPY 等。

41. 征免：填写按海关《征减免税方式代码表》确定的税款计征代码。征减免税方式主要包括：照常征税、折半征税、特案减免等。

42. 税费征收情况：本栏目供海关批注进（出）口货物税费征收及减免情况。

43. 录入员：该栏目用于预录入和 EDI 报关单，打印录入人员的姓名。

44. 录入单位：该栏目用于预录入和 EDI 报关单，打印录入单位名称。

45. 填制日期：根据报关单的填制日期如实填写。

46. 申报单位：申报单位指对申报内容的真实性直接向海关负责的企业或单位。自理报关的，应填报进（出）口货物的经营单位名称及代码；委托代理报关的，应填报经海关批准的专业或代理报关企业名称及代码。本栏目还包括报关单位地址、邮编和电话等分项目，由申报单位的报关员填报。

47. 海关审单批注栏：本栏目指供海关内部作业时签注的总栏目，由海关人员手工填写在预录入报关单上。

海关对出口货物的报关，经过审核报关单据，查验实际货物，并依法办理了征收税费手续或减免税手续，在有关单据上签盖了"放行章"后，货物的所有人或发货人或其代理人可以提取或装运货物。

在国际贸易中，在采用 FOB、CIF、CFR 三种价格术语时，卖方只要按合同的有关规定将货物装上运输工具，取得提单或运单，就算交货（又称为象征性交货）。这种凭单交货的情况下，装运期和交货期是一致的。而实际交货情况下，装运时间和交货时间不是一致的。

对于海运方式而言，海关查验放行后，发货人应与港务部门和理货人员联系，做好装船前的准备和交接工作。在装船过程中，发货人应派人进行监装，随时掌握装船情况和处理装船过程中发生的问题。对舱容紧、配货多的船只，应联系港方和船方配合，合理装载以充分利用舱容，防止货物被退关。若舱位确实不足，应安排快到期限的急运货物优先装船；对必须退关的货物，应及时联系有关单位设法处理。

在装运货物后，按照国际贸易的习惯做法，出口商应立即（一般在装船后 3 天内）发送装运通知给收货人或其指定的人，从而方便收货人办理保险和安排接货等事宜。如出口商未及时发送上述装船通知给收货人而使其不能及时办理保险或接货，出口商就应负责赔偿收货人由此而引起的一切损害或损失。

装运通知单示例：

SHIPPING ADVICE

DEAR SIRS：

WE HEREBY INFORM YOU THAT THE GOODS UNDER THE ABOVE MENTIONED CREDIT HAVE BEEN SHIPPED. THE DETAILS OF THE SHIPMENT ARE STATED BELOW.

COMMODITY：SHANGHAI COUNTRY BICYCLE

NUMBER OF CTNS：　　　70 CARTONS

TOTAL GROSS WEIGHT：   730 kgs
PORT OF LOADING：   SUZHOU
DATE OF DEPARTURE：   MAY. 30，2007
DESTINATION：   MONTREAL

×××IMRT&EXPORT TRADE CORPORATION
×××

◎ 复习思考题

1. 何谓报关？报关的意义是什么？
2. "报关"与"报检、报验"的区别是什么？
3. 何谓滞纳金？在何种情况下需要交纳滞纳金？

附录：

表 8-1   中华人民共和国海关出口货物报关单

预录入编号：   海关编号：

出口口岸		备案号	出口日期	申报日期
经营单位		运输方式	运输工具名称	提运单号
收货单位		贸易方式	征免性质	征税比例
许可证号		起运国（地区）	装货港	境内货运地
批准文号	成交方式	运费	保费	杂费
合同协议号	件数	包装种类	毛重（公斤）	净重（公斤）
集装箱号	随附单据			生产厂家
标记唛码及备注				

项号 商品编号 商品名称、规格型号 数量及单位 最终目的国（地区） 单价 总价 币值 征免

税费征收情况

录入员　　　　录入单位	兹证明以上申报无讹并承担法律责任	海关审单批注及放行日期（签章） 审单　　　　审价
报关员		
单位地址	申报单位（签章）	征税　　　　统计
邮编　　　电话	填制日期	查验　　　　放行

表8-2　　　　　　　　　　中华人民共和国进口货物报关单

预录入编号：　　　　　　　　　　　　　　　　　　海关编号：

进口口岸	备案号	进口日期	申报日期
经营单位	运输方式	运输工具名称	提运单号
收货单位	贸易方式	征免性质	征税比例
许可证号	起运国（地区）	装货港	境内目的地

续表

批准文号	成交方式	运费	保费	杂费
合同协议号	件数	包装种类	毛重(公斤)	净重(公斤)
集装箱号	随附单据			用途

标记唛码及备注

项号 商品编号 商品名称 规格型号 数量及单位 原产国(地区) 单价 总价 币值 征免

税费征收情况

录入员　　　　录入单位	兹证明以上申报无讹并承担法律责任	海关审单批注及放行日期(签章) 审单　　　　　　　审价
报关员		
单位地址	申报单位(签章)	征税　　　　统计
邮编　　　电话	填制日期	查验　　　　放行

第9章

国际贸易争议的处理

◎ **本章要点**

通过对国际货物买卖中有关争议处理的学习，了解国际贸易争议产生的基本原因，掌握不可抗力的含义、认定标准及处理原则；明确不可抗力条款的内容及其订立的注意事项；掌握进出口货物索赔的基本要领和索赔条款的基本内容、仲裁的意义、仲裁协议的作用及仲裁条款的内容。

9.1 索赔与理赔

9.1.1 违约

违约（Breach of Contract）是指买卖双方之中任何一方违反合同的规定，未履行合同的义务的行为。国际货物买卖合同是对缔约双方具有约束力的法律文件。任何一方违反了合同义务，就应承担违约的责任，受损的一方则有权提出损害赔偿要求。但是，不同的法律和文件对于违约方的违约行为及由此产生的法律后果、对该后果的处理有不同的规定和解释，下面列举了国际上主要的几种观点：

1. 我国《合同法》的规定

我国法律也有类似于《联合国国际货物销售合同公约》的规定：当事人一方延迟履行合同义务或者有其他违约行为致使不能实现合同目的，对方当事人可以解除合同；当事人一方延迟履行主要债务，经催告后在合同期间内仍未履行的，对方当事人可以解除合同。

2. 英国法律的规定

英国的《货物买卖法》将违约分为违反要件和违反担保两种。违反要件（Breach of Condition）是指违反合同的主要条款，在合同的一方当事人违反要件的情况下，另一方当事人即受损方有权解除合同，并有权提出损害赔偿；违反担保（Breach of

Warranty）是指违反合同的次要条款，在违反担保的情况下，受损方只能提出损害赔偿，而不能解除合同。至于在每份具体的合同中，哪些要素属于要件，哪些属于担保，该法并无明确具体的解释，一般认为违反与商品有直接关系的如品质、数量、交货期等属于要件；与商品无直接关系的如付款时间等属于担保。近年来，英国司法实践还承认一种新违约类型，即违反中间性条款或无名条款。它是一种既不是要件，也不是担保的合同条款。违反这类条款应承担的责任须视违约的性质及其后果是否严重而定。损失严重的，受损方有权解除合同并要求损害赔偿，否则就只能要求损害赔偿。

3. 美国法律的规定

美国法律将违约分为重大违约（Material Breach of Contract）和轻微违约（Minor Breach of Contract）。重大违约是指当事一方没有履行合同或履行合同有缺陷，致使他方当事人不能得到该项交易的主要利益，受损害的另一方当事人可以解除合同并请求损害赔偿。轻微的违约是指债务人在履约中尽管存在一些缺陷，但债权人已经从合同履行中得到该交易的主要利益。例如履行的时间略有延迟，交付的货物数量和品质与合同略有出入等。

4. 《联合国国际货物销售合同公约》的规定（第25条）

《联合国国际货物销售合同公约》将违约分为根本性违约（Fundamental Breach of Contract）和非根本性违约（Non-Fundamental Breach of Contract）。根本性违约是指违约方的故意行为造成的违约，如卖方完全不交货，买方无理拒收货物、拒付货款，其结果给受损方造成实质损害（Substantial Detriment）。如果一方当事人根本违约，另一方当事人可以宣告合同无效，并可要求损害赔偿。非根本性违约是指违约的状况尚未达到根本违反合同的程度，受损方只能要求损害赔偿，而不能宣告合同无效。

9.1.2　索赔

1. 索赔的含义

索赔（Claim）：指合同的一方违反合同规定，直接或间接地给另一方造成了损害，受损方向违约方提出损害赔偿的要求。在法律上即指主张权利。

2. 索赔的对象

索赔对象是指对索赔方承担损失赔偿责任的当事人。它主要涉及买方、卖方、承运人或保险公司。发生索赔事故后，首先要弄清事实，分清责任，确定索赔对象。

为了解决责任归属问题，可将业务中经常出现的主要几种索赔事故及其可能的责任方划分如下：

（1）短交（Short Delivery）

短交，指货物包装良好，但买方在收到货物后，经开箱检验，将实际货物与装箱单核对，发现货件短少。这种情况下一般不是运输公司的责任，而多数是由于卖方疏忽或故意短交造成的，所以应向卖方提出索赔。

（2）短卸（Short Unloaded）

短卸，指运输工具到达目的地后，所卸货物的数量与提单或运单所列明的数量不相符合。一般这种情况多是运输公司将货物误卸其他口岸或者由于疏忽短卸，甚至有的是故意短卸。那么通常应当向承运人提出索赔。

（3）短失（Lost in Transit）

短失，指发票、装箱单和提单等单证均证明货物已经全部装到运输工具上，或已交承运人，但货到后却发现货物短少。出现这种情况的原因有几种：一种情况是运输公司可能将货物误卸其他口岸或运输公司因疏忽或故意短卸，这时的索赔对象是运输公司；另一种情况也可能是在运输途中货物被盗或遗失，特别是陆运，货物被盗和遗失的可能性较大。如果货主对货物的保险包括了这种情况，可向保险公司提出索赔。然而，短失的情况往往很难判断出责任的归属，一般业务上的通常做法是依据保险合同和运输合同的规定分别向保险公司和运输公司同时提出索赔。

（4）包装破损导致的货物散失

货物到达目的地或目的港后，发现包装已经破裂，货物散失，而提单中却没有注明。导致这种情况的出现有以下几种原因：一种原因是卖方没有针对货物的特性和运输状况进行包装，经商检部门出具证明后，可向卖方提出索赔；另一种原因是卖方对货物进行良好包装，在运输途中，由于搬运或堆积操作不当造成的包装破损与货物散失，如钩损等，那么这种情况应当由承运人负责；另外，如果货物在运输途中遇上自然灾害或意外事故等造成包装破损、货物损害，如海水浸入纸箱，则属于保险公司的承保范围，应向保险公司提出索赔。若发生上述情况很难判断最终责任方时，则应根据商检部门出具的证明向各责任方同时进行索赔。

（5）品质规格与合同不符

这是指所交货物全部或部分，经商检部门检验后认为品质或规格与合同不相符合。出现这种情况，有的是卖方交货品质低劣，有的是货物本身原因造成的，有的是运输原因造成的。首先要弄清事实，如品质低劣，货物本身含有瑕疵，多半是卖方的责任；如果是运输途中出现的自然灾害所致。如恶劣气候，海水入舱。而使铁板生锈，则应向保险公司提出索赔。

除了上述所列几种最经常出现的索赔事故，其实还有许多其他原因造成索赔，这里就不一一列举。总之，在进行索赔时，要有充分理由证明事故的责任方，再根据合同关系，依法向对方提出合理的索赔要求。

3. 索赔的期限

《联合国国际货物销售合同公约》第 39 条和我国《合同法》第 158 条都分别规定，自买方收到货物起两年之内有权向卖方提出索赔。但是这个期限在实际工作中显然太长了，一是时间拖得太久，索赔难度会越来越大，二是"两年"时间也往往不适用于已规定保质期的产品和买卖合同规定了索赔期等情况。

因此，要在合同中订明守约方向违约方提出索赔的期限，若超出约定时限索赔，违约方可不予受理。所以，要根据商品特性和运输条件，恰当地规定索赔期限的长短。在规定索赔期限时，应考虑不同商品的特性和检验条件。对于有质量保证期限的产品，合同中还应加上保证期。另外，在规定索赔期限时，还应对索赔期限的起算时间作出具体规定，通常有下列几种：

（1）货到目的港后××天算起；

（2）货到目的港卸离海轮后××天算起；

（3）货到买方营业处所或用户所在地后××天算起；

（4）货物检验后××天算起。

4. 索赔的依据

索赔的依据应当包括两个方面：一是法律依据；二是事实依据。法律依据是指索赔方提出的救济方法必须符合法律规定。如果法律上规定有几种救济方法，当事人必须从案情的具体事实出发，从中选择最合适的原则作为主张权利的依据。事实依据是指索赔所需要的足够的证明文件。它包括当事人业务往来的各种单证函电以及发生索赔事故时，有关人员的现场签字证明等。

根据不同的索赔对象，索赔方应出具的索赔依据有：

（1）向出口方索赔的依据

①合同及往来函电；

②公证报告（Survey Report）；

③检验证书（Certificate of Inspection）；

④破损证明（Damage Report）；

⑤提单（B/L）；

⑥装箱单（Packing List）；

⑦发票（Invoice）；

⑧银行通知等。

（2）向承运人索赔的依据

①公证报告；

②破损证明或承运人、商检机构、保险公司及港务机构等的会签证明；

③提货单或提单或运输合同；

④商业发票；

⑤商检证书；

⑥承运人要求的其他证明文件等。

（3）向保险公司索赔的依据

①保险单或保险凭证正本（Signed Policy or Certificate of Insurance）；

②提单正本或副本（Signed B/L or Copy）；

③托运人开立的发票（Shipper's Invoice）；

④装箱单；

⑤重量证明书（Weight Certificate）；

⑥公证报告；

⑦船公司签发的事故证明或破损证明书（Damage Report）；

⑧磅码单（Weight Note）或理货单（Tally List）；

⑨船公司所签发的短卸证明书（Shortage Report of Landing Certificate）；

⑩公证费收据；

⑪修理费用及其估价单；

⑫破损货物剩余价值估价单；

⑬海难报告（Marine Protest）等；

⑭目前，在我国进口业务中，索赔属于船方和保险公司责任的由货运代理公司代办；属于卖方责任的，则由进口公司直接办理。

5. 索赔的金额

（1）若买卖合同规定了损害赔偿金额或损害赔偿金额的计算方法，则应按照合同规定办理。

（2）若买卖合同并未作具体规定，则应依据相关法律和惯例来确定。确定赔偿金额的基本原则如下：

①赔偿金额应与违约造成的损失金额相等，其中包括一般情况下的预期利润。

②赔偿金额以签约时可以预料的合理损失为限。此条适用于当第（1）条原则不适用时的情况，它可以避免被违约的一方狮子大开口，漫天要价，诸如"赔偿精神损失费1000万元"之类的不合理要求。

③如果被违约的一方在对方违约时可以采取一些合理措施以减轻损失而未付诸行动的，"可能减轻而未能减轻的损失"应在赔偿金额中扣除。例如甲公司约定出售给乙公司10万美元某种货物，但是甲公司到期不发货，乙公司本来可以用13万美元向丙公司购买到的，但是乙公司并没有这样做，以致货物在后期上涨到了20万美元，此时甲公司最多只需向乙公司赔偿3万美元的损失。

9.1.3　理赔

1. 理赔的含义

理赔（Settlement Claim）：指被认定为违约的一方受理并处理对方所提出的索赔要求的行为。

2. 理赔应注意的问题

对于争议案件作出处理决定之前，需先认定违约及其法律后果。在买卖合同的当事人在对争议案件作出处理决定之前，应当弄清发生争议的原因和责任，违约方是谁，违约程度的深浅以及给对方造成的损失的大小。充分认清这些违约行为和后果后，再按照国际上的相关法律、法规和惯例，慎重地拿出解决方案来。应注意，能够协商解决的就尽量不要去仲裁，能够提请仲裁的就尽量不要去诉讼，以免将事态扩大化，耗费精力、时间和金钱，以致贻误商机。

3. 理赔的办法

（1）直接赔款。当买卖双方就相关的违约和损失程度达成共识之后，违约的一方在商定的时间内将违约的赔款直接汇付给受损的一方。这种做法对受损的一方最为有利，他可以直接获得赔付。

（2）抵扣货款。如果卖方违约，而买方对卖方又具有应付款项，双方可经违约与赔偿事宜谈妥后，买方直接将获赔款项数额从其应付款项中扣除。

（3）降价。这也是指卖方违约的情况下可以采取的理赔方法。降价又可分别采用下列两种办法：

①对于已经装运，但是买方认为付款的货物进行打折处理，折扣的部分用以补偿买方的损失。

②重新订立新的买卖合同，在未来的一定时间，一定数量的货物买卖中，按照市场价格，卖方给予买方一定比例的折扣，用以补偿买方的损失。

9.2　不可抗力

9.2.1　不可抗力的含义

不可抗力（Force Majeure）：又称为人力不可抗拒，是指买卖合同签订以后，不是由合同当事人的过失或疏忽，而那时由于发生了当事人无法预见、预防、避免和控制的事件，以致不能履行或如期履行合同。发生事件的一方可以根据合同或法律的规定免除履行合同之责或延期履行合同。

在现实贸易中，构成不可抗力事件要有一定的前提条件，分别是（1）事故的发生在合同订立之后；（2）不是合同当事人的过失或疏忽造成的；（3）事故的发生及其后果，当事人是无法控制和克服的。

在国际贸易中，对不可抗力的含义及其叫法并不统一。在英美法中，称之为"合同落空"（Frustration of Contract）原则。在大陆法系国家的法律中，则称为"情势变迁"或"契约失效"原则。同样在《联合国国际货物销售合同公约》中也有类似的规定，即"合同签订后，如发生了合同当事人订约时无法预见和事后不能控制的障碍，以致不能履行合同义务，则可免除责任"。

所以，尽管各国对不可抗力有不同叫法与说明，但其精神原则大体是相同的。

9.2.2 不可抗力的范围

1. 自然的力量引起的事件。这是指人类无法控制的自然界力量所引起的事件，如水灾、旱灾、地震、海啸等。

2. 政治或社会原因引起的事件。例如当局发布新的法律、法规和行政禁令等；再如战争、罢工、暴动、骚乱等事件。

9.2.3 不可抗力的处理办法

1. 变更或解除合同

根据不可抗力造成或导致的结果的实际情况，有如下两种解决方式：

（1）解除合同。合同已经不能履行，可在买卖双方协商后解除合同。

（2）变更合同。有买卖双方协商同意，对合同内容作适当的变更修改，如延迟交货、分期装运、替代交付和减量履行。

2. 通知和证明

（1）发生事件的一方应尽快如实地通知对方；如果对方有异议，也应及时提出反馈的意见和建议。

（2）发生事件的一方应同时出具相关的证明文件，并可以在给对方的通知中写明相应的处理意见。我国可由"中国国际贸易促进委员会"（China Council for the Promotion of International Trade，CCPIT）出具。

9.2.4 买卖合同中的不可抗力条款

1. 不可抗力条款的内容

不可抗力条款，是指因为不可抗力事件所导致的不能履约的一种免责条款。一般买卖双方应在合同中都应规定：如果当事人一方因不可抗力事件不能履行合同的全部或部分义务的，免除其履行合同的责任；不能按期履约的，可免除其延期履行的责任，另一方不得对此要求损害赔偿。

不可抗力条款的内容一般有：（1）不可抗力事故的范围；（2）不可抗力事故发生后，通知对方的期限和通知方法；（3）出具证明文件的机构；（4）不可抗力事故的后果。

不可抗力条款的订立方式常见的有三种：

（1）概括式规定，即在合同中不具体规定不可抗力事故的种类而是作笼统的规定。例如："由于公认的不可抗力原因而不履行合同规定义务的一方可不负责任，但应于若干天内通知对方并提供有关的证明文件。"

（2）列举式规定，即逐一证明不可抗力事故的种类。例如："由于战争、洪水、水灾、地震、暴风、大雪的原因而不能履行合同规定义务的一方可不负责任。"

（3）综合式规定，即将概括式和列举式合并在一起的方式。例如在订购成套设备的进口合同中规定："由于战争、地震、严重的风灾、雪灾、水灾、火灾以及双方同意的其他人力不可抗拒事故，致使任何一方不能履行合同时，遇有上述不可抗力事故的一方，应立即将影响履行合同的不可抗力事故的情况以电报通知对方，并应在 15 天内，以航空挂号信提供事故的详细情况及影响合同履行的程度的证明文件。此项文件如由卖方提出时，应由发生不可抗力事故地区的商会出具；如由买方提出时，应由中国国际贸易促进委员会出具。"

综上所述，概括式规定得比较笼统，容易产生纠纷。列举式规定虽然明确，但不可抗力的事故举不胜举，如发生了没有列举的事故，就无法引用不可抗力条款。综合性规定则弥补了前两种方式的不足，因此，使用比较广泛。

2. 援引不可抗力条款注意事项

（1）任何一方在遭受到不可抗力事故后，应立即按照合同规定通知对方，并提供有关机构的证明。出证机构如合同未予规定，在我国可由中国国际贸易促进委员会出证，在国外一般由当地的商会或合法的公证机构出证。

（2）一方接到不可抗力事故通知和证明后，应及时研究所发生的事故是否属于不可抗力条款所包括的范围。如合同中已经列举了事故的种类，但发生的事故不属于列举范围，一般就不能按不可抗力处理。如合同中附有"双方当事人所同意的其他意外事故"规定的，则必须经买卖双方协商同意才能作为不可抗力事故处理。如一方不同意即不能列入不可抗力事故。但无论同意与否，都应及时答复对方。

（3）对于不可抗力事故成立后，处理问题应按合同规定办理。如果合同没有规定，买卖双方应本着实事求是的精神根据事故发生的原因和情况与对方协商决定，是否解除合同或延迟履行合同。

◎ 案例分析

我国某出口企业以 CIF 纽约条件与美国某公司签订了 200 套家具的出口合同，合同规定 2008 年 12 月交货。11 月底，该企业出口商品仓库因雷击发生火灾，致使一半以上的出口家具被烧毁。该企业立即以发生不可抗力为由，要求免除交货责任，此举遭到美方的反对，美方坚持要求我方按时交货。我方经多方努力，于 2009 年 1 月初交货，而美方则以我方延期交货为由提出索赔。

请问：

1. 在本案例中，我方可主张何种权利？为什么？
2. 美方的索赔要求是否合理？为什么？

◎ **复习思考题**

1. 在国际货物买卖合同中为什么要订立索赔条款?《联合国国际货物销售合同公约》对货物的索赔期限是怎样规定的?
2. 何谓不可抗力? 构成不可抗力的前提条件有哪些?
3. 当事人在援引不可抗力条款要求免责时, 应该注意哪些问题?

第*10*章

进出口合同的签订与履行

◎ **本章要点**

通过对进出口合同签订与履行全过程中相关问题的学习，掌握贸易磋商的原则、策略及方法，进出口合同的基本履行程序、进出口业务单证的处理，熟悉合同履行中的基本要领和操作流程。

10.1 买卖合同的洽商

10.1.1 交易磋商

交易磋商（Business Negotiation）指在国际货物买卖过程中，交易双方就买卖货物的有关条件进行协商，以期达成交易的过程。通常也称之为贸易谈判。

交易磋商的程序可概括为四个环节：询盘、发盘、还盘和接受。其中发盘和接受是必不可少的两个基本环节。

1. 询盘（Inquiry）

询盘，又称询价，指交易的一方准备购买或出售某种商品，向对方询问买卖该商品的有关交易条件。

询盘的内容可涉及询问商品的品质、规格、数量、包装、价格和装运等成交条件，也可以索取样品。如果发出询盘的一方，只是想探询价格，并希望对方开出估价单（Estimate），则对方根据询价要求所开出的估价单，只是参考价格，它并不是正式的报价，因而也不具备发盘的条件。

在国际贸易业务中，发出询盘的目的，除了探询价格或有关交易条件外，有时还表达了与对方进行交易的愿望，希望对方接到询盘后及时作出发盘，以便考虑接受与否。这种询盘实际上属于邀请发盘。邀请发盘是当事人订立合同的准备行为，其目的在于使对方发盘，询盘本身并不构成发盘。

询盘对于询盘人和被询盘人均无法律上的约束，多以询盘并非每笔交易必经的程序。如交易双方彼此都了解情况，不需要向对方探询成交条件或交易的可能性，则不必使用询盘，亦可直接向对方作出发盘。

2. 发盘（Offer）

（1）定义

在国际贸易实务中，发盘也称报盘、发价、报价。法律上称之为"要约"。发盘可以是应对方询盘的要求发出，也可以是在没有询盘的情况下，直接向对方发出。发盘一般是由卖方发出的，但也可以由买方发出，业务上称其为"递盘"。

根据《联合国国际货物销售合同公约》第 14 条第 1 款的规定："凡向一个或一个以上的特定的人提出的订立合同的建议，如果其内容十分确定并且表明发盘人有在其发盘一旦得到接受就受其约束的意思，即构成发盘。"

（2）发盘的构成条件

一个发盘的构成必须具备下列四个条件：

①向一个或一个以上的特写人提出：发盘必须指定可以表示接受的受盘人。受盘人可以是一个，也可以指定多个。不指定受盘人的发盘，仅应视为发盘的邀请或称邀请作出发盘。提出此条件是为了把发盘同普通商业广告及向广大公众散发的商品价目单等行为（邀请发盘）区别开来。

②表明订立合同的意思：发盘必须表明严肃的订约意思，即发盘应该表明发盘人在得到接受时，将按发盘条件承担与受盘人订立合同的法律责任。这种意思可以用"发盘"、"递盘"等术语加以表明，也可不使用上述或类似上述术语和语句，而按照当时谈判情形，或当事人之间以往的业务交往情况或双方已经确立的习惯做法来确定。

③发盘内容必须十分确定：发盘内容的确定性体现在发盘中所列的条件是否完整、明确和终局。《公约》规定，所谓确定应包括三个基本因素，缺一不可：

a. 标明商品的名称；

b. 明示或默示地规定商品的数量或规定确定商品数量的方法；

c. 明示或默示地规定商品的价格或规定确定商品价格的方法。

④送达受盘人。发盘于送达受盘人时生效。但是。若发盘中附有保留条件，如，"以我方最后确认为准"，或"有权先售"等，则此建议不能构成发盘，只能视为邀请发盘（Invitation for Offer）。想要在发盘中表明受约束的意思，可以通过规定发盘有效期的方法或表明该发盘是实盘，不可撤销发盘等。

（3）发盘的有效期

在通常情况下，发盘都会具体规定一个有效期，以此作为对方表示接受的时间限制，超过发盘规定的时限，发盘人即不受约束，当发盘未具体列明有效期时，受盘人应在合理时间内接受才能有效。何谓"合理时间"，需根据具体情况而定。根据《联合国国际货物销售合同公约》的规定，若采用口头发盘时，除发盘人发盘时另有声明外，受盘人只能当场表示接受，方为有效。

（4）发盘生效的时间

发盘生效的时间有各种不同的情况：

①口头发盘的生效时间。以口头方式作出的发盘，其法律效力从对方了解发盘内容时生效。

②书面发盘的生效时间。以书面形式作出的发盘，关于其生效时间，国际上有两种不同的观点与做法。一是"发信主义"，即认为发盘人在发盘发出的同时，发盘就生效；另一种是"受信主义"，又称"到达主义"，即认为发盘必须到达受盘人时才生效。

《联合国国际货物销售合同公约》和我国《合同法》关于发盘生效时间的规定都采取发盘送达受盘人时生效，即也采取"到达主义"。此外，我国《合同法》第 16 条还同时对采用数据电文方式的到达时间如何确定作出了具体规定："采用数据电文形式订立合同，收件人指定特定系统接收数据电文的，该数据电文进入特定系统的时间，视为到达时间；未指定特定系统的，该数据电文进入收件人的任何系统的首次时间，视为到达时间。"所以，例如打开 E-mail，并接收到发盘时，该发盘才视为生效。

（5）发盘的撤回与撤销

①发盘的撤回（Withdrawal），是指在发盘尚未生效，发盘人采取行动、阻止其生效。

实际上对于发盘发出后，发盘人是否可以撤回发盘或变更其内容在这一问题上，世界主要法系的规定都并不一致。

a. 英美法认为，发盘原则上对发盘人没有约束力。发盘人在受盘人对发盘表示接受之前的任何时候，都可撤回发盘或变更其内容。

b. 大陆法认为，发盘对发盘人有约束力。如《德国民法典》所规定，除非发盘人在发盘中订明发盘人不受发盘的约束，否则就要受其发盘的约束。

c. 据《联合国国际货物销售合同公约》规定，一项发盘（包括注明不可撤销的发盘），只要在其尚未生效以前，都是可以修改或撤回的。因此，发盘人可在收盘人收到之前撤回或修改发盘。

②发盘的撤销（Revocation），是指发盘已生效后，发盘人以一定方式将其取消，或解除发盘的效力。

关于发盘可否撤销的问题，世界主要法系的规定也都并不一致。

a. 英美法认为，在受盘人表示接受之前，即使发盘中规定了有效期，发盘人也可以随时予以撤销。这一点显然对发盘人有利，因而在英美法等国的贸易中不断受到责难。所以，有的国家在制定或修改法律时取消了此项规定。

b. 大陆法系认为，发盘人原则上应受发盘的约束，不得随意将其发盘撤销。

c. 与上述两大法系相较而言，《联合国国际货物销售合同公约》（以下简称《公约》）采取了折中的办法，《公约》中第 16 条规定，在发盘已送达受盘人，即发盘已经生效，但受盘人尚未表示接受之前这一段时间内，只要发盘人及时将撤销通知送达受盘人，仍可将其发盘撤销。如一旦受盘人发出接受通知，则发盘人无权撤销该发盘。

除上述条件外，《公约》还规定，下列两种情况下的发盘，一旦生效，则不允许撤销：一是在发盘中规定了有效期或以其他方式表示该发盘是不可能撤销的。

二是受盘人有理由信赖该发盘是不可撤销的，并本着对该发盘的信赖采取了行动。例如，已经装运了货物或支付了货款等。

（6）发盘效力的终止

发盘效力的终止包含有两层含义：（1）发盘人不再受发盘的约束；（2）受盘人失去了接受该发盘的权利。

任何一项发盘，使其效力终止的条件一般有如下几个方面：

①发盘有效期内未被接受或合理时间内未被接受。

②发盘被发盘人依法撤销；

③受盘人的拒绝通知或还盘送达原发盘人时。

④发生了不可抗力事件；发盘人或受盘人丧失了行为能力；法人被依法宣布破产，发盘商品被进口国或出口国政府宣布禁止进出口等。

⑤发盘人或受盘人在发盘被接受前丧失行为能力（如得精神病等）。

3. 还盘（Counter Offer）

还盘又称"还价"，在法律上称为"反要约"。受盘人在接到发盘后，不能完全同意发盘的内容，为了进一步磋商交易，对发盘条件进行添加、限制或更改的答复，用口头或书面形式表示出来，就构成还盘。

还盘是对发盘的拒绝。还盘一经作出，原发盘即失去效力，发盘人不再受其约束。

4. 接受（Acceptance）

（1）定义

它是指受盘人在发盘规定的时限内，以声明或行为表示同意发盘提出的各项条件。法律上将接受称作承诺。接受和发盘一样，既属于商业行为，也属于法律行为。对有关接受的问题，《公约》中也作了明确的规定。

（2）有效接受的条件

根据《公约》的解释，构成有效的接受要具备以下四个条件：

①接受必须是由受盘人作出，第三方对发盘表示同意，不能构成接受。这一条件与发盘的第一个条件是相呼应的。发盘必须向特定的人发出，即表示发盘人愿意按发盘的条件与受盘人订立合同，但并不表示他愿意按这些条件与任何人订立合同。因此，接受也只能由受盘人作出，才具有效力。

②受盘人表示接受，要采取声明的方式即以口头或书面的声明向发盘人明确表示出来。另外，还可以用行为表示接受。

③接受的内容要与发盘的内容相符。就是说，接受应是无条件的。但在业务中，常有这种情况，受盘人在答复中使用了接受的字眼，但已对发盘的内容做了增加、限制或修改，这在法律上称为有条件的接受，不能构成有效的接受，而属于还盘。

④接受的通知要在发盘的有效期内送达发盘人才能生效。发盘中通常都规定有效

期。这一期限有双重意义：①它约束发盘人，使发盘人承担义务，在有效期内不能任意撤销或修改发盘的内容，过期则不再受其约束；②发盘人规定有效期，也是约束受盘人，只有在有效期内作出接受，才有法律效力。

（3）接受生效的时间

①接受生效时间的规定

接受是一种法律行为，这种行为何时生效，各国法律有不同的规定：

a. 英美法采用"投邮生效"的原则，即接受通知一经投邮或交电报局发出，则立即生效。

b. 大陆法系采用"到达生效"的原则，即接受通知必须送达发盘人时才能生效。

c.《公约》第18条第2款明确规定，接受送达发盘人时生效。

②逾期接受（Late Acceptance）

在国际贸易中，由于各种原因，导致受盘的接受通知有时晚于发盘人规定的有效期送达，这在法律上称为"迟到的接受"。虽然各国法律一般认为逾期接受无效，它只能视作一个新的发盘，但也有例外的情况。《公约》第21条规定过期的接受在下列两种情况下仍具有效力：

a. 只要发盘人毫不迟延地用口头或书面通知受盘人，认为该项逾期的接受可以有效，愿意承受逾期接受的约束，合同仍可于接受通知送达发盘人时订立。如果发盘人对逾期的接受表示拒绝或不立即向发盘人发出上述通知，则该项逾期的接受无效，合同不能成立。

b. 如果载有逾期接受的信件或其他书面文件表明，它在传递正常的情况下是能够及时送达发盘人的，那么这项逾期接受仍具有接受的效力，除非发盘人毫不迟延地用口头或书面方式通知受盘人，他认为发盘已经失效。

（4）接受的撤回（Withdrawal of an Acceptance）

接受撤回的条件：《公约》第22条规定，如果撤回通知于接受原发盘应生效之前或同时送达发盘人，接受得予撤回。如接受已送达发盘人，即接受一旦生效，合同即告成立，就不得撤回接受或修改其内容。

10.1.2 合同成立的时间

合同成立与生效是两个不同的概念。成立的判断依据是接受是否生效，而生效指是否具有法律效力。据《公约》规定，合同成立的时间为接受生效的时间。有如下两种情况：

1. 有效接受的通知到达发盘人时。

2. 受盘人作出接受行为时。但如果双方在洽商时约定，以书面合同的签字日期为准，则以双方约定为准。

10.1.3 合同有效成立的条件

1. 合同当事人要具有相应的民事权利能力和民事行为能力。

2. 合同必须具有对价或约因（订立合同所追求的直接目的）。

3. 合同的内容必须合法。

4. 合同必须符合法律规定的形式：书面形式、口头形式或其他形式。

5. 合同当事人的意思表示必须真实。

10.2 进口合同的履行

10.2.1 信用证的开立与修改

1. 信用证的开立

进口合同签订后，如果规定以信用证方式支付，那么买方首先要向开证行提出开证申请。开证申请书一般包括两部分内容：一是开证申请人的承诺与付款保证，包括信用证的种类、开证方式、付款条件及保证银行的权利与责任等；二是开证内容，即银行凭以开证的依据，包括信用证号码、种类、信用证金额和货币、与合同相一致的具体条款以及特殊声明与要求等。

开证行接到买方的开证申请书后，就其内容与合同加以核对，就申请人的资信、经营、外汇使用等情况进行全面的审核，以确定是否接受申请人的开证申请。

开证行经审核后若同意接受开证申请，开证申请人即可按规定向开证银行提供担保或符合规定的开证押金，作为开证的条件。开证行即可按照开证申请书的要求缮制信用证，并通过通知行递交受益人。

2. 信用证的修改

通过对信用证的全面审核，如果发现问题，应该区别问题的性质，分别同银行、运输和保险等有关部门研究，及时、妥善地处理。

（1）修改信用证应贯彻的原则

①非修改不可的，应坚决要求修改。

②可改可不改的，应视具体情况可不作修改。

③凡需修改的各项内容应一次性向对方提出。

④对收到的修改通知书的内容要么全部接受，要么全部否定。

（2）对信用证修改时，应注意的问题

①对于影响安全收汇，难以接受或做到的信用证条款，必须要求开证人对此进行修改，只有在收到信用证修改通知书后才考虑发货。

②如果信用证修改中要延展运期，则要注意议付有效期也必须随之延期。

③修改通知书的传递方向与信用证的传递方向要一致。有关信用证修改必须通过原信用证通知行才真实、有效，通过开证人直接寄送的修改申请书是无效的。另外，要明确修改费用由谁承担，一般按照责任归属来确定修改费用由谁承担。

④对于不可撤销信用证中任何条款的修改，都必须取得当事人的同意后才能生效。《UCP600》第 10 条规定"除第 38 条另有规定者外，未经开证行、保兑行（如有的话）及受益人同意，信用证既不得修改，也不得撤销"。对信用证修改内容的接受或拒绝有两种表示形式：受益人作出接受或拒绝该信用证修改的通知；受益人以行动按照信用证的内容办事。

⑤保兑行可将其保兑扩大至修改书，并自通知该修改书之时起负有不可撤销的义务。但是，保兑行可以选择对修改内容不加保兑，但必须毫不延迟地通知开证行和受益人。

⑥收到修改后的信用证，应及时检查修改内容是否符合要求，并分别情况表示接受或重新提出修改。《UCP600》第 10 条规定："对同一修改的内容不允许部分接受，部分接受将被视为拒绝修改的通知。"因此，对于修改内容要么全部接受，要么全部拒绝，部分接受修改的内容是无效的。

⑦如果收到"修改通知书"后，仍不接受，应在 3 个工作日内退回通知书表示拒绝，否则就是默认。

10.2.2　安排运输与保险

在我国，进口货物一般采用 FOB 贸易术语成交的情况较多。履行 FOB 交货条件下的进口合同，应由买方负责租船订舱。买方接到卖方的预计装运日期通知后，即可向船公司办理租船订舱手续。目前，我国外贸公司大多通过中国对外贸易运输公司、中国租船公司或其他货运代理机构办理此项业务。办妥租船订舱手续后，买方应及时向卖方发出船舶到港受载日期通知，以便卖方备货装船。

在 FOB、CFR、FCA、CPT 贸易术语条件下，买方在收到国外客户的装运通知后，要立即办理投保手续。通常采用的方式有两种。

1. 预约保险

预约保险是被保险人与保险公司之间订立总合同，凡属合同约定的运输货物一经起运，保险公司就负有自动承担的责任，对属于承保合同范围内的货物保险即开始生效。预约保险对于从事进口业务的外贸公司或长期进口货物的单位提供了方便。例如，可以节省投保人每次装船时与保险公司交涉投保事宜的时间；有既定的保险条件和费率，易于买卖的核算；防止投保人因疏忽、漏保可能造成的损失等。

2. 逐笔投保

凡未予保险公司签订"预保合同"的进口公司，每发生一笔国际货运业务，买方都需要向保险公司办理一次投保手续。即这些公司在接到国外装船通知或发货通知后，需直接到保险公司办理投保手续，在填写投保单并缴付保险费后，保险单随即生效。

10.2.3　审单与付款

货运单据是核对卖方所供货物是否与合同相符的凭证，是买方的付款依据。若采用托收和汇款结算方式，需要买方对货运单据进行全面审核；若采用信用证结算方式，则需要开证行和买方共同对货运单据进行审核。

在信用证方式结算的条件下，开证行在收到国外银行寄来的单据后，按照"单单一致、单证一致"的原则，严格审核各种单据的份数和内容。银行若发现单据表面与信用证条款不符，并决定拒绝接受不符点单据，应采取以下措施处理：银行毫不延误地以电讯方式通知审单银行或受益人；不迟于单据次日起算第 7 个银行工作日通知交单方；说明拒收单据的全部不符点，并代为保管听候处理或退还寄单行或交单人。

开证行在确定单据无误后，将全套单据送交买方审核。买方一般以商业发票为中心，将其他单据与之对照，审核单单是否一致。如果审核获得通过，则向开证行付款或承兑。不论审单的结论如何，开证行及买方的审单时间总共要控制在开证行接到单据的翌日算起五个工作日之内。

10.2.4　进口报关

根据我国《海关法》的规定，进出国境的货物必须接受海关的监管。我国海关对进口商品的监管包括接受申报、查验货物、征收关税、清关放行四个环节。

进口报关必须由海关准予注册登记的报关企业或有进口经营权的企业指派的经海关考核认可的报关员直接办理。货物到达目的港后，由进口方或其指定的外运机构根据进口单据填制进口报关单，并随附发票、提单、保险单、商检证书等向海关申报。海关接受申报后，对进口货物进行分类估价，核算到岸价格，依据关税税率计征进口关税或依法减免。海关查验的目的是核对报关单证所报内容与实际到货是否相符，审查货物的进出口是否合法。查验货证无误后，海关签发税款缴纳书，待进口方向指定银行缴纳完税款之后，海关在有关单据上签盖"海关放行章"。货物的所有人或其代理人凭此可提取进口货物。

10.2.5　验收和拨交货物

1. 验收货物

港务局将会对运达港口卸货的进口货物进行卸货核对。如卸货时发现短缺，应填制"短卸报告"交由船方签认，并根据短缺情况向船方提出保留索赔权的书面声明；如卸货时发现残损，应将货物存放于海关指定仓库，交由保险公司会同商检机构检验后，作出处理。

一旦发生索赔，相关单据比如国外发票、装箱单、重量明细单、品质证明书、使用说明书、产品图纸等技术资料、理货残损单、溢短单、商务记录等都可以作为重要的索赔依据。

2. 办理拨交手续

完成上述手续后，如果订货或用货单位在卸货港所在地，则就近转交货物；如果订货或用货单位不在卸货地区，则委托货运代理将货物转运内地并转交给订货或用货单位。另外，进口关税和运往内地的费用，则由货运代理向买方结算后，经买方再向订货部门结算。

10.2.6　进口索赔

进口货物运抵目的港，进口企业办理进口报关手续提取合同货物，进口合同的履行过程即告结束。买方如果发现货物残损短缺时，进口企业应立即请有关公正机构进行现场检验并出具证明，并且向有关责任方提起索赔。

索赔对象是指索赔方承担损失赔偿等责任的当事人。索赔时应明确货损原因，找准索赔对象。国际货物买卖涉及许多当事人，索赔的对象即责任方可能不仅限于买卖双方，还会涉及其他如承运人、保险公司等当事人。

属于国外发货人造成的有关品质、规格等责任事故，保险公司不负赔偿责任，而应由收货人根据商检机构出具的公证检验书，直接向发货人提出索赔。属于承运人责任范围内的损失，收货人可根据不同运输方式的规定，向承运人或其代理人提出索赔。还有些不能向船公司或保险公司索赔的货损，应由发货人负责。在这种情景下，买方应将实情告知对方，共同商讨后采用协商方法解决问题。

10.3　出口合同的履行

备货、落实信用证、安排装运、制单结汇、出口核销与出口退税、出口业务善后处理。

10.3.1　备货

根据《联合国国际货物销售合同公约》的规定，卖方的基本义务是按合同的规定交付货物、移交与货物有关的各项单据及转移货物的所有权。安排好货物是卖方按时、按质、按量履行合同的前提条件。

在备货中应注意以下几点：

1. 货物的品质、规格必须与出口合同的规定一致

卖方所交货物的品质既不能低于也不宜高于合同规定，这两种情况均构成违约。同时，货物品质要能够通过相关国家的技术生态标准，能够适用于同一规格货物通常使用的目的和在订立合同时买方通知的特定目的。

2. 货物的数量、包装和唛头必须与出口合同规定的一致

卖方备货的数量应留有余地，否则对货物数量的短交与超交，均要承担一定的法律责任。如约定可以溢短装百分之若干时，则根据具体情况满足需要。此外，包装上的缺陷有可能拿不到清洁提单，从而造成收汇上的困难。如果发现包装不良，要及时整修或

调换，在包装的明显部位要按约定的唛头式样刷制唛头。

3. 货物备妥时间要与信用证装运期限相衔接

为了避免货物等船或是船等货物的局面，卖方所备货物要严格按照合同和信用证规定的装运期限进行安排。需要注意的是，卖方在落实了信用证及其各项条款之后，才能安排货物生产、备货等相关事宜。而在时间掌握上，一般还应留有适当余地。

4. 货物必须是第三方不能提出任何权利或要求的

卖方对货物要有完全的所有权并不得侵犯他人权利。所备货物必须是第三方不能根据工业产权或其他知识产权主张任何权利或要求的货物。

10.3.2 落实信用证

信用证是开证行和卖方之间的契约。落实信用证主要包括催证、审证、改证三项内容。

1. 催证

按时开立信用证是买方的一项基本义务。但是在实际业务中，由于种种原因买方不能按时开证的情况时有发生。因此，卖方在必要时应提请对方按约定时间办理开证手续，以利于合同的履行。在催证函中，应当陈述合同规定的开证时间、备货与装运所需时间，并向其阐明在合同规定的期限内，买方未及时开证将被视为违法合同规定将构成违约，卖方有权要求赔偿。如卖方不希望因此而中断交易，则可在保留索赔权的前提下催促对方开证。

2. 审证

买方开来的信用证应该与合同一致，否则卖方将难以提交符合信用证要求的单据，失去银行所提供的信用保证。为了避免不必要的损失，卖方应对信用证进行认真审核。其审核内容包括：开证行的资信状况、信用证的性质、单据的规定、信用证的主要条款如金额、币种、付款期限等。

3. 改证

在审证过程中如发现信用证内容与合同规定不符，应作出妥善处理。一般情况下，出口方发现了不能接受的条款，应及时提请开证人修改，在尚未收到银行修改信用证通知条件下，不要轻易装运货物，以免发生货物已装出，信用证的内容却未修改，造成银行的拒付。根据《跟单信用证统一惯例》规定，对同一修改通知书内容只能全部接受或拒绝，不能只接受其中一部分而拒绝另一部分。

10.3.3 安排装运

安排货物装运涉及很多的工作环节。以 CIF、CFR 贸易术语出口，则出口方应及时做好托运、投保、报关、装运与发出装运通知等工作。

1. 托运

以 CIF、CFR 条件成交的合同由出口方办理租船订舱。我国外贸企业通常委托货运代理机构办理出口货物的租船订舱，这些代理机构需要填制托运单。托运单是托运人根据合同和信用证条款内容，填写的向船公司或其代理人办理货物托运的单据，船方根据托运单内容，并结合航线、船期和舱位情况，如认为可以承运，即在托运单上签字。这样，订舱手续即告完成。

2. 投保

按 CIF 成交的出口合同，在货物装船前，出口方应及时向保险公司办理投保手续。我国的出口货物保险多采用逐笔投保方式。投保人需先填写"运输险投保单"，将保险金额、运输路线、运输工具、开航日期、投保险别等一一列明。保险公司承保后，向投保人发承保回执，列明保单号码、保单日期并向其收取保险费。卖方凭承保回执缮制保险单并将其送交保险公司确认签署。在保险单证出具后，投保人如果发现投保内容有错漏或需变更，要向保险公司及时提出修改意见。

3. 报关

出口货物在装船出运前，应向海关办理出口报关手续。出口货物的发货人或其代理人应在装货前 24 小时之前向运输工具所在地或出境地海关申报出口。出口货物报关时必须填写出口货物报关单，必要时还需要提供出口合同副本、发票、装箱单、重量单、商品检验证书，以及其他有关证件。海关接受申报后，进行计算机预录入，打印出三份出口货物报关单，经过审核单据、查验货物、办理征税、结关放行等步骤，海关即在装货单上盖章放行，方可装船出运。

4. 装运

装运时间是买卖合同的主要交易条件，卖方必须严格按照规定时间装运货物。装船前，卖方或货运代理凭盖有海关放行章的装货单与港方仓库、货场及理货人员办妥交接手续，以便分清货、港、船三方的责任。装运港一般由出口方提出，经进口方同意后确定；目的港则由进口方提出，经出口方同意后确定。装运港或目的港的规定要求明确具体，不能接受内陆城市为装运港或目的港；可以规定装运港和目的港的选择港，但是其规定的数量不宜过多并且要在同一条航线上。

5. 装运通知的发送

在采用租船运输大宗货物的情况下，为明确买卖双方的责任，促使买卖双方互相配合，卖方要及时向买方发出装运通知，以便共同做好船货衔接工作。卖方发出的装船通知的内容包括信用证或销售合同号码、品名、数量、重量、金额、船名、装运日期等。

若是按 FOB、CFR 贸易术语条件成交的出口合同，买方应按约定的时间将船名、船期等通知卖方便于其安排交货，而卖方装船后要及时通知买方以便其办理保险。

10.3.4 制单结汇

完成装运后，出口企业应根据合同和信用证的规定缮制全套单据，在信用证规定的交单日期之内，递交银行办理结汇手续。

1. 结汇单据

结汇单据有很多。在制单工作中，必须十分认真细致，制作的单据应该是正确、完整、整洁和简明，做到单证一致、单单一致，以便及时安全地收汇。常用的出口单据有：汇票、发票、运输单据、保险单据、产地证明书、商检证书、包装单据、其他单据。

2. 交单结汇

交单是指出口商在规定时间内向银行提交信用证规定的全套单据，在银行审核单据合格后，根据信用证规定的汇付条件，由银行办理出口结汇。

交单应注意以下几个方面的问题：一是单据的种类、分数要与信用证的规定相符；二是单据内容必须正确；三是必须在信用证规定的交单期与有效期至内交单。

目前我国出口结汇的办法有三种：

（1）收妥结汇。又称"先收后结"，即议付行收到受益人的单据后，经审查无误，将单据寄交国外付款行索取货款，待收到付款行将货款拨入议付行账户时，再按当日外汇牌价折成人民币拨入出口企业账户。

（2）定期结汇。定期结汇是指出口地银行向国外付款行索偿所需时间，预先确定一个固定的结汇期限，到期后主动将应收货款折成人民币拨交受益人。

（3）押汇。又称"买单结汇"，指议付行在审单无误的情况下，按照信用证条款买入受益人的汇票和单据，从票面金额中扣除从议付日至估计收到票款之日的利息，将余款按议付日外汇牌价折成人民币计入受益人账户。押汇的货运单据必须有保险单，否则银行不会接受押汇。买单结汇实际上是银行给予受益人提供的一种资金融通，可以加速资金周转，扩大出口业务。

10.3.5 出口核销与出口退税

1. 出口收汇核销

出口收汇核销，是指出口单位将货物装运出口并在规定时间内（一般为 3 个月）如数收汇后，凭相关单据向国家外汇管理局申请"注销"并获得核准的过程。国家实行出口收汇核销制度的主要目的就是为了防止外贸企业的"逃汇"行为。核销需要的主要单据有出口货物报关单、出口收汇核销单、银行出口结汇水单、商业发票、增值税专用发票等。

2. 出口退税

出口货物退（免）税，简称出口退税，其基本含义是在国际贸易业务中，对报关出口的货物退还或免征在国内各个生产环节和流通环节按税法规定缴纳的增值税和消费税，即对出口货物实行零税率或低税率。

它是国际贸易中通常采用的并被各国所接受的税收措施，目的在于鼓励各国出口货物公平竞争。

享受退（免）税的货物出口贸易方式大致有：一般贸易、进料加工贸易、易货贸易、补偿贸易、小额边境贸易、境外带料加工贸易、寄售代销贸易等。

享受退（免）税的出口货物一般需具有以下四个条件：

（1）必须是术语增值税、消费税征税范围的货物。

（2）必须是报关离境的货物。

（3）必须是在财务上做销售处理的货物。

（4）必须是出口收汇并已核销的货物。

◎ 案例分析

我国某进出口公司向外国某客户销售某商品，不久我方接到外商发盘，有效期至 7 月 22 日。我方于 7 月 24 日用电传表示接受对方的发盘，但对方一直没有音讯。后期，因该商品供求关系发生变化，市价上涨，8 月 26 日对方突然来电要求我方必须在 8 月 28 日前将货发出，否则，我方要承担违约的法律责任。

请问：

我方是否应该发货？为什么？

◎ 复习思考题

1. 何谓发盘？构成发盘需要具备哪些条件？《联合国国际货物销售合同公约》关于发盘的撤销问题是怎样规定的？

2. 何谓接受？构成接受应当具备哪些条件？《联合国国际货物销售合同公约》对于其接受以及接受的撤回与修改问题分别有何规定？

3. 履行出口合同包括哪些基本程序？

4. 在出口业务中，如何处理信用证条款与买卖合同条款不一致的问题？

■■ 第 *11* 章 ━━━━━━━━━━━━━━
出口收汇核销和退税

◎ **本章要点**

通过对本章的学习，加深对出口退税政策的了解，了解计税依据的确定和退税的使用范围，掌握出口退税的计算方法点。

11.1 出口收汇核销

11.1.1 出口收汇核销的概念

出口收汇核销：指国家外汇管理部门根据国家外汇管制的要求，对出口单位的出口货物实施跟踪监管直到货款收回进行核销的一种事后监管制度。

出口收汇核销制度，是国家为加强出口收汇管理，确保国家外汇收入，防止外汇流失，国家指定的外汇管理部门对出口企业贸易项下的外汇收入情况进行监督检查的一项制度。它通过建立对企业出口、报关、收汇整个全过程实行跟踪的监测系统，以出口收汇核销单主线，对每一笔出口货物凭出口货物报关单进行跟踪监督，以结汇水单/收账通知出口收汇核销联逐笔核对注销，从而保证出口货款收回或按规定使用。实行出口收汇核销制度，不仅可以提高出口收汇率，加快结汇速度，而且严格结汇制度，有力地配合有关主管部门对出口贸易的管理。

11.1.2 出口收汇核销的一般规定

1. 出口收汇核销制度的法规

现行国家出口收汇核销的法规主要有：

（1）为进一步完善出口收汇核销管理，提高监管和服务工作的效率，促进我国对外贸易发展，2003 年 8 月 5 日，国家外汇管理局发布了新的《出口收汇核销管理办法》（以下简称《办法》）。

（2）确保贯彻执行《办法》的有关规定，规范各级外汇管理局和外汇指定银行办理出口收汇核销业务的操作，方便出口单位办理出口收汇核销手续，国家外汇管理局制定了《出口收汇核销管理办法实施细则》（以下简称《细则》）和《出口收汇核销管理操作规程》（以下简称《规程》）。

2. 出口收汇核销的特点

（1）以核销单为核心的管理办法

外汇管理部门的出口收汇核销管理贯穿于发放和收回核销单并办理核销的全过程之中，出口单位凭核销单及其附件办理报关或委托报关和有关核销手续。海关见核销单受理有关出口货物的验讫手续。出口退关时，海关在核销单上签注意见并盖章。

（2）实行先收汇后核销的方法

出口收汇核销手续是在货物出口后，并且及时收汇或明确"去向"后，方可受理。换言之，出口单位除事先需向外汇管理部门领取一定数量的核销单外，出口货物能否报关，何时报关无须也不应经外汇管理部门认可。但收汇或明确"去向"后，办理核销手续，确能起到促进收汇、便于核销、避免麻烦的作用。

（3）以全方位为范畴

一方面覆盖面广，出口收汇核销在全国各地贯彻执行；另一方面涉及点多，核销业务涉及所有的出口单位、外运、海关、金融机构、外汇管理部门诸方面和渗透在货物出口、货款收妥或实物进口或明确"去向"的全过程。

（4）以提高收汇率为宗旨

出口收汇核销制度，通过核销单的发放和出口单位不同，报关地点不一，规定了不同的交回核销单的时间以及对不同的出口地区的贸易方式和结算方式，明确了不同的最迟日期和相同的核销工作日等办理核销环节，来全面、准确地掌握出口收汇实绩，并及时、有效地促进安全收汇、催促逾期收汇。

3. 出口收汇核销的对象、原则及其范围

（1）出口收汇核销的对象

指经商务部及其授权单位批准有经营出口业务的公司、有对外贸易经营权的企业和外商投资企业。

（2）出口收汇核销的原则

属地管理原则，由出口单位向其注册所在地的外汇管理部门申领核销单，一般说来，在何地申领的核销单，就由何地办理核销。

谁"单"谁用原则，谁申领的核销单就由谁用，不得相互借用，核销单的交回核销或作废遗失、注销手续也由原领用该核销单的出口单位向其所在地的外汇管理部门办理。

领用衔接原则，多用多发、不用不发——续发核销单的份数与已用核销单及其已核销情况和预计出口用单的增减量相"呼应"。

单单对应原则，原则一份核销单对就一份报关单；报关单、核销单、发票、汇票副

本上的有关栏目的内容应相一致，如有变动，应附有关更改单或凭证。

（3）出口收汇核销的范围

除经批准外，一切出口贸易项下的均应办理出口核销手续，它可分为收汇贸易、不收汇贸易和其他贸易三大类。收汇贸易包括一般贸易、进料加工、来料加工、来料装配、有价样品；不收汇贸易包括易货贸易、补偿贸易（实物补偿）、实物投资、记账贸易；其他贸易包括寄售、出境展销（览）、承包工程等，收款和不收款或自用、损耗、赠送、出售、退还兼有的贸易。已经批准，不凭核销单报关，无须办理核销手续的范围有援外项目物资、对外实物捐赠、暂时出口、无价样品、广告品及旅游者自带一万美元以下纪念品、工艺品出境的。

11.1.3 出口收汇核销的业务流程

1. 申领空白核销单

根据新的规定，出口单位办理核销备案登记时，应当向外汇管理局提供下列材料：

（1）单位介绍信、申请书。

（2）中华人民共和国进出口企业资格证书或中华人民共和国外商投资企业批准证书或中华人民共和国台港澳侨投资企业批准证书正本及复印件。

（3）企业法人营业执照（副本）或企业营业执照（副本）及复印件。

（4）中华人民共和国组织机构代码证正本及复印件。

（5）海关注册登记证明书正本及复印件。

（6）外汇管理局要求提供的其他材料。

出口单位初次领单时，应审核出口单位核销员证、"中国电子口岸出口收汇系统"企业操作员 IC 卡、出口合同复印件；出口单位续领单时，应审核出口单位核销员证、"中国电子口岸出口收汇系统"企业操作员 IC 卡。

外汇管理局对上述材料审核无误后为出口单位办理登记手续，并根据出口单位的出口收汇核销考核等级和日常业务经营状况调整发单数量，对出口收汇核销考核中被评定为"出口收汇荣誉企业"和"出口收汇达标企业"实行按需发单，对"出口收汇风险企业"和"出口收汇高风险企业"以及其他严重违反外汇管理规定的出口单位应控制发单。

2. 提交核销单报关出运

出口单位在办理出口货物报关前，确定出口报关口岸，登录"中国电子口岸"，录入拟从该口岸报关的核销单号码，进行网上备案。缮制报关单据，填妥纸质核销单的相关内容，向出口口岸海关办理货物出口报关手续。

3. 海关验讫签退核销单

海关受理出口单位报关后，核对"中国电子口岸"上的核销单号码，在核销单

"出口退税专业联"签注出口货物名称、数量及总价，并在"海关签注栏"加盖验讫章后，将核销单退给出口单位。

4. 向外汇指定银行交单议付或托收

货物出运后，出口单位缮制结汇文件并向外汇指定银行交单议付或托收。

5. 申报收汇信息

外汇指定银行收汇后，制作结汇水单，并在结汇水单上注明核销单号码和国际收支申报号码。同时，通过"国际收支统计申报系统"进行电子数据传输，向外汇管理部门申报出口企业收汇情况。外汇指定银行根据实际收汇情况，签退上述申报第三联交出口企业，第二联银行留底，第一联交外汇管理部门。

6. 收汇核销

出口单位应当在收到外汇之日起 30 天内凭核销单、报关单及银行出具的"出口收汇核销专用联"到外汇管理局办理出口收汇核销。外汇管理部门通过"出口收汇核报系统"及其他相关系统核对出口单位申报数据的真实性。经审核无误后，外汇管理部门在核销单"外管局签注栏"上加盖"出口收汇已核销"印章并将核销单退税联退还给出口企业。

7. 出口收汇核销时限

需注意，即期收汇项下应当在货物报关出口后 180 天内收汇，远期收汇项下应在远期备案的收汇期限内收汇。对预计收汇日期超过报关日期 180 天以上（含 180 天）的，出口单位应当在货物出口报关后 60 天内凭远期备案书面申请、远期收汇出口合同或协议、核销单、报关单及其他相关材料向外汇局办理远期收汇备案。出口单位出口货物后，应当在预计收汇日期起 30 天内，持规定的核销凭证集中或逐笔向外汇局进行出口收汇核销报告。

11.1.4　出口收汇差额核销

1. 出口收汇差额核销的含义

出口收汇差额是指出口企业货物出口后应收汇与实际收汇之间的差额。对收汇差额，企业应当向国家外汇管理局分支局（以下简称外汇局）申请办理差额核销。

企业单笔出口少收汇不超过等值 500 美元（含 500 美元），或者多收汇不超过等值 2000 美元（含 2000 美元）的，或者由于外汇折算率变动产生收汇差额的，无须提供证明收汇差额真实性的有关凭证即可办理差额核销。

企业单笔出口少收汇超过等值 500 美元，或者多收汇超过等值 2000 美元的，应当按规定办理差额核销报告手续。实行批次核销的，可以按核销单每笔平均计算出口收汇差额。

2. 办理差额核销报告所需材料

出口单位办理差额核销报告时除需提交正常核销所需凭证外，还应当提供法人代表签字并加盖单位公章的差额原因说明函以及下列有关证明材料：

（1）因国外商品市场行情变动产生差额的，提供有关商会出具的证明或有关交易所行情报价资料。

（2）因出口商品质量原因产生差额的，提供进口商的有关函件和进口国商检机构的证明；由于客观原因无法提供进口国商检机构证明的，提供进口商的检验报告、相关证明材料和出口单位书面保证函。

（3）因动物及鲜活产品变质、腐烂、非正常死亡或损耗产生差额的，提供进口商的有关函件和进口国商检机构的证明；由于客观原因确实无法提供商检证明的，提供进口商有关函件、相关证明材料和出口单位书面保证函。

（4）因自然灾害、战争等不可抗力因素产生差额的，提供报刊等新闻媒体的报道材料或我国驻进口国使领馆商务处出具的证明。

（5）因进口商破产、关闭、解散产生差额的，提供报刊等新闻媒体的报道材料或我国驻进口国使领馆商务处出具的证明。

（6）因进口国货币汇率变动产生差额的，提供报刊等新闻媒体刊登或外汇局公布的汇率资料。

（7）因溢短装产生差额的，提供提单或其他正式货运单证等商业单证。

（8）因其他原因产生差额的，提供外汇局认可的有效凭证。

对上述收汇差额，由外汇局核销人员审核有关凭证的真实性，并经授权签字人审核签字后，可以办理差额核销；如果是由于其他原因造成收汇差额的，则需提供外汇局认可的有效凭证，办理差额核销。

外汇管理局办理完差额核销手续后在出口收汇核销单退税专用联上签注净收汇额、币种、日期，并加盖"已核销章"退还企业，同时留存全套单据。

11.1.5 出口收汇核销单的内容及填制说明

"出口外汇核销单"是由国家外汇管理部门对出口企业按国家规定进行外汇监管而出具的有统一编号和使用期限的凭证。它是出口企业办理报关、收汇、核销以及退税的依据。出口收汇核销单分为存根、正联、退税联三联。第一联为出口企业存根联，第二联为外管局存根联，第三联为出口退税联。各部分填写方法是：

1. 企业存根联

（1）编号。应与出口报关单的编号一致。

（2）出口单位。注明合同的出口方全称，并加盖公章，应与出口货物报关单、发票同项内容一致。

（3）单位代码。填写领取核销单的单位在外汇管理局备案的号码（9 位数）。

（4）出口币种总价。此栏填写出口成交货物总价及使用币种。一般情况下，须与报关单一致。溢短装出口时，可以不一致，但须提供该笔出口的货运提单副本（提单上有实际出口的数量和重量，根据发票或报关单上的单价与提单上的重量或数量相乘，即可得出实际出口的总金额）。

（5）收汇方式。按照合同的规定填写收汇方式，如信用证、托收、汇付等。

（6）预计收款日期。根据具体的收汇方式，推算出可收到汇款的日期并填入此栏。

即期信用证和即期托收项下的货款，从寄单之日起，近洋地区（中国香港和澳门）20 天内，远洋地区（中国香港和澳门以外的地区）30 天内结汇或收账。如：2010 年 6 月 1 日寄单，预计收款日期即应填写 2010 年 6 月 21 日。

远期信用证和远期托收项下货款，从汇票规定的付款日起，中国港澳地区 30 天内，远洋地区 40 天内结汇或收账。如中国港澳地区，预计收款日期为寄单日期加上邮程日期加上汇票规定的远期天数加上 30 天。如寄单日期为 2009 年 6 月 1 日，汇票为远期 180 天，则预计收款日期应为 2009 年 6 月 1 日+10 天+180 天+30 天，则为 2001 年 1 月 8 日。

（7）报关日期：按海关放行日期填写。

（8）备注：填写出口单位就该核销单项下需说明的事项。如北京甲进出口公司代广西乙进出口公司出口，收汇后，原币划转广西进出口公司，则该事项连同该受托公司的联系地址和电话应批注在备注栏内并加盖批注单位的公章。

2. 正联（外汇管理局存根联）

（1）出口单位：同存根。

（2）单位代码：同存根。

（3）银行签注栏：由银行填写商品的类别号、货币名称和金额，注明日期，并加盖公章。

（4）海关签注栏：海关验放行该核销单项下的出口货物后，在该栏目内加盖"放行"或"验讫"章，并填写放行日期。如遇退关，海关需在该栏目加盖有关更正章。

（5）外汇管理局签注栏。由外汇管理部门将核销单、报关单、发票等配对审核无误后，在该栏内签注意见，并由核销人员签字，加盖"已核销"章。

3. 退税联

（1）编号：同存根。

（2）出口单位：同存根。

（3）单位代码：同存根。

（4）货物名称：同报关单。

（5）出口数量：同报关单。

（6）币种总价：同存根。

（7）报关单编号：按报关单左上角号码填写。

（8）外汇管理局签注栏：同正联。

11.2 出 口 退 税

11.2.1 出口退税的概念

出口退税：指对出口货物退还或免征增值税、消费税的一项税收政策，是将出口货物在国内生产和流通领域过程中缴纳的间接税退还给出口企业，使出口商品以不含税的价格进入国际市场。

出口退税的货物一般应具备以下 5 个条件：

1. 必须属于已征或应征增值税、消费税的产品；

2. 必须报关离境；

3. 必须从境外收汇；

4. 必须有退税权的企业出口的货物；

5. 必须在财务上作出口销售。

出口退税的企业包括外贸企业（含工贸企业）、工业企业和特定出口退税企业。特定出口退税企业出口退税方法与外贸企业基本相同。

采用出口退税的方法使出口产品以不含税进入国际市场，加强了其市场竞争力，有助于扩大产品出口。目前出口退税已成为各国政府普遍采用的国际惯例，它体现了自由竞争、公平税负，不将本国税收转嫁给他国消费者的课税原则。

企业以不含税价格参与国际市场竞争是国际上的通行做法，目的是增强本国产品在国际市场上的竞争力。WTO 附件 9《注释和补充规定》第 16 条规定："免征某项出口产品的关税，免征相同产品供内销时必须交纳的国内税，或退还与所缴纳数量相当的关税或国内税，不能视为一种补贴。"我国鼓励货物出口，按增值税条例暂行规定，实行出口货物生产率为零的优惠政策。

11.2.2 出口退税的一般规定

1. 出口退税的企业范围

（1）有进出口经营权的外贸企业，含外贸总公司和到异地设立的经商务部批准的有进出口经营权的独立核算的分支机构。

（2）经商务部及授权单位批准的有进出口经营权的自营生产企业和生产型企业集团公司以及经省级商务部门批准实行自营进出口权登记的国有、集体生产企业。

（3）外商投资企业：包括 1994 年 1 月 1 日后批准设立的外商投资企业；1993 年 12 月 31 日前设立的外商投资企业在 1994 年 1 月 1 日后新上生产项目，并且亲自生产的货物能单独核算的，1993 年 12 月 31 日前成立的外商投资企业，自 1999 年 11 月 1 日起，其出口货物除继续要求实行免税方法以外的企业（这类企业从 2001 年 1 月 1 日起，实行退（免）税办法）。外商投资企业在规定退税投资总额内且在 1999 年 9 月 1 日以后以外币采购的国产设备也享受退税政策。

（4）委托外贸企业代理出口的企业。有进出口权的外贸企业委托外贸企业代理出口的货物，无进出口经营权的内资生产企业委托外贸企业代理出口的自产货物，也可办理退税。

（5）其他特定退税企业：将货物运出境外用于对外承包项目的对外承包工程公司，对外承接修理修配业务的企业，将货物销售给外轮及远洋国轮而收取外汇的外轮供应公司和远洋运输供应公司，在国内采购货物并运往境外作为国外投资的企业，利用外国政府贷款通过国际招标机电产品中标的企业，利用中国政府的援外贷款和合资合作项目基金方式出口货物的企业，境外来料加工装配业务所使用的出境设备和原材料及散件的企业，按国家规定计划向加工地区出口企业销售"以产顶进"钢材的列名钢铁企业，国家旅游局所属中国免税品公司统一管理的出境口岸免税店，贵重货物指定退税企业，对外进行补偿贸易项目、易货贸易项目以及对港、澳、台贸易而享受退税的企业。

（6）对出口企业实行出口登记的其他企业。

2. 出口货物准予退（免）税的范围

准予退（免）税的出口货物，除另有规定者外，必须同时具备以下 4 个条件：

（1）必须是增值税、消费税征收范围内的货物

（增值税、消费税的征收范围，包括除直接向农业生产者收购的免税农产品以外的所有增值税应税货物，以及烟、酒、化妆品等 11 类列举征收消费税的消费品。之所以必须具备这一条件，是因为出口货物退（免）税只能对已经征收过增值税、消费税的货物退还或免征其已纳税额和应纳税额。未征收增值税、消费税的货物（包括国家规定免税的货物）不能退税，以充分体现"未征不退"的原则。

（2）必须是报关离境出口的货物

（所谓出口，即输出关口，它包括自营出口和委托代理出口两种形式。区别货物是否报关离境出口，是确定货物是否属于退（免）税范围的主要标准之一。凡在国内销售、不报关离境的货物，除另有规定者外，不论出口企业是以外汇还是以人民币结算，也不论出口企业在财务上如何处理，均不得视为出口货物予以退税。对在境内销售收取外汇的货物，如宾馆、饭店等收取外汇的货物等，因其不符合离境出口条件，均不能给予退（免）税。

（3）必须是已收汇并经核销的货物

（按照现行规定，出口企业申请办理退（免）税的出口货物，必须是已收外汇并经外汇管理部门核销的货物。一般情况下，出口企业向税务机关申请办理退（免）税的货物，必须同时具备以上 4 个条件。但是，生产企业（包括有进出口经营权的生产企

业、委托外贸企业代理出口的生产企业、外商投资企业，下同）申请办理出口货物退
（免）税时必须增加一个条件，即申请退（免）税的货物必须是生产企业的自产货物
（外商投资企业经省级商务主管部门批准收购出口的货物除外）。

（4）必须是在财务上作出口销售处理的货物

出口货物只有在财务上作出口销售处理后，才能办理退（免）税。也就是说，出
口退（免）税的规定只适用于贸易性的出口货物，而对非贸易性的出口货物，如捐赠
的礼品、在国内个人购买并自带出境的货物（另有规定者除外）、样品、展品、邮寄品
等，因其一般在财务上不作销售处理，故按照现行规定不能退（免）税。

同时，国家也明确规定了少数出口产品即使具备上述条件，也不予以退税。其出口
货物主要有：出口的原油，国家禁止出口的产品，出口企业收购出口外商投资的产品，
来料加工、来料装配的出口产品，军需工厂销售给军队系统的出口产品，军工系统出口
的企业产品，齐鲁、扬子、大庆三大乙烯工程生产的产品等。

11.2.3　出口货物退税的方法

1. 出口货物退（免）增值税的方法

现行出口货物增值税的退（免）税办法主要有 5 种：

（1）退税，即对本环节增值部分免税，进项税额退税；主要是适用于外贸企业和
实行外贸企业财务制度的工贸企业、企业集团等。

（2）对销项税额先征后退，即"先征后退"办法；主要适用于有进出口经营权的
生产企业和 1994 年 1 月 1 日以后批准设立的外商投资企业。

（3）对本环节增值部分免税，进项税额准予抵扣的部分在内销货物的应纳税额中
抵扣，不足抵扣的部分实行退税，即"免、抵、退"办法。

（4）对本环节增值部分免税，进项税额准予抵扣的部分在内销货物的应纳税额中
抵扣即"免、抵"税办法；适用于国家列名的钢铁企业销售"以产顶进"钢材。

（5）免税，对出口货物免征增值税和消费税。适用于来料加工等贸易形式和出口
有单项特殊规定的指定货物，如卷烟等。对按国家统一规定免税的货物，不论是否出口
销售一律给予免税，如出口企业直接收购农业生产者销售的自产农产品、古旧图书等，
这类货物在国内生产、流通环节均已免税，因此出口后也不再退税。

2. 出口货物退（免）消费税的方法

现行出口货物消费税，除规定不退税的应税消费品外，分别采取免征生产环节消费
税，"先征后退"和退税三种办法。即一是对有进出口经营权的生产企业直接出口或委
托外贸企业代理出口的应税消费品，一律免征消费税；二是对没有进出口经营权的其他
生产企业委托出口的应税消费品，实行"先征后退"的办法；三是对外贸企业收购后
出口的应税消费品实行退税。

11.2.4 出口退税的业务流程

1. 申请出口退税登记

（1）有关证件的送验及登记表的领取

企业在取得有关部门批准其经营出口产品业务的文件和工商行政管理部门核发的工商登记证明后，应于 30 日内办理出口企业退税登记。

（2）退税登记的申报和受理

企业领到出口企业退税登记表后，即按登记表及有关要求填写，加盖企业公章和有关人员印章后，连同出口产品经营权批准文件、工商登记证明等证明资料一起报送税务机关，税务机关经审核无误后，即受理登记。

（3）填发出口退税登记证

税务机关接到企业的正式申请，经审核无误并按规定的程序批准后，核发给企业出口企业退税登记证。

（4）出口退税登记的变更或注销

当企业经营状况发生变化或某些退税政策发生变动时，应根据实际需要变更或注销退税登记。

2. 出口退税申报

（1）核对海关电子信息

出口企业收到海关签退的出口货物报关单后，通过电子"中国电子口岸"核对海关报关单电子信息。如发现商品代码、出口数量等与纸质报关单不一致，由出口企业提出申请，退税机关向海关发函核实有关情况后按相关规定办理。

（2）备妥出口退税单证

出口企业根据内部业务分工，协调各部门备妥相关单证，并指定专人进行单证的审核。需要的出口退税单证如下：

①报关单：报关单是货物进口或出口时进出口企业向海关办理申报手续，以便海关凭此查验和验放而填具的单据。

②出口销售发票：这是出口企业根据与出口购货方签订的销售合同填开的单证，是外商购货的主要凭证，也是出口企业财会部门凭此记账作出口产品销售收入的依据。

③进货发票：提供进货发票主要是为了确定出口产品的供货单位、产品名称、计量单位、数量，是否生产企业的销售价格，以便划分和计算确定其进货费用等。

④结汇水单或收汇通知书。

⑤属于生产企业直接出口或委托出口自制产品，凡以到岸价 CIF 结算的，还应附送出口货物运单和出口保险单。

⑥有进料加工复出口产品业务的企业，还应向税务机关报送进口料件的合同编号、日期、进口料件名称、数量、复出口产品名称，进料成本金额和实纳各种税金等。

⑦产品征税证明。

⑧经外汇管理部门核销并签章的出口收汇核销单。

⑨与出口退税有关的其他材料。

（3）出口货物退税申报

出口货物报关单上一般有出口日期、申报日期、填制日期、放行日期等四个日期，企业确定出口货物的申报日期以报关单右下角海关签发的验讫放行日期为准。一般为该放行日期90天内收齐退税单据并办理申报手续，逾期未申报的，主管部门不再受理该货物的退税申请。

（4）定期审核、审批出口退税

主管出口退税的部门收到经商务主管部门查核的退税申请资料后，安排退税资金，根据审核结果将出口退税资金划转出口企业。

3. 生产企业"免、抵、退"税申报

生产企业"免、抵、退"税计算申报比较复杂，在日常操作中，出口企业必须特别注意在相应申报时严格按规定程序进行：

（1）生产企业在货物报关出口后应及时与"电子口岸"出口退税子系统的出口货物报关单（退税）证明联电子数据进行核对后报送，并按照现行会计制度的规定在财务上做销售。

（2）生产企业向主管征税机关"预免抵"申报。生产企业在规定的增值税纳税申报期内进行增值税纳税申报的同时进行"免、抵、退"税"预免、预抵"申报。

（3）出口企业在收齐办理"免、抵、退"税所需的法定凭证后，将收齐的出口货物报关单（出口退税联）、出口收汇核销单（出口退税联）、出口货物销售发票（退税联）等纸质单证有关数据录入生产企业出口退（免）税电子申报系统生成预申报电子数据或软盘，通过网络或人工报送国税退税部门进行预申报。

（4）预申报通过后，生产企业应在规定的申报期限内通过出口退税申报系统生成打印正式申报报表数据，并将其通过网络报送国税退税部门；然后持规定资料到国税退税部门办理正式退税申报手续。

4. 出口货物退（免）税申报时限

出口企业在办理出口退税时，应注意四个申报时限规定：

一是"30天"。外贸企业购进出口货物后，应及时向供货企业索取增值税专用发票或普通发票，属于防伪税控增值税发票，必须在开票之日起30天内办理认证手续。

二是"90天"。出口企业应在货物报关出口之日（以出口货物报关单"出口退税专用"上注明的出口日期为准）起90日内，向退税部门申报办理出口货物退（免）税手续。逾期不申报的，除另有规定者和确有特殊原因经地市级以上税务机关批准者外，不再受理该笔出口货物的退（免）税申报。

三是"180天"。出口企业必须在货物报关出口之日（以出口货物报关单"出口退

税专用"上注明的出口日期为准）起 180 天内，向所在地主管退税部门提供出口收汇核销单（远期收汇除外）。

四是"3 个月"。出口企业出口货物纸质退税凭证丢失或内容填写有误，按有关规定可以补办或更改的，出口企业可在申报期限内向退税部门提出延期办理出口货物退（免）税申报的申请，经批准后，可延期 3 个月申报。

11.2.5　出口退税的计算

准确地计算出口退税，必须正确地确定计税依据和适用退税率。

1. 计税依据和退税率

（1）出口退税的计税依据，是指按照出口货物适用退税率计算应退税额的计税金额或计税数量。

外贸企业出口货物退增值税的计税依据为出口产品购进金额。如果出口货物一次购进一票出口，可以直接从专用发票上取得；如果一次购进多票出口或多次购进多票出口，不能具体到哪一票业务时，可以用同一产品加权平均单价乘以实际出口数量计算得出。如果出口货物是委托加工产品，其退税计税依据为用于委托加工的原材料购进金额和支付的加工费金额。

外贸企业出口货物退消费税的计税依据为，出口消费税应税货物的购进金额或实际出口数量。可根据出口情况，从消费税缴款书中直接取得或计算得出。

（2）退税率

出口退税的退税率是，根据出口货物退税计税依据计算应退税款的比例。包括增值税退税率、消费税退税率或单位产品退税额。由于消费税退税率或单位产品退税额与征税完全相同，这里主要介绍增值税退税率。

1994 年税制改革后，我国出口产品的增值税退税率与征税税率是一致的，但在执行中发现存在少征多退、退税额增长速度远远大于征税增长速度，退税规模超出财政负担能力等问题。为了既支持外贸事业发展，又兼顾财政紧张的实际情况，国务院先后多次调整了出口货物的退税率。2007 年 7 月 1 日，为缓解我国外贸顺差过大带来的突出矛盾，优化出口商品结构，抑制"高耗能、高污染、资源性"产品的出口，促进外贸增长方式的转变和进出口贸易的平衡，财政部和国家税务总局调整了部分商品的出口退税政策。这次政策调整共涉及 2831 项商品，约占海关税则中全部商品总数的 37%。

2. 计算方法

准确地计算出口退税，必须掌握正确的计算方法。一般来说，出口货物应退税额等于计税依据乘以退税率，当期（次）应退税额等于当期（次）各出口货物应退税额的总和。但对进料加工复出口货物，由于进口料件给予了免税，因此应计算抵减部分退税额。有关计算公式如下：

（1）一般贸易、加工补偿贸易和易货贸易出口货物

$$应退税额 = 计税依据 × 适用退税率$$

（2）委托加工收回后出口的货物

$$应退税额 = 原材料金额 × 退税率 + 工缴费金额 × 14\%$$

（3）进料加工复出口货物

$$应退税额 = 计税依据 × 退税率 - 销售进口料件应抵减退税额$$

销售进口料件应抵减退税额 = 销售进口料件金额 × 退税率 - 海关对进口料件实征增值税税额

出口退税计算的关键是，正确确定出口货物的计税依据和退税率。对进料加工复出口货物的销售进口料件应抵减退税额，由于加工后的货物是分次出口的，核销期很长，很难具体确定哪一次出口货物该抵减多少退税额。因此，一般由主管出口退税的国税机关在开具"进料加工贸易申请表"后，从企业应退税款中扣除。

现行外贸企业出口货物应退增值税税额，依进项税额计算，具体计算公式为应退税额 = 出口货物数量 × 加权平均进价 × 退税率。其退税依据是外贸企业购进出口货物的进价。而生产企业自营（委托）出口应退的增值税是执行"免、抵、退"或"先征后退"(不管是执行"免、抵、退"还是"先征后退"，从增值税角度来看，对企业来讲，最终结果是一致的)，出口退税的税额取决于出口的离岸价销售收人及其进项税额。在日常税收管理中，大部分企业采用自营出口或委托外贸出口，自行办理出口退税的形式，也有部分企业是把货物销售给外贸出口，由外贸企业办理出口退税的形式。这两种形式由于在退税方面采用不同的退税方式，由此也产生了不同的结果。

附录：

表 11-1　出口收汇核销单　（存根）

编号：

出口单位（盖章）：
出口总价：
收汇方式：
预计收款日期：
报关日期：
出口单位备注： 1. 发票编号： 2. 合同（契约）编号 3. 其他

表 11-2 　　　　　出口收汇核销单
监制章
编号：

外汇指定银行结汇/收账情况：
我行已凭此单办理结汇/收账　　年　　月　　日
海关核放情况： 　　　　　　　　　　　　　　年　　月　　日
外汇管理局核销情况 　　　　　　　　　　　　　　年　　月　　日

表 11-3 　　　　　出口收汇核销单
监制章
出口退税专用
编号：

出口单位（盖章）：		
货物名称	货物数量	出口总价
报关单编号：		
外汇管理局核销情况： 　　　　　　　　　年　　月　　日（盖章）		

◎ 复习思考题

1. 何谓出口核销？出口核销的意义是什么？
2. 出口收汇核销的对象、原则及其范围分别是什么？
3. 何谓出口退税？出口退税的意义是什么？
4. 何谓退税率？退税率的计算方法是什么？

第 *12* 章
短期国际贸易融资

◎ **本章要点**

- 短期国际贸易融资的基本概念
- 短期国际贸易融资的主要特点及其作用
- 银行短期贸易融资的利息计算方式
- 银行对进口商的短期贸易融资产品
- 银行对出口商的短期贸易融资产品

12.1 短期国际贸易融资概述

作为国际贸易融资方式的一个类别，短期贸易融资是银行围绕国际贸易流程的各个环节，对进出口客户提供临时性资金融通的业务活动，在银行今天的国际业务中仍然占有重要地位。为了便于对贸易融资业务的认识和了解，本节首先就贸易融资的一般概念和分类进行分析，然后归纳短期国际贸易融资的特点及其作用，最后对短期国际贸易融资业务中涉及的利息计算予以说明。

12.1.1 国际贸易融资的概念及其分类

1. 国际贸易融资的概念

（1）融资定义

所谓融资（Financing）即为资金融通的简称，系指以一定的时间为周期，资金在其需求者与供给者之间所进行的一种融通交换活动，用以调剂彼此间的资金余缺，满足各自在生产经营或日常生活方面的需要。在市场经济条件下，资金流被喻为国民经济日常运行中所不可或缺的血脉，融资往往是通过专业性的金融中介机构来进行。资金所有者将其富余资金存放于金融机构，以取得一定时期的投资收益；资金短缺者通过向金融中介支付成本以拆得资金，及时满足其经营过程中对于资金的需求；而金融中介机构则通过提供与融资相关的业务活动，服务于各类客户并获取必要的收入。显然，以金融中介为核心，能将资金供求双方有效地联系在一起。

在现代金融市场上，专门提供融资服务的机构很多，如商业银行、证券公司、保险公司等。由于各类金融机构在融资活动中发挥着越来越重要的桥梁与纽带作用，因此，金融行业无疑成为一国国民经济中的战略部门和支柱产业。就世界范围而言，如果融资活动在两个及两个以上国家（地区）的主体之间进行时，就成为国际融资，可以视为国内融资活动的向往延伸。为了便于区分，一般将以传统商业银行信贷为媒介的融资活动称为间接融资，而以有价证券为载体的融资行为则称为直接融资。在金融全球化不断发展的今天，虽然金融脱媒和融资证券化的趋势变得日益明显，但商业银行依然扮演着不可替代的角色，各类融资活动的风险激增并且极易扩散。

（2）国际贸易融资的概念

从银行角度看，国际贸易融资（International Trade Financing）是指在国际贸易的进口或出口环节中，银行向进口商或出口商所提供的资金融通或信用便利，又称进出口贸易融资。有时在贸易往来过程中，人们将进出口商相互之间的资金融通也列入国际贸易融资的范畴，如出口商的赊销或进口商的预付款等。然而，进出口商彼此之间提供的融资实质上属于商业信用的范畴，并非当代国际贸易融资的主流方式，因此这里不做更多探讨，而将贸易融资定位于以银行为中介的业务活动。正是有了银行对国际贸易提供融资服务，不仅可以方便贸易双方债权债务的结算，也能确保交易的安全性与可靠性，继而推动国际贸易活动的不断深化和扩大。

为了解决国际贸易中买卖双方因时间及空间隔离而造成的沟通不畅、交易困难、缺乏信任、结算风险高等问题，以银行为主体来对从事跨国交易的厂商进行融资就成为必需，以便利贸易活动的开展。目前，国际贸易融资服务不仅在商业银行的各项业务中占有重要的地位，而且是主要国家官方信贷机构（如进出口银行）的首要对外业务活动，用以推动贷款提供国的出口贸易。此外，在经济全球化和一体化的大背景下，日益增长的国际贸易还推动了金融创新的发展。除了常见的各类银行传统信贷以外，与贸易活动相关的新型国际融资业务也在不断推出并得到迅速推广，如国际保理、福费廷、结构性贸易融资、供应链融资等（参见以后章节）。

2. 国际贸易融资分类

（1）按融资的期限划分，国际贸易融资可以分为短期贸易融资与中长期贸易融资。短期贸易融资一般是指由银行提供的期限在一年以内的融资活动，一般在 180 天以内，如下两节中将要介绍的开证授信、进口押汇、出口押汇等。而中长期贸易融资的期限则超过 1 年以上，例如以后章节将涉及的出口信贷或国际银团贷款等，有的甚至可以达到30 年或更长。

（2）按贷款对应的贸易流向划分，国际贸易融资可以分出口贸易融资和进口贸易融资。出口贸易融资是银行对出口商提供的贷款授信，出口商借此可向国外进口商提供先货后款的便利，以提高出口竞争力并且保证生产不间断进行，例如装运出口之前的打包放款、装运后的出口押汇等。而进口贸易融资是银行向进口商提供的资金融通，方便进口商付款取得货物，用以生产投入或转售，如短期融资中的担保提货、中长期的买方信贷等。

（3）按资金的来源划分，国际贸易融资可以分为私人银行融资和官方机构融资。私人银行融资主要是指国际性商业银行以其营运资金向贸易进出口方所提供的融资便利，商业银行的直接目的是为了盈利。而官方机构融资则是由政府部门或其支持的机构（如财政部、进出口银行、国际或地区性金融机构）为买方或卖方所提供的融资支持，其目的是为推动资金提供国的出口，维持彼此良好的经济政治关系。

12.1.2 短期国际贸易融资的特点及其作用

1. 短期国际贸易融资的特点

（1）以真实的国际交易为基础：与银行对一些虚拟性金融投机交易进行融资的本质差别在于，短期国际贸易融资尽管形式各有不同，但都是为实际发生的贸易行为及其结算支付提供资金融通，以便利世界各国（地区）贸易主体的货物或服务买卖活动，促进双方的业务往来。例如，银行通过对企业提供预付款授信，可以解决企业开工面临的资金瓶颈，服务实体经济活动，属于自偿性贸易融资（详见第十五章介绍），即借款人必须把将来获得的收入首先用于归还银行贷款，余款才为己所有。

（2）融资时效性强：对于贸易当事双方而言，短期国际贸易融资一般属于企业日常流动性资金的需求范畴，融资的时效性很强且期限短，均不会超过 1 年。例如，用于原材料、燃料、辅料、零部件、中间产品与半成品、日用消费品等商品货物的进出口，几乎都是短、平、快项目，企业要求资金能到位及时，而使用时的周转速度往往又很快，以确保生产过程的连续性，否则就会使正常的经营活动受到影响。

（3）银行容易授信：相对于大型成套机器设备的进出口贸易来说，由于短期国际贸易融资涉及的贸易商品的制造周期短，价值往往不高，因此，贸易买卖双方签订货物合同的交易总金额通常不大，品种较为单一并且频繁发生。例如，上面提到的日用品贸易，因需要银行提供的信贷额度往往有限，风险敞口相对容易跟踪和控制，所以在银行内部审批手续较为简化便捷，比较容易获得批准，属于银行的常规授信放款业务。

（4）资金安全性高：在上述自偿性、期限短、金额小的特征以外，加上银行在提供短期贸易信贷的过程中，可以通过抵押、质押或保证金等方式，有效地控制进出口货物的权属关系凭证或单据，而贷款本金往往到期一次性收回，借款人一般也有较为稳定的还款收入来源。一旦借款人无法按时还款时，银行可以对所掌控的借款人资产进行处置以收回债权，尽可能地避免自身的信贷损失。因此，短期贷款时银行承受的信贷风险就相对要小，当然其收益也要低于高风险的中长期贸易融资信贷。

（5）贷款条件简洁：既然短期贸易融资是为了便利贸易双方的交易，那么信贷协议中商定的具体融资条件通常由贸易合同的内容所决定，而不像中长期贸易信贷协议那样结构复杂，需要经过长时间的艰苦谈判才能达成。例如，贷款的额度一般按贸易合同的金额足额提供，融资期限取决于贸易的各环节及流程，但通常不超过 1 年，贷款货币比照贸易合同中的记价结算货币，利率往往是固定的，而贷款归还一般采用到期一次性偿付的方式。

（6）资金融通多与国际贸易结算相结合：国际贸易结算涉及进出口商之间债权债务的及时清算，有了银行短期信贷资金的支持，将使交易双方的钱货两清行为变得更为有效和安全。例如，银行在信用证项下提供的进口或出口押汇，银行基于托收结算方式而给予出口商买入票据的融资便利，承兑交单也是跟单托收方式下出口商对进口商的一种融资方式，等等。最具代表意义的就是国际保理，银行将短期融资、贸易结算、账户管理等服务加以综合应用，成为一种结构性的解决方案，也丰富了贸易融资的内容。

2. 短期国际贸易融资的作用

（1）对于进口商而言：通过从银行获得贸易资金的融通，进口商既可以能减少自有资金的占压，加快资金的周转速度，提高资金使用效率，也便于及时向出口方支付货款，获得出口方的价格优惠，完成债权债务的清算，从而确保贸易商品的交付，使得生产或消费活动能够正常地进行。

（2）对于出口商而言：银行通过向出口商提供贸易融资，使出口商获得稳定的流动资金来源，在生产、采购等备货阶段均不占用出口商的自有资金，可以缓解流动资金压力，并且在贸易支付条款上可以向进口商提供便利，从而提高出口产品的非价格竞争力。

（3）对于金融中介机构而言：银行通过为进出口商提供及时的和足额的贸易融资服务，可以不断跟进企业的国际化发展，进一步拓展融资的途径和市场，加强银行与客户之间的关系，提升银行自身的服务水平和竞争力，强化金融创新（详见第十五章供应链融资），增加银行的业务品种，提高资金的利用效率，有效控制信贷风险，增加银行自身的盈利能力。

（4）对于国际贸易自身而言：因为日常大量的国际贸易是属于短期范畴，于是在银行信贷的介入下，可以促进世界不同国家和地区的进出口商开展密切的商品和服务交往，扩大贸易流量，增加贸易品种，拓宽贸易渠道，创新贸易方式，进而推动整个世界经济的良性发展。

12.1.3　银行短期融资利息计算

1. 利息计算要素

对于资本所有者而言，利率是指借贷资本在一定时期内（一般为 1 年）所产生的收益率，借贷资本的收益即为利息。而对于借贷资本的需求方来说，利息就是其使用资金的成本。在本金与期限一定的条件下，利率越高，则资本的利息收益就越大。用公式表示即为 $i=I/P$，其中 i 即为利率，I 表示利息，而 P 则代表本金额。

按照国际惯例，利率通常是指年利率，表示为百分之多少（%）。例如，利率 2.25% 意为在 1 年时间，100 元本金的利息为 2.25 元。有时人们也习惯使用月利率，表示为千分之多少（‰）。年利率与月利率的换算关系较为简单，公式表示为：月利率=年利率/12。银行在经营不同期限的资金拆借业务时，一般采用双向报价，即同时标出存款利率（拆入利率）和贷款利率（拆出利率），其利差则作为银行的收益。例如，银行的利率报价为2.25%—2.30%，则2.25%即是拆入利率，代表报价银行愿意借入资金的利率，而2.30%则是拆出利率，表示报价银行愿意提供资金的利率，而两者的利差为0.05%，作为银行经营资金拆借业务的收益。

与外汇市场上表示汇率变动时的情况相似，在衡量货币市场利率变动时，往往也采用基本点来度量，即1个利率基本点代表着0.01%，而10个基本点则表示0.10%，以此类推。利率作为中央银行调控流动性的重要工具，其变化马上会对货币市场利率产生影响。例如，2009年4月5日，欧洲中央银行（ECB）作出决定，将当时的指导利率由1.50%下调25个基点，即降至1.25%，后来又进一步降息25个基点至1.00%，达到欧元区成立以来的历史最低水平。

2. 利息计算方法

由于银行短期贸易融资的时间均不足一年，因此，本金所产生利息的时间就要折成相应的天数来计算，这就首先涉及生息天数与基础天数的计算问题。所谓生息天数是指，从借贷资本的起息日（Value Date）到利息截止日的总天数，一般采用算头不算尾（或算尾不算头）的做法，按实际天数计算。接下来就是所谓基础天数的计算问题，即需要确定一年究竟应该算成多少天。对于起息日和基础天数的选取，目前世界上采用的方法主要有以下三种，即大陆法、欧洲货币法及英国法。

（1）大陆法（Continental Method）：无论日历月份的大小及全年总天数，大陆法规定每个整月的生息时间一律为30天，不满整月的则按实际天数计算，至于基础天数固定为每年等于360天。目前，采用大陆法来计算利息比较流行于欧洲大陆国家。

例如，一笔贷款的本金为1000美元，贷款期限从2008年3月27日至6月22日，贷款利率为5%，则生息天数的计算如下：

3月27日—3月31日共3天（3月27日为头不计，且只算到3月30日）

4月1日—4月30日共30天

5月1日—5月31日共30天（只算到5月30日）

6月1日—6月22日共22天（6月22日为尾要计算）

于是，该笔贷款的生息天数总计为85天（3月和5月的31日不计），到期应付利息为$1000 \times 5\% \times 85/360 = 11.81$美元。

（2）欧洲货币法（Euro Method）：与大陆法不同，欧洲货币法的生息时间是严格按照日历的天数来实际计算，月份大小是有区别的，而基础天数的选取则与大陆法一致，即固定为每年360天。在国际金融市场上，欧洲货币法计息方式使用得范围最广。仍然根据上述例子中的有关数字，则贷款生息天数为87天（3月和5月的31日要计），应付利息等于$1000 \times 5\% \times 87/360 = 12.08$美元，显然比大陆法计算利息要高，不利于借款人。

（3）英国法（British Method）：此法主要在英国用于英镑计值的信贷款业务中，其生息天数的计算与欧洲货币法一样，均按照日历的实际天数计算，而基础天数一般为每年 365 天，逢闰年时则改为 366 天。仍以上面数据为例，应付利息则为 $1000 \times 5\% \times 87/365 = 11.92$ 美元。

3. 计息方法的转换

根据国际惯例，信贷协议的签字双方应就计息方式达成一致；如果贷款协议中未明确规定利息的计算方法，则通常以贷款计值货币发行国家的计息方法作为标准。虽然因日历月份大小或基础天数的选取所反映出的天数差异看似不大，但是对于大额国际中长期信贷来说，借款人在不同计息方式下所支付的利息金额就会有很大差异。于是，在以360 天为基础的计息方法与以 365 天为基础的计息方法之间，还有一个如何进行相互转换的问题，即如何将欧洲货币法的利率换算为等值的英国法利率，反之亦然。

如果以 Q 表示银行贷款本金额，Reu 为欧洲货币法的年利率，Ruk 为英国法的年利率，两种计息方式等效的转换可根据 $Q \times Reu \times D/360 = Q \times Ruk \times D/365$ 推出，即有 Reu = Ruk×360/365，或 Ruk = Reu×365/360，其中 360/365 或 365/360 又称为计息转化的时间因子。显然，对于借款人来说，在名义利率、贷款期限及本金完全相同的情况下，以欧洲货币法支付的利息要高于英国法下的利息。

4. 利息支付方式

（1）利息后付：它是指借款人在贷款资金使用以后，在规定的利息支付期向贷款人支付应计利息。通常情况下，短期贸易信贷在到期日还本时，一次性由借款人支付利息，而中长期信贷则约定在每个利息期到时，由借款人分批支付利息（如每半年一次或每一年一次）。

（2）利息先付：它是指贷款银行在本金发放之初，就预先对借款人应支付的利息进行扣除，从而减少了直接发贷的实际本金额。而在信贷到期时，再由借款人偿还名义本金额，它类似于短期票据业务中的贴现，因此利息先付的方法又被称为贴现法。

例如，一笔本金为 10000 美元的短期贷款一次性发放，期为 91 天，年利率为 5%，应计利息等于 $10000 \times 5\% \times 91/360 = 126.39$ 美元。在利息后付时，借款人实际利用贷款的本金额为 10000 美元，到期后连本带利偿还，其借款的实际成本为 126.39/10000×360/91 = 5%，与名义利率一致。而在利息先付的情况下，借款人实际得到的本金额为9873.61 美元，而还本时要付出 10000 美元，故其借款的实际成本为 126.39/9873.61×360/91 = 5.064%。显然，在利息先付的情况下，借款人实际使用信贷资金的成本要大于名义利率。

12.2　短期进口贸易融资

作为买进商品的一方，贸易进口商要想取得货物所有权，必须承担支付货款的义务。为了便利进口活动的开展，由银行提供给进口商的主要短期贸易融资产品包括授信开证、进口押汇以及提货担保。由于银行在向进口商提供此类融资时往往需要垫付资金，因此，银行就要详细了解客户的基本财务状况、过往信贷资信记录以及资金偿还能力，同时还应对进口商的市场供求情况以及商品的变现能力进行分析。此外，银行还可以通过业务技术手段，如控制信用证条款、选择兑付方式、掌握货权凭证及单据、海外机构调查、限定单月开证笔数等，防控可能出现的信贷风险。

12.2.1 授信开证

1. 产品简介

（1）定义：授信开证（Issuing of L/C with Credit Limits）是指商业银行在没有向客户收取全额保证金的情况下，为其开立进口信用证的业务，用于满足进口商在进口信用证项下的短期资金融通需求。在跟单信用证业务中，由商业银行充当信用中间人，以银行信用取代商业信用，有助于消除贸易买卖双方之间的不信任心理，降低贸易风险，便于交易的达成。因为开证银行替进口商承担了有条件的、第一性的付款责任，只要出口商提交了与信用证条款严格相符的全套单据，就可以保证收回货物款项。所以，银行为减少自身在日常经营过程中面临的风险，并有利于推动业务的开展，一般会对资信记录良好、经营稳健、声誉卓著的进口厂商，预先核对一个相应的开证额度（Credit Limits），可减收或免收开证保证金，供客户循环使用。

例如，银行根据企业的经营状况和信用等级，核定500万美元的授信开证额度用于商品货物的进口，保证金比率按照贸易金额减至5%缴存；当企业以信用证结算方式进口100万美元的货物时，只需存银行5万美元保证金，银行就能够为企业的进口所需开出信用证；对于未用完的信用额度内，进口商需要时一般还可以继续循环申请开证。

站在银行角度来看，对外开证显然被视为一种授信业务，是银行以自身信用对出口商作出的一种付款保证。虽然银行看似没有向进口商提供贷款或延期付款便利，不涉及资金的即时转移流动，表面与贸易融资无关，然而，一旦进口商丧失清偿能力，导致银行必须对外付款而又收不回垫款时，银行就将面临巨大的信贷风险。于是，银行通常需要开证申请人缴存保证金，而这又造成进口商的资金占用，甚至不得不借款交付保证金。因此从这个意义上，银行给予进口商的开证授信，实质上是一种贷款保证，属于典型的贸易融资方式。

（2）产品功能：进口商获得银行的授信开证后，可以减少自身的资金占用，加快资金的周转速度，从而提高资金的使用效率，增加资金的实际收益。尤其是对于那些流动资金不充裕或有其他投资机会，希望部分或全部免交开证保证金的进口商来说，授信开证非常适合。此外，能从银行获得授信开证的便利，这也是对进口商借款信用的一种积极肯定。

2. 申请条件

以中国银行为例，其对客户提供授信开证业务时，要求申请的国内企业应具备以下条件：

（1）依法核准登记，具有经年检的法人营业执照或其他足以证明其经营合法性和经营范围的有效证明文件；

（2）拥有贷款卡和开户许可证，并在中国银行开立结算账户；

（3）具有进出口经营资格；

（4）在中国银行有授信额度。

3. 业务办理流程

中国银行办理授信开证业务的流程归纳为以下几个步骤：

（1）接收申请：中国银行受理进口商申请，要求进口商必须在银行已开立有结算账户，具有进出口经营资格。

（2）核定额度：根据进口商的偿债能力、履约记录和担保条件等情况，中国银行为其核定授信额度，该项额度实行余额控制，可以循环使用。进口商在该项额度之内可全部或部分免交开证保证金；若进口商未能事先获得授信额度，可采取单笔授信审核的办法。

（3）对外开证：中国银行同意受理进口商的开证申请，占用授信额度（或单笔授信）对国外卖方开出信用证，收取开证手续费。此后，银行还要密切跟踪客户的往来情况，发现问题及时采取措施，确保银行自身安全。

（4）划款支付：中国银行收到国外出口商提交的全套信用证单据，经过严格审核并确认无误后，扣划进口商款项对外付款，同时归还额度。在进口商按时赎单之后，银行的开证额度可以供其循环使用。

12.2.2 进口押汇

1. 产品说明

（1）定义：进口押汇（Import Bill Advance）是指在进口信用证项下或者进口代收项下，银行凭有效的贸易凭证和商业单据代进口商对外垫付进口款项，以满足进口商在进口信用证或进口代收项下的短期资金融通需求。对于进口商来说，进口押汇业务主要适用于以下两种情况，一是进口商遇到临时资金周转困难而无法按时付款赎单时，二是进口商在付款前遇到新的投资机会且预期收益率高于押汇利率时。进口押汇属于一种专项融资，仅可用于履行特定贸易项下的对外付款责任。

（2）主要类别：结算方式，按照进口押汇可以分为两种具体做法，即进口信用证押汇（under L/C）和进口托收押汇（under Collection）；按照押汇的币种来划分，有外币押汇和人民币押汇两种；按照垫付资金的来源划分，包括自有资金对外垫付和海外联行垫付（海外代付）。根据信用证结算办法，开证行事先会依据客户的资信等级核定相应的开证额度；当议付行交来单据时，开证行经过严格审查并确认单证相符之后，应在合理的工作时间内对完成外付款，然后通知申请人赎单。由于申请人此时还未能见到货物，凭单付款可能会有资金困难，开证行可以不向申请人立即收款，而是以进口押汇提供融资，待申请人出售货物后再归还银行贷款。而在托收项下，出口商在发完货之后便委托开户银行向进口商收取货款，当进口方银行收到托收单据后，可以根据进口商的押汇申请，先行对外垫付，待进口商提货加工、转卖后再归还银行贷款。

（3）产品功能：第一，进口商利用银行资金从事商品进口和国内销售，不占压任何自有资金即可完成贸易、赚取利润。第二，可以帮助进口商在无法立即支付货款的情况下，及时取得物权单据、提货、转卖，从而抢占市场先机。第三，通过将付款期限由远期改为即期，或相应缩短远期付款的期限，帮助进口商提高对国外出口商的议价能力，还可根据不同货币的利率水平选择融资币种，节约财务费用。

2. 申请条件

以中国银行为例，其对客户提供进口押汇业务时，要求申请的国内企业应具备以下条件：

（1）依法核准登记，具有经年检的法人营业执照或其他足以证明其经营合法性和经营范围的有效证明文件；

（2）拥有贷款卡和开户许可证，并在中国银行开立结算账户；

（3）具有进出口经营资格。

3. 业务办理流程

下面以中国银行的国际贸易融资业务为例，其办理进口押汇的流程包括以下几个步骤（参见图 12-1）：

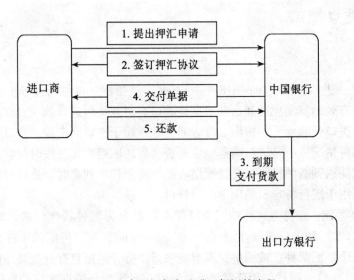

图 12-1　中国银行办理进口押汇的流程

（1）提出申请：进口商向开证行或指定代收行提出书面的进口押汇申请，中国银行应进口商请求为其核定授信额度或单笔授信，要求进口商必须在押汇银行已开立结算账户，具有进出口经营资格。

（2）订立协议：银行审核后，与进口商签订正式的进口押汇协议，其中明确规定金额、期限、利率、还款日期等信贷条件，随时关注人民币和付汇货币的市场利率及汇率变化，选择融资成本最低的押汇币种，押汇期限一般与进口货物转卖的期限相匹配。

（3）对外垫付：进口押汇是作为银行的一种专项短期融资业务，仅可用于履行特定贸易项下的对外付款责任，银行在代进口商对外垫付押汇款项后，将单据交付进口商。

（4）收回贷款：进口商根据与银行签订的押汇协议的规定，以销售回笼款项作为押汇的主要还款来源，到期向银行偿付，归还押汇款项。

12.2.3 提货担保

1. 产品说明

（1）定义：提货担保（Shipping Guarantee）是在跟单信用证结算方式下，当进口货物先于货运单据到达目的港时，为减少仓储租金或防止货物变质而造成损失，作为收货人的进口商想要便利提货，向承运人或其代理人出具由银行加签并承担连带责任的书面担保，凭以提前办理货物放行，并保证日后及时补交提单正本。提货担保在信用证项下主要用于运输方式为航程较短的海运，并且信用证要求全套货权单据。

（2）产品功能：进口商在货物先于单据到达的情况下，利用银行信用先行取得物权单据并及时提货销售，不必因一味地等待而错失商业机会，使进口商可以根据有利行情抢占市场先机，加快资金的回笼，减少资金占压，避免货物滞港，节约财务费用。

2. 申请条件

以中国银行为例，其对客户提供提货担保业务时，要求申请的国内企业应具备以下条件：

（1）依法核准登记，具有经年检的法人营业执照或其他足以证明其经营合法性和经营范围的有效证明文件；

（2）拥有贷款卡和开户许可证，在中国银行开立结算账户；

（3）有进出口经营权；

（4）客户在中国银行有授信额度或存入全额保证金。

3. 业务办理流程

下面仍以中国银行为例，其办理进口提货担保的业务流程具体包括以下几个步骤（参见图12-2）：

（1）申请：当货物早于信用证或托收单据（含正本提单）到达时，进口商向中国

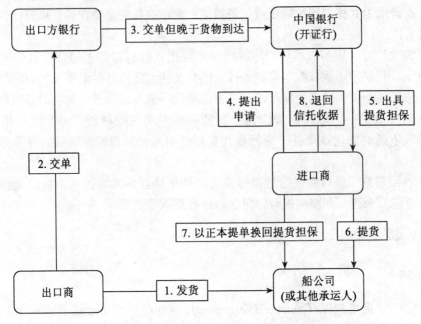

图 12-2　中国银行办理提货担保的流程

银行提交提货担保申请书。

（2）核准：银行接受申请并经审核同意后，为进口商出具提货担保，按季收取相当于提货担保发票金额一定比率的手续费。

（3）提货：进口商凭银行出具的提货担保，提前向船务公司（或其他承运人）办理提货，而进口商需向出具提货担保的银行承诺，当单据到达以后，无论有无不符点，均不提出拒付货款或拒绝承兑。

（4）注销：信用证或托收项下单据到达后，进口商向银行办理付款赎单，并及时凭正本提单向船公司（或其他承运人）换取先前出具的提货担保，交还给出具该提货担保的银行予以注销。

12.3　短期出口贸易融资

作为卖方，贸易出口商要想及时收回货款，取得载明金额的货币所有权，必须承担按时交付货物的义务。为了便利出口活动的开展，由银行向出口商提供的短期贸易融资产品主要包括买入票据、打包贷款、出口贴现、出口押汇以及保理等。相比较而言，出口类贸易融资风险通常要小于进口类贸易融资的风险。出口商的应退未退款项和出口应收账款等，可以用作偿还银行贷款的资金来源，被视为"自偿性"贷款，银行在大多数情况下也可以掌握出口商品的物权凭证，借此收回贷款本息还是比较安全的。

12.3.1　买入票据

1. 产品说明

（1）定义：买入票据（Bills Purchase Under Clean Collection）也称为出口托收押汇，是指在光票托收等不附带贸易单据的结算业务项下，贷款银行通过以贴现方式购入由其他银行付款的银行即期票据，为出口客户提供短期贸易融资服务。

（2）产品功能：用于满足客户在光票托收项下的短期资金融通需求，即期收回远期债权，加快资金周转，缓解资金压力，简化融资手续。该业务适用于流动资金有限，依靠快速的资金周转开展业务的客户。在光票托收项下收款前，出口商遇到临时资金周转困难或遇到新的投资机会，且预期收益率高于贴现利率，可以要求银行买入票据。

2. 客户申请条件

以中国银行为例，其对客户提供买入票据业务时，要求申请的国内企业应具备以下条件：

（1）依法核准登记，具有经年检的法人营业执照或其他足以证明其经营合法性和经营范围的有效证明文件；

（2）拥有贷款卡和开户许可证，并在中国银行开立结算账户；

（3）客户拥有其他银行付款的即期票据；

（4）占用付款行的金融机构授信额度。

3. 办理流程

仍以中国银行为例，其办理买入票据的业务流程具体包括以下步骤：

（1）客户将所持票据和相关的业务申请提交给中国银行。

（2）中国银行经过审核后，将贴现款项贷记入客户账户，并保留追索权。

（3）中国银行将票据寄至国外付款行要求付款。

（4）国外银行到期向中国银行付款，中国银行用以归还贴现款项。

12.3.2　打包贷款

1. 产品说明

（1）定义：打包贷款（Packing Loan）又称打包放款，是指在信用证结算方式下，银行应信用证受益人（出口商）的申请，以不可撤销的信用证为质押，向出口商发放用于信用证项下原料货物采购、生产制造、包装及装运等环节所需的专项贷款，属于货物装运前的银行融资。按照惯例，银行在打包贷款时提供的资金比例及其期限不会超过信用证的相关条件。当出口商遇到流动资金紧缺，而国外进口商又不接受预付货款但同意开立信用证结算，银行打包贷款这种形式的融资就能很好地解决问题。

（2）产品功能：第一，可用于满足出口商在信用证项下备货装运的短期资金融通需求，而偿还贷款的资金来源为将来信用证项下的出口收汇，有助于扩大国际贸易机会。在出口商自身资金紧缺而又无法争取到有利的支付条件时，打包贷款可以帮助出口商顺利开展国际业务、多签商务合同、把握贸易机会。第二，有开证行有条件的信用保障，属于专项贷款，贸易背景清晰，适合封闭管理，而且正常情况下，信用证项下的收汇款项必须作为打包贷款的第一还款来源，信贷资金较为安全。第三，在采购备货、生产直至装运前等阶段均不需动用出口商的自有资金，可以缓解流动资金压力，减少资金占压。

2. 客户申请条件

以中国银行为例，其对客户提供打包放款业务时，要求申请的国内企业应具备以下条件：

（1）依法核准登记，具有年检的法人营业执照或其他足以证明其经营合法性和经营范围的有效证明文件；

（2）拥有贷款卡和开户许可证，在中国银行开立结算账户；

（3）具有进出口经营资格；

（4）在银行拥有授信额度；

（5）客户提交书面申请、国外销售合同和国内采购合同、贸易情况介绍、正本信用证等材料。

3. 办理流程

下面还是以中国银行为例，其办理打包贷款的业务流程具体包括以下几个步骤（参见图12-3）：

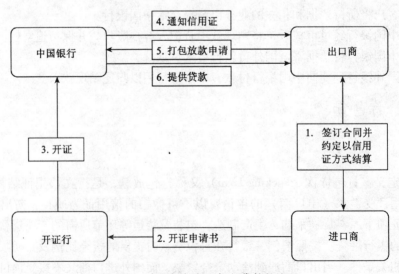

图12-3　中国银行办理打包贷款的流程

（1）出口商向中国银行提交打包贷款申请书，并附上贸易合同、正本信用证及相关材料，信用证中最好不要含有出口商今后无法履行的"软条款"，用以放款的信用证以融资银行为通知行，且融资银行可以议付、付款。

（2）银行经审核后与出口商签订正式的借款合同（打包贷款），将打包贷款款项划入出口商账户，信用证正本须留存于融资银行。

（3）出口商使用打包贷款款项完成采购、生产和装运货物并取得信用证下单据后，应及时向银行进行交单，提交信用证项下单据。

（4）中国银行将单据寄往国外银行（开证行或指定行）进行索汇。

（5）国外银行到期向融资银行付款，用以归还打包贷款款项。

12.3.3　出口贴现

1. 产品说明

（1）定义：所谓出口贴现（Export Bill Discount）是指银行在出口信用证项下，从出口商处购入已经过其他银行承兑的未到期远期汇票，或已经过其他银行承付的未到期远期债权，或在跟单托收项下购入已经过银行保付的未到期远期债权，出口商实际获得的融资额是从票面金额中扣减贴现利息以后的净额。由于银行票据或经用户担保的商业票据兼备安全、流动、收益等特征，因此很容易在金融市场上转让流通。一旦承兑/承付/保付的银行到期不付款，融资银行对出口商有追索权。该产品用来满足出口商在远期信用证项下的短期资金融通需求，适用于出口商流动资金有限，在获得国外银行的承兑/承付/保付后及收款前，遇到临时性资金周转困难，或遇到新的投资机会且预期的投资收益率高于银行的贴现利率。在签订商务合同时，出口商与进口商约定，以远期承兑信用证作为贸易结算方式。

（2）产品特点：第一，加快资金周转。出口商即期收回远期债权，可将资金用于生产周转，缓解资金压力。第二，简化融资手续。此项融资手续相对于流动资金贷款等简单易行，方便操作。第三，节约财务费用。企业可根据不同货币的利率水平选择融资币种，从而降低财务成本。第四，有利于降低风险。出口贴现必须有真实贸易背景并以出口收入作为还款的保证，银行一般不予办理无实际贸易支撑、目的纯粹用以投资的票据贴现。

2. 申请条件

以中国银行为例，其对客户提供出口贴现业务时，要求申请的国内企业应具备以下条件：

（1）依法核准登记，具有经年检的法人营业执照或其他足以证明其经营合法性和经营范围的有效证明文件；

（2）拥有贷款卡和开户许可证，并在中国银行开立结算账户；

（3）具有进出口经营资格；

（4）客户拥有已经银行承兑的未到期远期汇票或已经银行承付的未到期远期债权，或在跟单托收项下有已经银行保付的未到期远期债权；

（5）占用承兑行/承付行/保付行金融机构授信额度。

3. 业务流程

以下举中国银行为例，其为客户办理出口贴现的业务流程具体包括以下几个步骤（参见图12-4）：

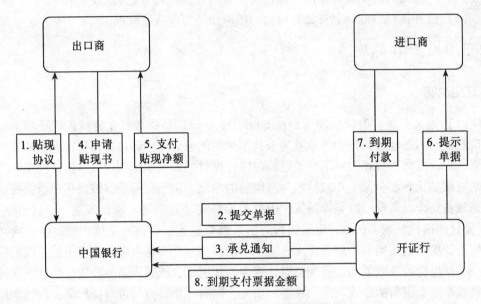

图 12-4　中国银行办理出口贴现的流程

（1）出口商与中国银行签订融资协议，开证行承兑远期汇票或发出承兑通知后，客户需向银行提交贴现申请书和出口单据。

（2）中国银行经审核单据后，将单据寄往国外银行（开证行或指定行）进行索汇。

（3）国外银行收到单据后向中国银行承兑/承付。

（4）中国银行在收到承兑/承付后，客户应向银行提交业务申请书，将贴现款项入出口商账户。

（5）国外银行到期向中国银行付款，中国银行用以归还贴现款项。

12.3.4　出口押汇

1. 产品说明

（1）定义：出口押汇（Export Bill Purchase）是指出口商在发出货物并向银行交来信用证或合同要求的单据之后，银行凭所交单据为质押，向出口商提供短期融资便利，用以满足出口商在信用证或托收项下的短期资金融通需求，属于装运后的银行融资。该业务适用于出口商流动资金有限，在发货后及收款前遇到临时资金周转困难，或遇到的新的投资机会，且预期收益率高于押汇利率。申请信用证下出口押汇，应尽量提交单证相符的出口单据。

（2）押汇种类：分为信用证项下单证相符押汇、信用证项下单证不符押汇、D/P托收押汇、D/A 托收押汇、外币出口押汇和人民币出口押汇等几类。信用证项下的押汇申请人应为信用证的受益人，限制其他银行议付的信用证是无法办理出口押汇的。与信用证出口押汇对比，托收出口押汇的风险显然就更大，出口商无银行的信用保证，能否收回货款取决于进口商的信用。为此，贷款银行会根据出口商的资信、还款能力，在核定其相应的授信额度后做押汇，以防止可能发生的信贷风险。

（3）产品特点：第一，可以加快出口商的资金周转。出口商在进口商支付货款之前可提前得到偿付，从而有利于资金周转并提高资金的使用效率。第二，简化了融资手续。由于有票据做押，银行融资手续相对于其他流动资金贷款等更为简便易行。第三，改善现金流量。出口商通过增加当期的现金流，从而改善财务状况。第四，节约财务费用。可根据不同货币的利率水平选择融资币种，从而节约财务费用。第五，降低授信门槛。对于信用证项下单证相符的出口单据，即使出口商尚未在银行核有授信额度，也可以办理出口押汇。

2. 申请条件

以中国银行为例，其对客户提供出口押汇业务时，要求申请的国内企业应具备以下条件：

（1）依法核准登记，具有经年检的法人营业执照或其他足以证明其经营合法性和经营范围的有效证明文件；

（2）拥有贷款卡和开户许可证，并在中国银行开立结算账户；

（3）具有进出口经营资格；

（4）对于信用证项下单证不符押汇和 D/P 托收押汇，出口商应在中国银行持有授信额度。如果中国银行不可控制货权，则客户信用等级还需在 CC 级（含）以上；如中国银行可控制货权的出口押汇，则不受客户信用等级的限制。对于信用证项下单证相符押汇，如不可占用金融机构授信额度，其准入条件等同于单证不符押汇；如可占用金融机构授信额度，则不受出口商客户信用等级及其他准入标准的限制；

（5）对于 D/A 托收押汇，出口商应在中国银行有授信额度，且客户信用等级需在CCC 级以上（含）。

3. 业务流程

以中国银行为例，其为客户办理出口押汇的业务流程具体包括以下几个步骤：

（1）国内出口商向中国银行（通常为通知行或议付行）提出正式的出口押汇申请书，与银行达成融资安排，签订正式的出口押汇总协议。

（2）出口商向中国银行提交出口单据及押汇申请书，如果希望通过出口押汇进行融资，最好避免以下情况出现：运输单据为非物权单据；未能提交全套的物权单据；转让信用证；带有软条款的信用证；提交存在实质不符点的单据。

（3）中国银行经审核单据后，将押汇款项划入出口商账户。

（4）中国银行将单据寄往国外银行（信用证项下开证行或指定行，或托收项下代收行）进行索汇。

（5）国外银行收到单据后提示给信用证项下开证申请人，或托收项下付款人。

（6）国外银行到期向中国银行付款，中国银行用以归还押汇款项。

12.3.5　国际保理

1. 产品简介

（1）定义：保理即保付代理的简称，当该业务运用于国际贸易时，便称为国际保理（International Factoring），它是由保理商无追索权地买断出口商的短期票据（包括发票、汇票、提单等），又称承购应收账款。国际保理商一般是国际大型商业银行及其附属机构，或是其他专业性的保理机构和金融机构。保理商除了为出口商提供短期贸易融资便利之外，还负责对出口商的应收账款进行管理，对进口商的资信展开调查评估并担保买方的信用，因此它是一项新型的综合性金融业务。根据国际保理商联合会（Factors Chain International，FCI）的解释，保理业务综合了流动资本管理、信用风险保障、应收账户会计及托收服务等一揽子金融服务。

（2）保理模式分类：目前，比较常见的国际保理类别是按照经营保理业务的具体模式来进行划分的，主要有国际单保理（Single Factor Factoring）和国际双保理（Two-Factor Factoring）两种基本模式。国际单保理是由贸易一方所在地的保理商所经营的国际保理业务，而国际双保理则由出口商所在地的保理商与进口商所在地的保理商以合作方式来共同完成的国际保理业务，又可进一步细分为出口双保理（Two-Factor Export Factoring）和进口双保理（Two-Factor Import Factoring）。在经济全球化的背景下，各国金融机构的合作已是大势所趋，推动了国际保理服务水平的不断提高，双保理已经成为国际保理业务的主要模式，而单保理更多地用于国内贸易。

（3）业务特点：第一，通过叙做保理业务，出口商对于新的或现有客户可以提供更具有竞争力的赊销（Open Account，O/A）、承兑交单（Documents against Acceptance，D/A）等付款条件，轻松拓展海外市场，增加营业额。第二，通过遍布国内与国际的保理业务网络，由保理商对进口商进行信用评估，并承担进口商信用风险，出口商在核准额度内可得到100%的收汇保证，获得有效的风险保障。第三，保理商以预支方式提供融资便利，缓解出口商流动资金被应收账款占压的问题，改善企业的现金流，同时出口双保理业务下由银行买断应收账款，企业可以提前享受出口退税及核销的实惠，规避汇率波动风险。第四，保理不像银行贷款需要经过复杂的审批程序，便于操作，也不必像银行贷款那样计入企业的资产负债表中，出口方可将保理项下的融资作为正常的销售收入，能达到美化财务报表的目的，从而在一定程度上提高企业的资信等级和偿债能力。第五，资信调查、账务管理和账款催收都由保理商统一负责，可以减轻出口商的额外业务负担，节约管理成本。

2. 业务概况

国际保理业务首先在 20 世纪 60 年代由欧美主要国家开办，业务量及机构数量随着国际贸易的发展而呈快速增长之势。全球 2008 年的业务总量达 1761.68 欧元，较上年增长 20.67%。国际保理商联合会（FCI）现有来自 68 个国家的 247 名成员，涵盖的业务占全球的 90% 以上。

中国银行于 1992 年在国内率先开办出口双保理业务，在 1993 年正式加入全球最大的保理商组织——国际保理商联合会。截至 2009 年 4 月，中国银行已经连续 12 个月出口保理业务量排名世界第一。中国银行已与 40 个国家和地区的 103 家保理商签约，保持密切的业务往来。中国银行专家现任 FCI 副主席，在国际保理界有较强的话语权。多年来，中国银行正是凭借与国外保理商良好的合作关系、领先的专业技术以及灵活的授信机制，为国内外贸易企业提供一流的进出口双保理服务。此外，为满足越来越多的企业需求，国内其他银行也相继推出了有关国际保理业务。

目前，中国银行已同时开办有出口双保理和进口双保理业务。出口双保理是指，出口商将其现在或将来的基于与进口商（债务人）订立的货物销售合同项下产生的应收账款转让给中国银行，再经银行转让给国外的进出口保理商，由银行为出口商提供贸易融资、销售分户账户管理，并由进口保理商为其提供应收账款的催收及信用风险控制与坏账担保等服务。该业务适用于流动资金被大量应收账款占压，希望减少应收账款，但对潜在客户的信用状况心存疑虑，希望降低贸易风险，拓展业务的出口商。

至于中国银行提供的进口双保理业务则是指，银行应国外出口保理商（不包括非FCI 成员的中国银行的海外机构）的申请，为某一特定的进口商核定信用额度，从而向出口商提供应收账款催收、资信调查、坏账担保等服务。该业务适用于我国进口商占强势地位，不愿以信用证等方式向出口商提供信用支持，而希望以赊销等信用销售方式进行交易。

3. 申请条件

以中国银行开办的出口双保理业务为例，要求申请的国内企业应当具备以下条件：

（1）依法核准登记，具有经年检的法人营业执照或其他足以证明其经营合法性和经营范围的有效证明文件；

（2）拥有贷款卡和拥有开户许可证，并在中国银行开立结算账户；

（3）具有进出口经营资格；

（4）在中国银行有授信额度。

4. 业务办理流程

仍以中国银行开办的出口双保理为例，其业务流程如下：

（1）出口商向中国银行提交《出口保理业务申请书》，中国银行据此联系进口保理商对进口商进行信用评估。

（2）进口保理商在对进口商的额度核准后，中国银行与出口商签订《出口保理协议》，出口商同意将其应收账款转让给中国银行，并由中国银行进一步转让给进口保理商。

（3）出口商发货或提供服务之后，将附有转让条款的发票交进口商，并将发票副本转交中国银行。

（4）中国银行通知进口保理商有关发票详情。

（5）如出口商有融资需求，中国银行对已核准的应收账款为出口商办理融资（原则上不超过发票金额的80%）。

（6）进口保理商于发票到期日前若干天或发票到期日开始向进口商催收。

（7）如进口商于发票到期日向进口保理商付款，进口保理商将款项付出口保理商；如进口商在发票到期日90天后仍未付款，亦未发生争议，进口保理商做担保付款。

（8）出口保理商扣除融资本息（如有）及费用，将余额付给出口商。

◎ 本章案例

中国银行：全力打造"全球最佳贸易金融服务银行"
（摘自中国银行网站，2010年3月6日）

2009年12月31日上午10点整，加拿大多伦多，在一片凝重的气氛中，加拿大皇家矿业特别股东会议如期举行。

此次会议，无论对吉林吉恩镍业股份有限公司（以下简称"吉恩镍业"），还是对加拿大皇家矿业来说，都非同寻常。按照议程，大会审议通过了吉恩镍业以0.80加元/股收购剩余普通股股份。至此，皇家矿业从多伦多证券交易所退市，彻底变成了吉恩镍业的原料基地。

其实，作为中国企业第一次按照加拿大市场规则以私有化为目的，成功收购一家加拿大上市公司海外矿产资源，无论是事件本身，还是并购过程中的跌宕起伏、惊心动魄，都足以令人关注。然而，值得深思的是，这桩并购案背后，并不仅仅是全球金融危机为中资企业带来的海外发展"抄底"机遇，更有来自中国银行独特贸易融资解决方案的巨大支撑。

当吉恩镍业因无法获得资金而令收购谈判陷入结局时，中行总分行联动，"内保外贷"的快捷资金解决方案，令其迅速拿到了1.8亿加元银行保函；当市场骤变，吉恩镍业不得不延长要约收购期并提高收购价格时，中行多伦多分行提供的授信产品、并购咨询及整体资本运作，又使其短时间内达到国际收购惯例要求……历时 6 个月的吉恩镍业收购皇家矿业项目最终画上了完美的句号。

令人关注的远不止这些。成功支持吉恩镍业并购项目，不仅为中行带来十几亿元的存款，还为其后续的"汇利达"、汇出汇款、贸易融资等相关业务的顺利开展奠定了坚实而可靠的基础。去年，在外贸形势严峻的情况下，中行吉林省分行国际贸易结算量大幅提升，达到 45 亿元。

其实，中资企业"走出去"的成功案例不胜枚举，吉恩镍业并购案不过是其中之一。然而，在中国进出口形势进入新世纪以来最为困难的 2009 年，这个案例就显得格外不同。正是由于中国银行主动应对经济金融环境变化，充分发挥在国际结算及贸易金融领域优势，凭借产品创新提升核心竞争能力，不仅为外贸企业提供全方位金融支持，也迎来了自身业务的大发展。

最新数据显示，2009 年，中国银行集团累计完成国际结算业务量达 1.43 万亿美元，继续位居全球银行业第一。其中，内地机构国际贸易结算量约 6400 亿美元，跑赢外贸大市，市场份额接近 30%，稳居国内同业首位。

创造独具特色解决方案

应该说，吉恩镍业并购案清楚地勾画出动荡的国际金融格局下，我国"走出去"企业呈现出的新特点，即越来越多重大"走出去"项目的成功实施背后，往往都有配套的独具特色的金融服务方案，而仅提供单一的产品或简单的服务已远远不能适应企业的需求。

近年来，为了适应这些变化，中行不断探索，拓宽创新思路，丰富产品组合，优化产品结构，提高服务质量和效率，不断提升产品服务核心竞争力。

目前，中行的金融产品由以往单纯的融资、账户管理、结算支付等基础性金融业务，向更高端和结构复杂化的产品需求过渡。针对企业不同特点，大力发展国际银团、项目融资、海外现金管理、供应链融资、外汇理财等业务。而服务方式，也由单笔交易或某些产品，转到侧重为企业提供一整套金融服务方案和长期的、全流程的服务支持。

去年，中行贸易金融业务方面的汇利达、融货达、融通达、出口退税融资（押税钱）、远期结算产品组合、订单融资等知名产品继续保持迅猛发展。特别是，根据企业供应链全程需求，中行深度挖掘产业链条中的潜在金融需求，不断推进供应链融资"1+N"模式，为客户提供综合服务方案。与此同时，中行持续开展"TSU 领军银行计划"，作为牵头行长期推进"TSU 中国市场用户组"工作，在 TSU 业务规模和客户基础等方面保持同业领先。

值得一提的是，中行还不断深化与各国际金融组织的合作，携手创新了多项业务。去年，中行与亚洲开发银行（ADB）在贸易融资便利项目下成功办理了中资银行首笔贸易融资业务；与泛美开发银行签署《全面业务合作备忘录》，成功完成国内首笔出口前贸易融资业务；与荷兰欧洲信贷银行成功叙做国内首笔银行本票项下融资性风险参与业务等。

数据显示，2009 年，中行内地机构本外币贸易融资发生额和余额实现快速增长。其中，外币贸易融资发生额较上年增长近六成，年末余额同比增长近两倍，余额市场份额大幅领先国内同业；人民币贸易融资发生额较上年增长超过85%，年末余额同比增长近160%。

与企业一起"走出去"

在企业收购前期，银行参与企业谈判，为企业设计融资方案和合同条款，随后提供资金支持；在经营过程中，则帮助企业规避利率、汇率风险和资金管制风险、经营风险——用中行国际结算业务的"行话"说，这就叫做"与企业一起'走出去'"。

2008年11月10日，不堪金融风暴的重击，美国第二大电子产品零售商电路城（Circuit City）宣布申请破产保护，庞大的债主名单也随之浮出水面：惠普、三星、索尼等国际著名公司，几乎无一幸免。然而，令人关注的是，曾与电路城有密切合作关系的中行两大重点客户，却通过叙做出口保理，成功地躲过一劫。

2007年初，中行先后接受上述两家公司委托，针对电路城的应收账款，向两家美国进口保理商提出叙做出口保理业务的申请，并获得巨额保理额度。然而，2008年初，电路城经营状况开始恶化，进口保理商随即作出风险预警，并于当年6月30日终止了保理额度。

值得一提的是，中行及时向两家客户通报信息，让企业调整销售策略，其中一家公司终止了对电路城的销售，另一家则改变了结算方式，要求电路城开立信用证。当年8月，在进口保理商的积极配合下，两家公司如期回收了保理项下对电路城的所有应收账款。

不过，事情并未就此完结。按照美国破产法的有关规定，对于企业破产前90天内所作出的债务清偿，都有可能被撤销，电路城已做的付款必须被退回。而经查，我方一家企业有3单发票约200余万美元的应收款恰在追偿期内，这使企业万分紧张。

经过充分沟通，进口保理商确认，按照《国际保理业务通用规则》以及与中行签署的国际保理协议，其应履行保理业务项下担保付款的义务并将直接付款给电路城的破产清算机构，而客户则无须退款。我方企业最终成功地规避了这场风险。

现在，经过全球金融危机的洗礼，越来越多"走出去"的中资企业意识到，应对国际市场的风险就要学会多用银行的金融服务。据统计，2009年，中行全年叙做国际保理总金额超过100亿美元。其中，出口双保理业务量20多亿美元，继续保持全球第一。

基于在保函保理业务上的突出优势，过去一年中，与上述两家企业一样，中行不仅帮助更多的"走出去"企业规避了风险、挽回了损失，而且，中行银团保函、海事担保、租赁保理、无信保项下保理池融资、银行投保项下保理、本票和银行保付汇票风险参与等业务也得到很大发展。

2009年，中行内地机构开出外币保函200多亿美元，业务市场份额继续稳居同业第一；人民币保函发生额同比增长近两成；经国家外汇管理局核准的融资性对外担保余额位居国内首位。

积蓄优势占先机

可以说,在打造"全球最佳贸易金融银行"战略发展目标之下,中行将全球网络、贸易金融、产品、服务及品牌等方面的优势发挥到了极致,这不仅令其在2009 年赢得了企业的信赖和赞誉,更令其在新的业务领域中拔得头筹。

2009 年 7 月 6 日上午,中行上海市分行收到中银香港汇来的首笔跨境贸易人民币结算款项。以此为开端,跨境贸易人民币结算在上海隆重启动。

此后,作为首批试点行之一,中行在跨境贸易人民币结算业务发展过程中充分发挥了主渠道作用。短短半年时间,中行相继在上海、广东、深圳等试点地区,以及我国香港、澳门和印度尼西亚、新加坡、泰国、马来西亚、巴西、俄罗斯、南非、澳大利亚等国家和地区办理了当地首笔跨境贸易人民币业务,取得了先发优势。

截至目前,中行境内各试点行共办理业务近 300 笔,总金额突破 60 亿元人民币,市场份额、业务笔数、涉及企业数量等均居国内同业首位。各境内行已同 40余家海外参加行签订了代理清算协议,与 40% 的试点企业确定了主报告银行的合作关系。

值得一提的是,中银香港和中行澳门分行作为中国人民银行指定的香港和澳门地区唯一人民币清算银行,大力推动跨境人民币业务发展,为海内外客户提供便捷的跨境人民币服务。目前,中银香港以清算行和参加行的身份办理相关业务 800 多笔,金额约 110 亿元。同时与 80 多家银行同业签署代理清算协议,为当地 6500 多家企业开立人民币账户,在香港地区市场份额位居第一。

出色的市场表现、高效优质的专业服务、不断开拓的创新精神,令中行在全球贸易金融领域树立了鲜明的国际品牌形象。2009 年,除获得国内外权威机构评出的多个相关奖项外,最值得骄傲的是,如今,在权威的国际商会(ICC)银行技术与惯例委员会、国际商会中国国家委员会(ICC CHINA)、中资银行国际业务合作机制、环球同业银行金融电讯协会(SWIFT)亚太区顾问工作组及标准委员会贸易融资业务专家工作组、国际福费廷协会(IFA)、国际保理商联合会(FCI)等多个重要国际组织中,都有来自中行的专家担任重要职位。他们代表中国在国际贸易与银行贸易金融业务领域行使话语权,在国内外同业中具有极其重要的专业影响力。

毫无疑问,以此为新的起点,加大创新力度,提升创新能力,为客户量身定造高效、快捷的综合性贸易金融服务方案,将在未来为中行"打造全球最佳贸易金融服务银行",注入巨大的活力。

◎ 思考题

1. 短期国际贸易融资有哪些种类?
2. 如何以基点衡量利率的变动?
3. 银行短期进口融资有哪些主要产品?

4. 为何开证授信属于银行的一种融资方式？
5. 银行短期出口融资有哪些主要产品？
6. 简析国际保理业务的主要作用及流程。

第 *13* 章
出 口 信 贷

◎ **本章要点**

- 出口信贷的概念及作用
- 出口信贷的主要类型
- 出口信贷保险
- 福费廷
- 出口信贷的"君子协议"

13.1 出口信贷概述

与短期国际贸易融资不同，出口信贷属于中长期性质的贸易融资，在推动国际贸易的发展过程中发挥着举足轻重的作用。无论是向出口商还是向进口商提供融资，出口信贷大多是由出口国的银行出资，并且获得了国家的官方支持，包括中国在内的很多国家均设立有专门的机构来负责出口信贷工作。本节主要介绍出口信贷的定义、特点及其正反两方面的作用。

13.1.1 出口信贷的概念

1. 出口信贷的定义及起源

（1）定义：出口信贷（Export Credit）是指由出口国的金融机构向本国的出口商或外国的进口商所提供的一种中长期优惠贷款，用以支持贷款国的对外出口。在实践操作时，出口国政府为了推动本国资本货物（如大型机电产品及成套设备、飞机、船舶）的出口，提高贸易商品的国际竞争力，通过设立专业性质的银行（如进出口银行）或鼓励本国商业银行，对本国的出口商或国外的进口商（或其银行）提供低利率的优惠贷款，而出口国政府则对出口给予贴息并提供信贷担保，并由专门的出口信贷机构（Export Credit Agency，ECA），提供保险，达到以资本输出带动商品输出的目的。

由于得到出口国政府的积极支持，出口信贷可以很好地解决高价值的资本货物交易时对于大额中长期资金需求的难题，成为贷款国争夺国外市场的一种有效手段。如果由本国的出口商获得了官方支持的出口信贷，即所谓卖方信贷，则有利于其资金周转并保持经营活动的连续性；如果出口信贷被国外的进口商所得到，即所谓买方信贷，则可以满足其对本国出口的支付需要。因此，出口信贷显然有助于信贷提供国的出口扩张，推动国际贸易的发展。

（2）起源：在20世纪50年代，越来越多的发展中国家走向独立，实现民族自决。出于发展经济的需要，欧洲发达国家对原殖民地的成套设备与技术的出口不断增加。由于这些资本货物成本高昂，进口国不可能一次性付清全部价款，而出口商也不可能提供完全的延期付款优待，只能依靠官方支持的出口信贷。加上这些成套设备与技术一般用于进口国的大型项目，建设周期长，还款来源主要依靠项目投产后的收益，因此出口信贷的条件还要求比较优惠，才能切实满足发展中国家的需要。法国、英国、德国等发达国家为了鼓励本国机器设备的出口，争夺发展中国家的庞大市场，一方面由政府利用财政资金对银行提供的出口信贷进行补贴，同时还成立了专门的出口信贷担保机构，如法国的COFACE、英国的出口信贷担保局等，为私人保险机构所不愿承保的进口国政治风险和商业风险进行担保。于是，出口信贷及其担保业务很快就在欧洲其他发达国家传播开来，并在世界范围内得到了迅速推广。

2. 出口信贷有关当事方

（1）信贷受益方：即贸易买卖双方，作为贸易活动的直接参与者，卖方或买方都面临如何解决货款收付这一棘手的问题，出口信贷为彼此交易的达成提供了有利的条件，卖方信贷使出口商能够提供延期付款的便利，而买方信贷可解决进口商资金不足的难题，因此有助于商务合同的签订和执行。

（2）信贷融资机构：一般由出口国的金融机构承担，如进出口银行或政府指定的某一商业银行，在买方信贷的情况下，出口国通常不将信贷直接提供给国外的进口商，而是委托进口国的有关银行负责转贷。

（3）信贷担保机构：一些国家专门设立出口信贷保险部门或机构，也有些国家将出口信贷保险部门同出口信贷融资机构合并，它们既向本国的出口商提供出口信用保险，也向为出口商融资的银行提供信贷偿还保险，这些保险不仅涉及商业信用风险，而且包括政治风险，因此出口信贷保险机构成为出口信贷体系正常运转的一个重要支撑点。

（4）信贷政策制定部门：在政府中一般由财政部来负责本国出口信贷政策的制度和落实，同时还需要外交、外贸、外汇、商务等部门的参与配合。而中央银行作为银行的银行，对商业银行负有监管的责任，同时可以运用利率、公开市场业务、存款准备金等杠杆，调整金融市场的流动性。

13.1.2 出口信贷的主要特点

1. 指定用途

随着战后国际分工的进一步深化，产业链也进一步延伸，使得国际贸易规模不断扩大。就贸易结构而言，制成品在整个国际贸易中所占比重越来越高，而技术变革使得大型成套设备、交通运输工具等资本货物在国际市场上的竞争越来越激烈，原有的短期贸易信贷方式已经不能适应形势的发展，进出口商迫切需要金额更大、期限更长、条件更优和更安全的中长期出口信贷。发达国家在其国内市场逐渐趋于饱和、垄断程度越来越高的情况下，为了加强本国此类大宗出口商品在国际市场上的竞争力，力争取得更多的市场份额，进而削弱其他竞争对手，相继成立专门支持本国资本货物出口的政府机构，提供出口信贷时往往会强制要求国外的买方以信贷资金购买出口国的特定货物，进口国不得挪用，不容许进行国际招标采购。

2. 金额庞大

资本货物的制造在一国国民经济中无疑占有举足轻重的地位，其产品工艺复杂，生产周期长，技术含量高，价格昂贵，交易价值大，一旦购买投入使用后的资金回收期限也很长。例如，一架现代大型民航客机动辄需要花费数亿美元，而一座核反应堆设备更是耗费数十亿美元。为了促成大型机电产品及成套设备的顺利出口，出口信贷协议金额一般需要与商务合同金额相匹配，满足贸易的大部分资金需求（一般为85%），并按贸易合同的进度分批提用，其余（15%）则由进出口双方商议筹措。显然，出口信贷规模过少很难保证货物买卖交易的完成，而过多又容易造成信贷资金闲置。因此，无论在发达国家还是在发展中国家，出口信贷如果没有政府的支持，一般商业银行很难承担。

3. 条件优惠

为了吸引国外进口商的放心采购，扩大本国资本货物的国际销路，由出口国提供的出口信贷条件一般比金融市场上的更优惠，具有明显的官方特征，如期限较长，有的可以达15年，贷款利率低于金融市场利率，利差由本国政府财政补贴，利息以外的成本费用（如管理费、承担费、保险费）也相对低。为了确保商务合同和信贷协议的执行，降低交易中的潜在风险，许多国家设立专门机构对信贷资金提供担保。现在，发达国家在国际大宗货物市场上的竞争日趋白热化，在很大程度上已演变成出口信贷条件之争，即比较哪个国家提供的出口信贷条件更优惠，哪个国家对买方的融资吸引力更大。

4. 受国际惯例约束

主要发达国家为了防止相互在出口信贷方面出现恶性竞争，规范并约束彼此在国际信贷业务领域的行为，经济合作与发展组织（OECD）在1976年就其成员国的官方出口信贷条件终于达成一致（Consensus），通过了《官方支持的出口信贷安排》

（*Arrangement on Officially Supported Export Credits*），于 1978 年正式生效，又称所谓"君子协定"（Gentlemen's Agreement），并在其后不断作出调整和修改（详细见第三节）。

13.1.3　出口信贷的作用

1. 积极作用

（1）对于贷款国而言，通过资本输出来带动本国的商品输出，提高了本国出口产品在国际上的非价格竞争力，有助于扩大本国的出口贸易，减少国内存贷，取得更多的国外市场份额，加快国民经济的发展速度，增加本国的就业机会，提高福利水平。

（2）对于借款国来说，通过获得长期稳定的资金融通，来满足国内对先进的大型机电产品和关键成套设备的进口需要，引进国外先进的技术和管理经验，提升本国的劳动力素质和装备制造水平，有利于加快国内工业化和现代化的步伐，促进国民经济的可持续发展，增加国民收入。

2. 消极作用

（1）对于贷款国而言，由于政府要对官方支持的出口信贷利息、保险费等提供各种财政补贴和信贷担保，因此，这会加剧各个贷款国之间的信贷竞争，进一步增加出口国政府的财政压力，恶化预算赤字，加重公共债务负担，制约政府运用财政政策对宏观经济进行调控的能力，严重的还可能导致金融市场的动荡，甚至引发社会矛盾。

（2）对于借款国来说，将信贷资金与指定货物采购相捆绑，不利于进口商同出口商开展具体的商务条款谈判，在讨价还价过程中会丧失主动，不能利用卖方之间的公开竞争，进而会增加资本货物的进口成本，加剧本国的外债负担，严重的还会酿成债务危机，使国民经济出现停滞乃至倒退。

总之，在综合比较出口信贷正反两方面的作用时，既要看到它是主要发达国家出于竞争的考虑，利用信贷优惠争夺国际市场的一种手段；另外，也要客观认识到它对发展中国家的有利影响，在利用外资、引进国外的技术设备和管理经验的时候，要对营建项目做好可行性研究，将贷款的筹措、使用、偿还有机地结合起来，通盘考虑，使项目切实产生收益，避免陷入债务危机当中。

13.1.4　我国出口信贷发展概况

1. 信贷机构

（1）商业银行：自从 1978 年实施改革开放战略以来，我国开始积极利用国外官方支持的出口信贷，引进发达国家的先进技术和设备，以弥补国内建设资金的不足，促进国民经济的发展。与此同时，我国自己的出口信贷业务也于 1985 年正式起步。中国银行是我国最早参与这一国际业务的大型国有商业银行，于 1980 年开办了出口卖方信贷业务，对我国从事机电产品出口的企业发放国家政策性低利贷款。1985 年，中国银行成立出口信贷处,为国内出口商提供人民币卖方信贷。1988 年,中国银行首次与阿根廷签订了出口买方信贷总协议。1992 年,该行对斯里兰卡办理了第一笔出口买方信贷业务,用以支持中国交通进出口公司的大客车出口贸易。到 2006 年底,中国银行共办理出口信贷业务 28 笔,金额 6.7 亿美元,惠及众多发展中国家,如伊朗、巴基斯坦、土耳其、委内瑞拉、津巴布韦、厄瓜多尔等。出口买方信贷业务一直是中国银行的特色优势产品,在有力地支持客户"走出去"的同时,也为银行带来了可观的经济收入,赢得了良好的国际声誉,为我国的外贸事业的发展作出了重要贡献。

除中国银行外,我国其他的国有商业银行、股份制商业银行以及外资银行也相继开办有出口信贷业务。中国工商银行于 1996 年开办出口买方信贷业务,参与了伊朗德黑兰地铁项目的出口买方信贷银团贷款;2003 年,该行为阿尔及利亚电信项目提供买方信贷;2005 年,工商银行与法国巴黎银行合作,为巴西提供买方信贷,用以支持中国五矿公司钢铁成套设备和技术的出口项目。中信银行从 1995 年起办理出口信贷业务,1996 年作为牵头行和代理行,中信银行筹措伊朗地铁项目 2.69 亿美元的出口买方信贷银团贷款;2002 年和 2003 年,该行为土耳其两座水电站配套发电机组提供出口信贷;2006 年,中信银行又为中国企业出口安哥拉东部网提供出口买方信贷。

(2) 中国进出口银行:中国进出口银行(The Export-Import Bank of China)成立于 1994 年,是直属国务院领导的、政府全资拥有的国家政策性银行。中国进出口银行是我国外经贸支持体系的重要力量和金融体系的重要组成部分,是我国机电产品、成套设备和高新技术产品进出口和对外承包工程及各类境外投资的政策性融资主渠道,外国政府贷款的主要转贷行和中国政府对外优惠贷款的承贷行,为促进我国开放型经济的发展发挥着重要作用。该行目前的主要业务范围包括办理出口信贷和进口信贷(即由外国银行向我国进口商提供的买方信贷),对外承包工程和境外投资贷款,中国政府对外优惠贷款,提供对外担保,转贷外国政府和金融机构提供的贷款,组织或参加国际、国内银团贷款,办理与银行业务相关的资信调查、咨询、评估和见证业务。

在我国自己的出口信贷市场上,中国进出口银行现已成为最主要的资金提供者。2006 年其市场占有率达到了 77%,而其他国有商业银行的市场份额合计为 13%,外资银行仅为 10%。2009 年,中国进出口银行全年新签约出口卖方信贷总额 2241.68 亿元,放款 1730.85 亿元,其中设备出口贷款 136.28 亿元,船舶出口贷款 146.49 亿元,高新技术产品贷款 534.88 亿元,一般机电产品贷款 160.5 亿元,对外承包工程贷款 125.7 亿元,支持境外投资贷款 539.98 亿元,农产品出口贷款 55.57 亿元,其他贷款 31.43 亿元。同年,新签自营出口买方信贷项目金额 32.48 亿美元,年末贷款余额 109.43 亿美元,而进口信贷全年签约项目 380 个,放款 962.28 亿元(参见图 13-1)。

2. 保险机构

(1) 商业保险机构:1988 年 9 月,国务院正式决定按国际惯例开展出口信贷保险业务,中国人民保险公司为此成立了出口信用保险部,并自 1989 年起开始试办短期出口信用综合险。在积累了一定经验后,至 1992 年下半年,按照国务院增强出口信贷保

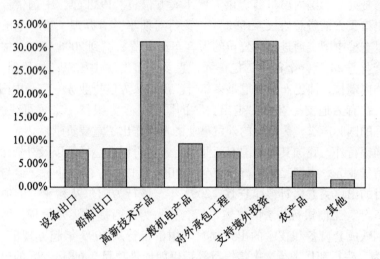

图 13-1　中国进出口银行 2009 年出口卖方信贷分类

险工作的指示精神，中国人保的出口信贷保险业务有了很大的发展，并开始办理中长期出口信贷保险业务。

（2）政策性保险机构：除了中国进出口银行继续从事出口信贷的对外担保外工作外，2001 年 12 月，我国单独成立了中国出口信用保险公司（China Export & Credit Insurance Corporation，简称"中国信保"），作为我国提供出口信用保险的主要机构，专门从事政策性出口信用保险和担保业务。主要任务是积极配合国家外交、外贸、产业、财政和金融等政策，通过政策性出口信用保险手段，支持货物、技术和服务等出口，特别是高科技、附加值大的机电产品等资本性货物出口，支持中国企业向海外投资，为企业走出国门去开拓海外市场提供收汇风险保障。

中国出口信用保险公司提供的短期出口信用保险，一般情况下保障信用期限在一年以内的出口收汇风险，承保商业风险和政治风险；中长期出口信用保险通过承担保单列明的商业风险和政治风险，使被保险人得以有效规避收回延期付款的风险或融资机构收回贷款本金和利息的风险。在对外担保方面，中国出口信用保险公司提供非融资担保和融资担保，其中非融资担保包括投标保函、履约保函、预付款保函、质量维修保函、海关免税保函、保释金保函、租赁保函等，而融资保函则是直接向出口信贷的融资银行提供的担保，保证在贷款发生损失时予以赔偿。事实上，能否获得中国出口信用保险公司的保险或担保，往往是出口商或出口银行是否能获得出口信贷的重要前提条件之一。

13.2　出口信贷的主要类型

大型复杂的国际贸易融资必然涉及买卖双方及其银行，根据贷款发放的具体对象，出口信贷可以分为两种基本形式，即卖方信贷（Supplier's Credit）与买方信贷（Buyer's

Credit)。另外，习惯上还将混合贷款（Mixed Credit）和福费廷（Forfaiting）也视为出口信贷的范畴。本节的出口信贷业务（包括买方信贷和卖方信贷）的性质及流程，主要以中国进出口银行为例来做介绍，而福费廷业务则以中国银行为例予以说明。

13.2.1　出口卖方信贷

1. 贷款性质及作用

（1）贷款性质：出口卖方信贷是指中国进出口银行为出口商制造或采购出口机电产品、成套设备和高新技术产品所提供的中长期融资便利，主要解决出口商制造或采购出口产品或提供相关劳务时的资金需求。该项贷款具有官方性质，金额大、期限长、利率优惠，不以盈利为目的，主要表现是贷款人的资本金由国家财政全额提供，贯彻国家产业政策、外经贸政策、金融政策和财政政策，体现国家意志和政府强有力的支持。

与出口买方信贷比较而言，贷款人与出口商都在同一国度，操作相对方便可靠。而对于国外进口商来说，一方面扩大了进口商的融资渠道，另一方面由于出口国信贷机构的主要经营目标是实现国家的产业政策，不以商业盈利为主要目的，其保险费率（或担保费率）和贷款利率往往低于市场平均水平，从而致使出口信贷融资成本较一般商业贷款的融资成本低。

（2）贷款作用：第一，支持本国机电产品、成套设备、对外工程承包等资本性货物和服务的出口，提高国际市场竞争力。第二，为国家出口创汇，平衡外汇收支。第三，增加国内就业，促进本国经济发展。

2. 贷款种类

（1）设备出口卖方信贷，是指银行对我国企业出口设备（含附件）、大型单机及对外提供设备相关技术服务项目所需资金提供的本、外币贷款。我国利用世界银行和亚洲开发银行等国际金融组织贷款、外国政府贷款的国内项目进行国际招标，由我国企业中标提供设备的，属于设备出口卖方信贷支持范围。另外，我国企业为国内海上石油天然气开采企业建造设备类海洋工程结构物，或国内海上石油天然气开采企业之间销售设备类海洋工程结构物的，属于设备出口卖方信贷支持范围。

（2）高新技术产品（含软件产品）出口卖方信贷，是指中国进出口银行对我国企业除船舶、设备类产品以外的高新技术产品出口所需资金提供的本币以及外币贷款。

（3）一般机电产品出口卖方信贷，是指中国进出口银行对我国企业除船舶、设备和高新技术类机电产品以外的机电产品出口所需资金提供的本币以及外币贷款。

（4）对外承包工程贷款，是指中国进出口银行对我国企业承接的能带动国产设备、施工机具、材料、工程施工、技术、管理出口和劳务输出的境外工程承包项目所需资金发放的本、外币贷款。我国使用世界银行或亚洲开发银行等国际金融组织的贷款、外国政府贷款的国内项目采取国际招标，国内企业中标的承包工程项目也在该贷款的支持范围内。

（5）境外投资贷款，是指中国进出口银行对我国企业各类境外投资项目所需资金提供的本、外币贷款。境外投资项目包括：境外资源开发项目；带动国内设备、技术、产品等出口的境外加工贸易项目、境外投资建厂项目和基础设施项目；提高国内企业产品研发能力和出口竞争能力的境外研发中心、产品销售中心和服务中心项目；开拓国际市场、提高企业国际竞争能力的境外企业增资、收购、并购或参股项目等。

（6）农产品出口卖方信贷，是指中国进出口银行对我国企业农产品出口所需资金提供的本、外币贷款。凡在我国工商行政管理部门登记注册，具有独立法人资格，并从事农产品出口业务的企业均可申请。

（7）文化产品和服务（含动漫）出口信贷：是指中国进出口银行对我国企业文化产品和服务出口所需资金提供的本、外币贷款。

3. 贷款申请条件

以设备出口卖方信贷为例，凡在我国工商行政管理部门登记注册，具有独立法人资格的企业，均可向中国进出口银行申请设备出口卖方信贷，具体贷款申请条件为：

（1）设备生产和代理出口企业具备相应的生产能力和出口合同的履约能力，借款人经营管理、财务和资信状况良好，具备偿还贷款本息能力；

（2）除对外提供设备相关技术服务项目外，单笔出口合同金额不低于100万美元或借款人上一年度累计设备出口额不低于500万美元；

（3）企业承揽设备出口项目，应符合《大型单机和成套设备出口项目协调管理办法》（2001年外经贸部33号部令）的有关规定；

（4）延期付款的项目，对于延期支付部分，应提供中国进出口银行认可的支付保证；

（5）进口商具备相应实力，资信状况良好；

（6）对收汇风险较大的项目，必要时应按中国进出口银行的要求投保相应的出口信用险；

（7）提供中国进出口银行认可的还款担保；

（8）中国进出口银行认为必要的其他条件。

4. 贷款申请材料

（1）借款申请书；

（2）设备出口合同及必要的国家有权审批机关批准文件，以及《大型单机和成套设备出口项目协调管理办法》（2001年外经贸部33号部令）规定的文件；

（3）已收到的进度款收结汇水单，应收进度款的支付保证，延期付款项目中延期支付部分的支付保证；

（4）出口项目现金流量表及经济效益分析；

（5）出口信用保险承保意向性文件（如需投保出口信用险）；

（6）借款人及其担保人的基本情况介绍，经年检的营业执照副本，近三年经审计的财务报告及本年近期财务报表，其他表明借款人及担保人资信和经营状况的资料；

（7）采取核定额度方式测算资金需求的，须提供借款人近三年设备出口情况、当年出口计划及已签订的部分出口合同；

（8）还款担保意向书，采取抵（质）押担保方式的须出具有效的抵押物、质物权属证明和价值评估报告；

（9）中国进出口银行认为必要的其他资料。

13.2.2　出口买方信贷

1. 贷款范围

中国进出口银行办理的出口买方信贷是向境外借款人发放的中长期信贷，用于进口商（业主）即期支付中国出口商（承包商）的商务合同款，以支持中国产品、技术和服务的出口以及能够带动中国设备、施工机具、材料、工程施工、技术、管理出口和劳务输出的对外工程承包项目。

2. 产品特点

（1）出口国政府支持：出口国政府为支持本国资本性货物的出口，加强本国产品在国际市场上的竞争力，采取优惠政策鼓励本国金融机构为出口产品提供信贷，所以出口信贷又被称为"官方支持的出口信贷"；作为政策的执行者，由各国出口信贷机构，为出口信贷提供保险、担保或直接优惠贷款，以提高出口国产品的国际竞争力。

（2）优化出口商资产负债结构：由于出口买方信贷是对国外进口方（进口商或进口商银行）的融资，本国出口商无须为此融资负债，并且有利于出口商的收汇安全，加快资金周转。

（3）节约进口商融资成本：一方面，出口买方信贷有利于扩大进口商的融资渠道；另一方面，由于出口信贷机构的主要经营目标是实现国家产业政策，不以商业盈利为主要目的，其保险费率（或担保费率）和贷款利率往往低于金融市场平均水平，从而致使出口买方信贷项下的融资成本（保险、担保或直接融资）较一般商业贷款的融资成本更低，条件更优惠。

3. 贷款申请条件

出口买方信贷的借款人应为中国进出口银行认可的进口商（业主）、金融机构、进口国财政部或进口国政府授权的机构。出口商（承包商）为独立的企业法人，具有中国政府授权机构认定的实施出口项目的资格，并具备履行商务合同的能力。申请出口买方信贷应具备以下条件：

（1）借款人所在国经济、政治状况相对稳定；

（2）借款人资信状况良好，具备偿还贷款本息能力；

（3）商务合同金额在200万美元以上，且出口的项目符合出口买方信贷的支持范围；

（4）出口产品的中国成分一般不低于合同金额的50%，对外工程承包项目带动中国设备、施工机具、材料、工程施工、技术、管理出口和劳务输出一般不低于合同金额的15%；

（5）借款人提供中国进出口银行认可的还款担保；

（6）必要时投保出口信用险；

（7）中国进出口银行认为必要的其他条件。

4. 信贷条件

（1）贷款币种：贷款货币一般为美元或中国进出口银行认可的其他外币。中国进出口银行也可按照有关规定提供人民币出口买方信贷。

（2）贷款金额：对出口船舶提供的贷款一般不超过合同金额的80%，对其他出口项目和工程承包项目提供的贷款一般不超过合同金额的85%。

（3）贷款期限：贷款期限根据项目现金流核定，从首次提款之日起至贷款协议规定的最后还款日止，原则上不超过15年。还款期内借款人原则上每半年等额还款一次，特殊情况下也可采取非等额还款方式。

（4）贷款利率：外币贷款利率按照中国进出口银行有关规定执行，可采取浮动利率或固定利率。人民币贷款利率按有关规定执行。

（5）贷款费用：中国进出口银行有权收取与贷款相关的管理费、承担费和其他费用。对于未投保或未足额投保出口信用险的项目，中国进出口银行有权就未覆盖部分收取风险费。具体费率标准按照中国进出口银行有关规定执行。

（6）贷款发放和偿还：贷款批准后，中国进出口银行与借款人签订贷款协议等法律文件，落实担保措施，办理有关担保和权益转让手续。贷款协议生效且规定的提款条件满足后，中国进出口银行按照贷款协议规定的放款程序发放贷款。借款人须根据贷款协议规定按时支付有关费用、偿还贷款本金和利息。

5. 贷款申请和审批

中国进出口银行按规定程序审查借款人提交的申请材料，议定信贷条件，完成贷款审批程序。对于那些大型工程承包项目、生产型项目或者结构较为复杂的项目，必要时可以外聘人员或机构进行咨询论证和尽职调查。申请出口买方信贷应提交以下材料：

（1）借款申请书；

（2）商务合同草本、意向书或招投标文件；

（3）项目可行性分析报告；

（4）必要的国家有权审批机关及项目所在国批准文件；

（5）借款人、保证人、进口商（业主）、出口商（承包商）的资信材料及有关证明文件，借款人、保证人（政府机构除外）的财务报表；

（6）申请人民币出口买方信贷的，需提供开立银行结算账户申请书及相关证明文件；

（7）采取抵（质）押方式的，需提交权属证明文件和必要的价值评估报告；

（8）中国进出口银行认为必要的其他材料。

6. 出口买方信贷业务流程图

（1）出口商和进口商双方签订商务合同，合同金额不少于200万美元。

（2）中国进出口银行和借款人签订贷款协议，贷款金额不高于商务合同金额的85%，船舶项目不高于80%。

（3）视项目情况要求担保人提供担保或采取综合担保措施保证贷款安全。

（4）视项目具体情况要求投保出口信用险或政治险保险。

（5）借款人的预付款金额不能低于商务合同总金额的15%，船舶项目不能低于20%。

（6）出口商根据合同规定发放货物。

（7）中国进出口银行依据贷款协议的相关规定发放贷款。

（8）借款人根据贷款协议每半年偿还一次贷款本息及费用（参见图13-2）。

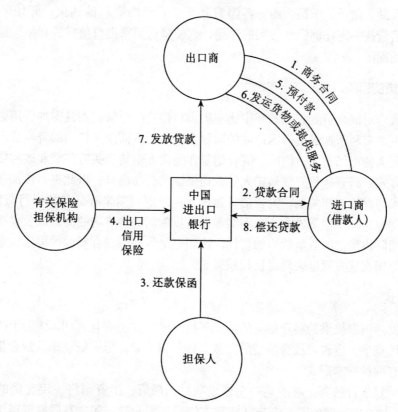

图 13-2　中国进出口银行出口买方信贷业务流程图

13.2.3　混合信贷

1. 概念及产生背景

（1）概念：混合信贷是卖方信贷与买方信贷的新发展，指出口国银行在发放卖方信贷或买方信贷的同时，出口国政府还从预算中提出一笔资金，作为政府贷款或给予部分赠款（OECD规定政府贷款含35%以上的赠与成分），连同卖方信贷或买方信贷一并发放，以满足进口商或出口商支付当地费用及设备价款的需要。这种把卖方信贷或买方信贷与政府贷款或赠款相组合而形成的放贷方式，以满足同一设备项目的资金融通需要，就构成了混合信贷。政府贷款占整个信贷金额的比例视当时两国的政治经济形势以及进出口商的资信而定，有时可达全部贷款额的30%～50%。

（2）产生背景：自20世纪70年代末以来，经济合作与发展组织（OECD）主导下的"君子协定"生效以后，成员国相互之间在出口信贷竞争方面仍继续明争暗斗，矛盾重重。1982年之后，"君子协定"利率几经提高，接近甚至有时超出市场利率，直接影响西方各国的出口融资和出口商品竞争力。而"君子协定"只适用于官方支持的商业出口信贷，对政府提供的低息贷款和外援不作明确规定，并且允许结合出口信贷给予部分政府援助、赠予。于是，西方各国为避开"君子协定"的约束，开始采用政府贷款和出口信贷按一定比例混合使用的手段，以便降低原来出口信贷的利率，延长贷款的使用和偿还期限。

2. 混合信贷的目的

由于政府对混合贷款收取的利率比一般出口信贷的更低，而且附加费用更少，期限更长，就更加有利于加强出口国产品的国际竞争力，从而使出口国的资本货物、技术和劳务获得更大的市场份额。因此，混合信贷作为卖方信贷、买方信贷和政府贷款综合运用的贷放方式，其直接目的就是扩大贷款提供国的产品出口，以此进一步加强同借款国的经济技术与财政合作关系。混合信贷通过运用政府贷款来降低传统银行贷款的利率，延长还款期限，减少信贷成本，进而实现促进贷款国资本货物的出口以及提高其出口资本货物在国际市场上的竞争能力的目标。法国是最早使用混合贷款的国家，意大利、英国、瑞典等国在这方面也表现得比较积极。

3. 提供方式

西方发达国家提供的混合信贷的形式多样，经常发生变化。OECD为了防止成员国之间的恶性竞争，也曾对混合信贷的发放条件予以收紧。但一般说来，混合信贷大致可分为以下有两种基本形式：

（1）项目混合融资：对于某一个建设项目的融资，出资国将一定比例的政府贷款（或赠款）与一定比例的买方信贷（或卖方信贷）混合在一起，然后根据赠予成分的比例，计算出一个混合利率。例如，按英国的方式，其对我国所提供的混合贷款由35%

的赠款和65%的出口信贷构成。此种形式的混合贷款只需签订一个信贷总协议，由信贷机构提供资金，政府给予利差补贴，资金来源相同，统一规定利率、费率、期限等信贷条件，手续简单，使用方便，信贷优惠明确，项目用款能很好地同步协调。

（2）项目分别融资：对一个大型项目的融资，分别提供一定比例的政府贷款（或赠款）和一定比例的买方信贷（或卖方信贷），如意大利、法国、西班牙方式，法国对我国提供的混合信贷中政府贷款和出口信贷一般各占50%。就法律关系来讲，政府贷款和出口信贷分别签署协议，资金的来源不同，两个信贷协议各自规定不同的信贷条件，如利率、费率、贷款期限等，手续比较复杂，难以确保项目做到同步用款。另外，不同信贷资金对同一项目提供融资时还有一种变形，即所谓瑞士方式，按一定比例混合提供政府贷款和商业贷款，信贷协议分别签署，同时生效，可以保证资金使用同步，但商业贷款部分的利率高而且实行浮动，资金的成本风险增大。

13.2.4 福费廷

1. 概念

（1）定义：福费廷（Forfaiting）一词是音译，源自法语单词"Forfait"，原意为"承揽"或"出让对某项事物的权利"。在当代国际贸易中，福费廷作为一种新型的中长期出口融资形式出现，成为卖方信贷业务中使用十分广泛的一种形式。具体而言，对于国际上延期付款的大型成套设备的交易，出口商将经过进口商承兑的中长期票据，无追索权地出售给出口商所在地的银行或其他专业性金融机构，提前取得资本货物的价款，从而将进口商未来可能发生的违约风险转让给银行。从银行经营的角度看，福费廷是以贴现买断票据的方式来对出口商提供资金便利，又称包买票据业务，并且要求进口商承兑的远期汇票需要有一流大银行的担保。

（2）业务发展：第二次世界大战结束后不久，被战争破坏的各主要国都需要进口大量物资和日用品以重建经济，却因为缺乏外汇资金而向银行申请贷款，但因为银行融资能力有限，于是瑞士苏黎世银行协会首先开创了福费廷业务。到了20世纪50年代后期，随着经济的恢复，国际大型资本货物交易量越来越多，品种日趋复杂，出口竞争日益激烈，卖方已不再满足传统的短期融资，而要求延长付款期，在商业银行不能及时提供服务的情况下，福费廷融资方式进一步活跃起来。进入20世纪80年代，由于发展中国家爆发的债务危机，使得正常的银行信贷受到抑制，而福费廷业务却获得持续增长，逐渐从欧洲向全球扩展开来，二级市场终于形成，交易方式日渐灵活，交易金额不断增加，成为了一个真正意义上的全球性市场。

2. 福费廷与其他融资方式的主要区别

（1）与银行信贷相比：福费廷与传统银行贸易信贷的显著差别体系在融资双方的关系上，福费廷业务中表现的是国际银行与出口商之间的票据受让、担保及买卖关系，有较为完善的二级市场，而通常意义上的银行信贷则反映的是交易双方间的借贷及债权债务关系，一般不能转让。

（2）与保理相比：虽然福费廷与国际保理都是购买应收账款业务，但福费廷属于中长期国际贸易融资范畴，涉及资本货物贸易，可按票面金额提供融资，而保理针对的则是短期票据，贸易背景是消费品交易，出口商一般只能得到相当发票金额 80% 的资金。

（3）与贴现相比：福费廷与一般贴现的主要不同在于，由于经营福费廷业务的银行买断的票据期限更长，且无追索权，银行除收取利息和手续费外，还要收取承担费、罚金等费用，而一般的贴现针对的是各类短票据，因此福费廷业务的成本要高于普通贴现。

（4）与出口信贷相比：福费廷与官方支持的出口信贷的主要区别体现在融资条件上，无论是买方信贷还是卖方信贷，均属于出口国政府提供补贴和担保的优惠资金，融资条件严格，审批程序复杂，需要符合国家既定的产业发展政策，而福费廷业务则更加注重的是对票据及其担保银行资信的审核，手续相对简便，融资效率较高。

3. 中国银行产品功能与类型

福费廷是中国银行无追索权地买入因商品、服务或资产交易产生的未到期债权。通常该债权已由金融机构承兑/承付/保付。中国银行福费廷业务可接受的债权形式包括：信用证、汇票、本票、有付款保函/备用信用证担保的债权、投保出口信用险的债权、国际金融公司（IFC）等国际组织担保的债权及其他可接受的债权工具。需要特别注意的是，办理福费廷业务的有关债权应当是合法、真实、有效的，未设立任何抵押、质押。

中国银行的福费廷业务在无需占用客户授信额度的情况下，为客户提供固定利率的无追索权票据买断，有效地满足客户规避信用风险、增加现金流、改善财务报表、获得提前核销退税等多方面综合需求。目前，中国银行福费廷业务可细分为：

（1）远期信用证项下福费廷：指中国银行应客户申请，在远期议付、远期承兑或延期付款信用证项下，无追索权买入经开证行承兑/承付的远期应收款项。

（2）即期信用证项下福费廷：指在即期议付信用证项下，中国银行是指定议付行或信用证为自由议付，在严格审单，确保单证一致情况下，应客户要求买断开证行应付款项。

（3）D/A 银行保付项下福费廷：指在承兑交单（D/A）项下，中国银行应客户要求无追索权买入经其他银行保付的已承兑商业汇票。

（4）国内信用证项下福费廷：指在国内延期付款信用证和可议付延期付款信用证项下，中国银行在收到开证行真实、有效的到期付款确认后，从客户处无追索权买入未到期债权。

（5）信保项下福费廷：指中国银行对已投保出口信用保险的出口贸易，凭客户提供的单据、投保出口信用保险的有关凭证、赔款转让协议等，向客户提供的无追索权买入未到期债权的业务。

（6）国际组织担保项下福费廷：指中国银行作为国际金融公司（IFC）、亚洲开发银行（ADB）、欧洲复兴开发银行（EBRD）、美洲开发银行（IDB）四家国际组织全球贸易融资项目协议参与方（保兑行身份），凭国际组织担保，无追索权买入客户持有的未到期债权。

4. 中行业务特点

（1）人才优势：中国银行拥有高素质的福费廷产品专业人才队伍，丰富的福费廷作业经验，集中化的管理和运作模式。目前，中国银行代表还担任着国际福费廷协会（IFA）非执行委员会董事及东北亚地区委员会主席，拥有可以信赖的人脉资源。

（2）服务优势：中国银行福费廷产品种类齐全，不受结算方式限制，可融资的债权工具灵活多样，不仅包括信用证，而且有汇票/本票、付款保函/备用信用证担保债权、出口信用保险承保债权等多种形式，还可以根据项目的具体情况，提供个性化解决方案。

（3）网络优势：依托国际上广泛的分支机构和代理行网络，中国银行具有卓越的风险承担及管理能力。在国内率先以保兑行身份加入 IFC、EBRD、ADB、IDB 四家国际组织贸易融资项目，通过与这些国家和地区性组织的紧密合作，中国银行将风险承担范围进一步拓展到亚、非、拉等新兴市场国家。此外，中行的融资期限灵活，不仅可以提供 1 年以下的短期融资，而且可以提供 3～5 年，甚至更长期限的中长期融资。

5. 办理流程

（1）客户提交《福费廷业务申请书》。

（2）客户与中国银行签订《福费廷业务合同》。

（3）取得对债务人的授信额度或确定转卖后，中国银行与客户签署《福费廷业务确认书》。

（4）债权转让：在客户持有票据情况下，将票据背书给中国银行；在无法取得票据的情况下，签署《债权转让书》。

（5）贴现付款：中国银行在取得信用证项下开证行/指定银行的承兑/承付通知，或其他符合我行要求的债权凭证之后，扣除贴现息和有关费用后，将款项净额支付给客户。

（6）核销与退税：出口贸易项下，为客户出具出口收汇核销专用联，供其办理出口收汇核销和退税。

13.3　OECD 关于出口信贷的安排

与银行一般商业性贷款的一个显著区别在于，官方支持的出口信贷的贷款条件（如利率、费率、期限等）不是由金融市场上的资金供求关系所决定的，而是主要取决于贷款国扩大自己资本货物出口的意志和实力。为了缓解彼此之间在出口信贷问题上的矛盾和争斗，发达国家尝试就这一问题上进行一定范围的国际协调与合作，于是 OECD 便制定了供有关国家共同遵守的多边框架和规则，即所谓有关出口信贷的"君子协定"。

13.3.1 "伯尔尼联盟"

1. "伯尔尼联盟"简介

由于国际竞争的加剧，市场争夺越来越激烈。许多发达国家政府为促进本国出口，竞相扶持本国的出口信贷行业，采取降低利率、延长贷款偿还期、压低收取货物现金比例等手段，从而使中长期出口信贷条件一降再降。结果往往导致矛盾激化，倾轧不断，负担沉重。为此，有关国家试图在推行出口信贷政策方面谋求协调行动，缓和无限制的出口信贷竞争，为有关国家的出口提供一个相对公平的国际环境。

早在 1934 年，来自法国、意大利、西班牙和英国等国的公私信贷融资及保险机构在瑞士成立了"国际信用保险管理联盟"，又称为"伯尔尼联盟"（Berne Union）。其宗旨是促进成员国间交换出口信贷融资及保险方面的信息情报，通过定期会晤来协调各成员在出口信贷政策上的立场。由于该联盟属于民间性质的机构，对成员国并不具有强制约束力，后又因为第二次世界大战的爆发便中止了活动。1953 年，联盟成员再次召开会议并达成一项谅解，同意遵守提供出口信贷时的原则条件，同时联盟更名为"国际信用和投资保险联盟"。1961 年，联盟成员再次对 1953 年的协议作出澄清，对于由政府批准的特大工程项目下的买方信贷协议，默认其偿还期可以超过规定的最高期限。尽管后来因 OECD 的工作而使得"伯尔尼联盟"的协议自行失效，但联盟仍然是世界上协调出口信贷政策的一个重要机构，在 2007 年有成员 50 个，分布在 32 个国家和地区。

2. "伯尔尼联盟"使命

根据上述谅解协议，成员国协调出口信贷政策方面的行动主要包括以下几个方面：

（1）贷款偿还期：根据不同的出口商品类别，确定提供出口信贷的最高偿还期，资本货物为 5 年，半资本货物为 3 年，耐用消费品为 18 个月，原料和消费品为 6 个月。

（2）风险承担：国家信贷保险机构不承担全部出口信贷保险，出口商本身应承担一定比例的风险（15%），以促使出口商审慎地选择客户，注重进口商的资信调查。

（3）支付比例：进口商购买商品时，不能全部依靠出口商所在地银行提供的出口信贷，在出口商将货物发运或承建工程完工前，进口商应先自付货价 15%～20% 的现汇。

13.3.2 "君子协定"概述

1. 由来与发展

由于"伯尔尼联盟"成立之后签订的协议，并未能在成员国间得到彻底的贯彻执行，于是自 20 世纪 60 年代开始，其协调出口信贷政策方面的工作便由经济合作与发展组织（OECD）取代。1963 年，OECD 正式成立了常设的"出口信贷担保小组"，研究并评价成员国出口信贷与融资政策问题。1969 年，在 OECD 的协调下，13 个国家就向造船业提供融资的信贷条件达成协议，占当时经济合作与发展组织造船量的 96%。

进入 20 世纪 70 年代，国际经济形势更加动荡，发达国家普遍陷入经济滞胀之中，彼此之间的市场竞争日趋激烈。与此形成鲜明对比的是，一些新兴的工业化国家或地区经济取得了很大发展，国内投资需求旺盛。为协调在资本货物出口上的立场，缓和相互矛盾，在西方 7 大工业化国家集团（G7）于 1976 年举行的巴黎峰会上，有关国家就提供官方支持的出口信贷的原则条件终于达成一致性意见（Consensus），对接受出口信贷的进口商应支付的最低现金比例、最低贷款利率与费率、最长偿还期等作出明确要求。

1978 年 4 月，《官方支持的出口信贷安排》（*Arrangement on Officially Supported Export Credits*）开始生效，它是作为参加国之间达成的一项不具备法定约束力的"君子协定"（Gentlemen's Agreement），其执行效力源自于协定参加国的道义承诺，因此更像是一个国际惯例而并非 OECD 的正式法律文件。当初参加协定的签字国共计 20 个，分别是澳大利亚、加拿大、欧洲经济共同体 9 国、芬兰、希腊、日本、挪威、葡萄牙、西班牙、瑞典、瑞士、美国。此后，该协定又经过多次的修改和完善，在当今多边国际贸易体制中发挥着一定的积极作用。2010 年 1 月，OECD 再次对《官方支持的出口信贷安排》的主要内容作出最新修订。截至目前，该协定的参与方共有 9 个，即澳大利亚、加拿大、欧洲联盟（包括全体 27 个成员国）、日本、韩国、新西兰、挪威、瑞士、美国。如果有国家要退出已签字的协定，在向 OECD 秘书处发出书面通知的 180 天之后，其退出决定生效。

2. 目的

制定《官方支持的出口信贷安排》的主要目的在于，为有序地使用官方支持的出口信贷提供一个指导性框架，对与贸易相关的官方信贷援助定出明确的规则，各国的出口信贷政策应建立在开放竞争和自由市场的原则之上。鼓励各国出口商之间在出口产品价格和服务质量基础上展开竞争，反对滥用最优惠的官方支持条款，限制成员国政府对出口信贷提供竞争性补贴。该协定适用于所有由政府对出口商品及劳务提供的、偿还期限在 2 年及以上的官方支持贷款，包括融资租赁、出口信贷担保或保险、直接融资以及投资、利息补贴、相关援助等。纳入协定的部门有船舶、核电站、民用航空器材、可再生能源及水处理等，而军事装备和农产品出口则被排除在外。

虽然经过逾 30 年的风雨历程，然而需要指出的是，关于出口信贷的"君子协定"毕竟是参加国互相斗争和妥协的产物，也成为参加国家在国际贸易领域开展国际竞争时可以利用的工具。由于协定并不具备法律强制力，各参与国保留了最后的决定权，因此，自协定签字之日起，协定参加国就利用其中的技术性条文进行明争暗斗，其主要手法是使用混合信贷，或对特殊产品提供优惠信贷，并不能避免各国因竞相降低出口信贷利率而可能引发的贸易战，实际约束力仍是十分有限。

13.3.3 出口信贷融资条款及条件

1. 现金支付、官方最高支持金额及当地费用

对于受官方支持的商品及劳务出口，协定参加国要求国外的进口商在出口信贷起始日（Starting Point of Credit）或之前，应支付不低于出口合同金额 15% 的预付款（Down Payments），协定参加国不得提供超过出口合同金额（包括来自于第三国的采购）85% 的信贷支持（Maximum Official Support）；官方支持的出口信贷容许用来支付 100% 的保险费用（Premium），保费可以或不可以计入出口合同总价；信贷如果用于支付当地费用（local costs），即为完成项目而必须在进口国当地采购的商品及劳务，如果超过出口合同金额 15%，则必须事先说明其性质，但不得超过出口合同金额的 30%。

2. 最长偿还期限

对于高收入的 OECD 国家（Ⅰ类国家），出口信贷的最长还款期限（Maximum Repayment Term）为 5 年，在事先通知其他成员国并得到同意的情况下可以延长至 8.5 年；对于所有其他国家（Ⅱ类国家），信贷最长还款期限为 10 年。官方支持出口信贷用于非核能电厂建设项目（Non-Nuclear Power Plants,），其最长还款期为 12 年。

3. 本金及利息偿付

出口信贷的本金总额（Principal Sum）应在还款期内分次等额偿还（Repaid in Equal Instalments），本金偿还及利息支付周期应不少于每 6 个月一次，而且第一次本金及利息偿付不得迟于信贷起始日之后的 6 个月；对用于支持租赁性质交易的出口信贷，也可以采用等额本金及利息的偿还方式（Equal Repayments of Principal and Interest Combined）；信贷起始日之后的欠付利息不得资本化（Not Capitalised），即应付利息不能计入贷款本金。

4. 商业参考利率

商业参考利率（Commercial Interest Reference Rates，CIRRs）是作为协定参加国按固定利率提供出口信贷的最低利率，与相应货币发行国国内的一流借款人的利率相当。商业参考利率的具体计算方法是，在选取有关货币发行国的基准利率的基础上，再加 100 个基点。对于基准利率的确定，可以采用下列两种方式之一。第一种方法是按出口信贷的期限长短与政府债券期限来确定贷款的利率水平，即还款期为 5 年及以下的出口信贷参考 3 年期的政府债券收益率，还款期超过 5 年但又小于或等于 8.5 年的出口信贷参考 5 年期的政府债券收益率，而还款期为 8.5 年以上的出口信贷则参考 7 年期的政府债券收益率。第二种方法针对的是所有期限的出口信贷，均按 5 年期的政府债券收益率确定利率。如果是以浮动计息方式提供出口信贷，则银行及其他信贷机构将不被容许在 CIRR 和短期市场利率之间选择更低的利率。

根据出口信贷的上述期限，OECD 在每个月的 15 日对外公布 15 种主要货币的商业参考利率报价，其发行国或地区分别是澳大利亚、加拿大、捷克、丹麦、匈牙利、日本、韩国、新西兰、挪威、波兰、瑞典、瑞士、英国、美国以及欧元区。信贷协议的执行利率一般采用协议签订日的商业参考利率，其有效期不得超过 120 天，否则必须再加上 20 个基点的利差。如果借款人提前还款，则需要补偿出口信贷提供机构因重新安排资金而产生的成本或损失。为便于比较，表 13-1 选取 2010 年 3 月 15 日至 4 月 14 日期间，国际上主要货币发行国提供出口信贷时的商业参考利率。以美元为例，期限为 5 年及以下的出口信贷利率的计算参考美国当时 3 年期的政府债券收益率（2.40%），加上 100 个基点利差（1%），即为 3.40%；如果贷款利率执行的有效期超过 120 天，则还须加上 20 个基点的利差（0.20%），即等于 3.60%。

表 13-1　　　　　　　　主要货币 CIRR（2010 年 3 月 15 日—4 月 14 日）

国家货币	政府债券期限	收益率（%）
EUR	小于或等于 5 年	2.64
	大于 5 年但小于或等于 8 年	3.40
	大于 8 年	3.97
GBP	小于或等于 5 年	2.94
	大于 5 年但小于或等于 8 年	3.87
	大于 8 年	4.50
JPY	小于或等于 5 年	1.25
	大于 5 年但小于或等于 8 年	1.53
	大于 8 年	1.85
USD	小于或等于 5 年	2.40
	大于 5 年但小于或等于 8 年	3.36
	大于 8 年	4.12

资料来源：OECD, the Arrangement for Officially Supported Export Credits, Changes in Commercial Interest Reference Rates, Paris, 10 March 2010.

5. 国家风险分类及最低保险费率

除应收利息外，协定参加国还要收取信贷保险费以规避信贷违约风险，并且费率不得低于最低保险费率（Minimum Premium Rate，MPR）。对于不同的借款国家，按其是否具备偿付外债的能力将国家信贷风险（Country Credit Risk）划分为 8 类（Category），以 0～7 来表示。国家信贷风险的构成包括以下 5 个方面的要素：借款国政府宣布延期偿还，发生在协定参加国之外的政治事件或经济困难导致信贷偿付资金的划转出现中断或延误，借款国通过立法宣布以当地货币还款，外国政府任何其他的措施或决定导致信贷偿付中止，发生在协定参加国之外的不可抗力。高收入的 OECD 成员国以及欧元区成员国归于 0 类国家，即国家风险被认为可以忽略不计。除了 0 类国家之外，所有其他国家都要根据国家风险评估模型予以分类，确定 1 ~ 7 类国家对应的具体最低保险费率 MPR。MPR 的计算公式为：

$$MPR = [(a \times HOR) + b] \times (PC/0.95) \times QPF \times PCF \times (1-MEF) \times BRF$$

其中，a 和 b 是适用于国家风险类别相对应的系数，HOR（Horizon of Risk）是风险期限，PC（Percentage of Cover）是覆盖比例，QPF（Quality of Product Factor）是产品质量因子，MEF（Country Risk Mitigation/Exclusion Factor）是国家风险缓释/剔除因子，BRF（Buyer Risk Cover Factor）是买方风险覆盖因子。总之，为计算 MPR 所需的上述公式中各项数值，均由 OECD 以协定附件的形式对外发布。

13.3.4 简要评价

1. 对发达国家之间关系的影响

一方面，由于发达国家几乎都是出口信贷的提供国，因此，"君子协定"在协调发达国家的出口信贷政策方面还是可以产生一定的正面效果，有助于缓解相互间的恶性商业竞争，减少政府不必要的信贷补贴及赤字，促使贸易竞争更多地基于市场原则，使出口商更多地在商品及服务的质量、价格竞争上下工夫，符合资本主义的自由市场原则和贸易自由化取向，推动国际贸易更加公平合理的开展。另一方面，"君子协定"仍然不足以保证完全消除国际上的不公平贸易竞争行为，尤其在危机时期，各国往往以邻为壑，绕过协定限制，引发矛盾冲突，其执行效力有限。

2. 对发展中国家的影响

"君子协定"由 OECD 主导，是发达国家在国际贸易领域中制定的规则，对其他没有参加协定的国家在办理出口信贷业务时具有一定的参考价值。然而，发展中国家在此过程中并无话语权，只能被动接受，协定的具体规定也并不完全适合发展中国的实际需要，限制了发达国家向发展中国家提供援助资金的能力，减少了发达国家对发展中国家出口的补贴，确定利率的方法并没有考虑到发展中国家的实际，增加了发展中国家的信贷成本，而且有些产品（如农产品）被排除在信贷受惠范围之外，对发展中国家构成歧视，容易成为发达国家相互争斗的受害者和牺牲品。

◎ 本章案例

接手阿根廷出口信贷中信银行掘金南美

（引自《经济观察报》，2010 年 8 月 23 日）

今年 7 月，阿根廷共和国女总统克里斯蒂娜·费尔南德斯·德基什内尔访华期间，给中国企业带来了 100 亿美元的铁路项目订单。

根据协议内容，中国将在未来 2~5 年内分别投资于阿根廷 10 个铁路项目，包括铁路线以及相关设施建设。

据悉，巨额的订单让南车、北车这些列车生产商们志得意满，不过，金融危机之后阿根廷财政并不宽裕，因此上述合作项目能否顺利推动，中资银行能否提供融资将成为项目落实的关键。

这也给国内的银行家们带来了巨大的商机，中信银行成为首家涉足南美大陆的国内银行。

阿根廷大单

早在 2004 年，同为中信集团下面的中信国际合作公司（下称中信国合）就开始进入阿根廷市场，寻找轨道交通的项目机会。

地铁在阿根廷当地被称为 "SUBTE"。阿根廷首都布宜诺斯艾利斯市地铁系统为世界上最古老的地铁系统之一。布宜诺斯艾利斯的第一条地铁线路 A 线于 1913 年开通，是南半球最早投入使用的地铁线。此后，在长达一个世纪中，布宜诺斯艾利斯的轨道交通发展缓慢。

截至 2008 年，布市共有六条地铁线路，全长仅 48.3 公里。由于 20 世纪 80 年代后期地铁乘客的大量流失，阿根廷政府其后将布市地铁全部私有化，目前布市的全部地铁由 METROVIAS 公司经营。

一位到该市考察过的中信银行人士说："我们去乘坐过地铁，还是木制的门，而且需要手动开合。全程都非常拥挤，又没有风扇，比北京过去高峰点挤车还难受。"

恰是这种情况让阿根廷政府痛下决心，决定对该国的此类基础设施进行更新。根据当地测算，预计到 2011 年，该市的地铁线路总长将增加到 89 公里。

中信国合当时正是发现了阿根廷轨道交通领域存在着的巨大商机，便开始通过在阿根廷的代理与阿根廷中央政府部门，包括交通部和经济生产部以及布宜诺斯艾利斯市政府等部门建立联系。

"实际上，在中信国合开拓前方市场的同时，也就找到中信银行寻求出口信贷配合。2006 年 12 月 19 日中信银行第一次向阿方出具关于该项目的兴趣函。"一位中信银行人士透露。

2008 年 11 月，中信国合在布宜诺斯艾利斯市的总统府与阿根廷政府交通国务秘书处共同签署了 279 辆地铁车辆供货框架合同，框架金额约 6.5 亿美元，合同分三批执行。

2009 年 1 月 27 日，中信银行与阿根廷经济和公共财政部在阿根廷驻华使馆签署了 "中信建设出口布宜诺斯艾利斯市地铁 A 线车辆项目" 一号分批合同的贷款协议，中信银行副行长赵小凡当时还兼总行营业部总经理，他与阿根廷经济部国际信贷项目局长 Gabriela Costa 女士代表双方签署了协议。

根据这项协议，中信银行作为安排行，牵头中国建设银行，为阿根廷经济部提供总金额为 8500 万美元的出口买方信贷，贷款期限 10 年，中国出口信用保险公司（下称中信保公司）提供出口买方信贷保险。

接近项目人士称，根据交易结构，中信保公司承担项目贷款 95% 的风险，而我们承担 5%，风险敞口并不大。

"就在最近，国合一期项目已经顺利地进入执行阶段。中信保公司的保单已于今年 5 月份生效，最近阿方已经实现第一次提款。"接近项目人士称。

这个项目作为阿根廷政府未来 5 年的重点工程，是中阿两国近年来近百个商务合同中第一个成功实现融资的项目。

◎ 思考题

1. 出口信贷的定义及其作用是什么？
2. 出口信贷有哪些基本类型？
3. 试述福费廷业务的流程。
4. 如何确定出口信贷的商业参考利率？
5. 试析我国出口信贷业务的发展概况。
6. 简评 OECD "君子协议" 的作用。

第*14*章

国际银团贷款

◎ **本章要点**

- 银团贷款的基本概念
- 银团贷款的主要特点及其作用
- 银团贷款的当事方
- 银团贷款的信贷条件
- 我国银团贷款业务的发展

14.1 银团贷款概述

对于大型国际货物和技术交易以及国际工程项目的当事人，如果资金的需求量很大，时间长，则可以考虑从国际金融市场上筹措中长期银行信贷。而银团贷款作为为国际银行信贷的主要筹集方式，越来越受到市场的普遍欢迎，适应了当代金融自由化、一体化和全球化的发展趋势，促进了国际贸易和国际投资活动的开展，对推动世界经济的持续增长发挥了积极的作用。本节主要介绍国际银团贷款的有关概念、特点及其种类。

14.1.1 国际银团贷款概念

1. 定义及贷款方式

（1）定义：所谓银团（Banking Group）是指为了向同一个借款人或者同一个项目提供中长期大额融资，经由一家或几家贷款银行牵头发起，有多家其他银行共同参与，按相同的信贷条件，联合组成的一个紧密的银行贷款集团。在业务合作与分工的基础上，由这样的一个银行集团对上述借款人或项目所发放的集体贷款就是银团贷款（Consortium Loan），又称辛迪加贷款（Syndicated Loan）。如果参加银团贷款的诸多银行成员来自于不同的国家或地区，即为国际银团及国际银团贷款。在具体业务操作中，国际银团的规模及其成员的数目一般要根据借款人举办项目所需的筹资金额来决定，少则几家，多则几十家甚至更多。

（2）贷款方式：银团的贷款方式一般可以分为两种，即直接银团贷款与间接银团贷款。直接银团贷款是由银团内部的各个成员银行直接同借款人签署信贷协议并提供贷款，信贷条件都是一致的，整个贷款工作均由银团中指定的代理银行统一管理。在这种直接银团贷款中，各家银行表面上只与借款人签订了一份信贷协议，但实际上每家银行成员都与借款人存在债权债务关系，而不过使用的是同一份借贷协议。于是，每家银团成员承担的信贷义务仅限于其在贷款协议中所做的承诺，各银行彼此之间不存在连带责任关系。与此相对应，借款人也只有在向每一家银团成员履行完了偿还所有贷款本金及利息的义务之后，其债务责任才能够完全解除。

间接银团贷款是在直接银团贷款的基础上发展而来的。它由牵头银行先与借款人签订信贷协议，然后再将贷款参与权（Participation in the Loan）按照一定的比例分别转售给其他银行，后者又称为贷款参与银行，以此组成银团来共同向借款人提供信贷资金。牵头银行在贷款协议中的收益及责任，随着贷款参与权的转让而由参与银行分担，全部贷款工作由牵头银行负责管理。由于间接银团贷款方式可以简化信贷手续，缩短谈判时间，提高工作效率，因此容易为债权债务双方所接受。

2. 起源及发展

（1）起源：银团贷款最早出现于 20 世纪 30 年代的美国，当时金融市场上把由几家银行共同对某一客户提供的贷款称为联合贷款或俱乐部贷款，这是银团贷款的雏形，克服了传统双边贷款的不足。第二次世界大战结束后，各国为了经济的恢复与振兴，急待筹集大量的资金用于采购，以满足日常消费和投资的需要；而不断扩大的国际贸易又进一步推动了生产国际化的发展，导致对资金的需求大幅度增加，尤其是中长期信贷资金，有时竟高达几十亿美元。显然，单靠一家银行筹集如此巨额的中长期资金是很难承担的，何况风险也很大。于是，由多家银行自发参与的共同贷款就应运而生，通过与借款人签订一个总的信贷协议，各银行认购一定的贷款份额，统一委托一家银行进行管理。

（2）发展：随着离岸金融市场的发展，真正的银团贷款出现在 20 世纪 60 年代末。比较公认的第一笔国际银团贷款是发生 1968 年对奥地利政府的贷款，当时由美孚银行（Bank Trust）和雷曼兄弟公司（Lemman Brothers）共同作为牵头银行，由 12 家银行提供 1 亿美元的贷款。在整个 20 世纪 70 年代，银团贷款的技术日渐成熟，开始成为国际银行信贷的主要形式。从 1971 年到 1979 年，银团贷款每年的平均增长率高达 46.2%，未偿还的余额达到 2000 多亿美元。在此期间，国际银团贷款的另一个重要特点就是，以发展中国家政府为主体的官方借款活动得以迅速发展。究其原因，主要是由于国际商业银行急需为富余的资金寻求出路，贷款给发展中国家政府被看做是没有风险的；而发展中国家也认为，成本低廉的借款比引进外国直接投资更容易控制，于是积极争取国外借款以实施进口替代及工业化发展战略。

到了 20 世纪 80 年代，由于发展中国家爆发债务危机，一度导致国际银团贷款急剧萎缩。以 1984 年为例，国际银团贷款已降至 500 亿美元。然而从 1987 年起，国际银团贷款开始走出低谷。1988 年，发达国家在国际银团贷款中所占比重猛升至 83%。在这一时期，国际银行业吸取了 70 年代的经验教训，提供银团贷款的时候更多采用项目融资（Project Financing）的方式，而且贷款的具体操作手法和技巧日趋完善，贷款条件也变得更加灵活和弹性化。例如，给予借款人多种选择货币（Multi-Option Currencies）、多种选择便利（Multi-Option Facilities）等，从而增强了贷款的流动性和安全性，提高了银行参与银团的积极性。

随着 20 世纪 90 年代的到来，国际银行业的发展主要体现在三个方面：业务多元化、兼并重组、以证券化为核心的技术创新，使得银团贷款业务再次呈上升之势。1995年，银团贷款总额达 3680 亿美元，较上年增长 56%。亚洲金融危机爆发后，银团贷款虽然有所下降，但到 1997 年，银团贷款的规模又增加到 3904 亿美元。许多在危机期间惨淡经营的银行，逐渐认识到新兴市场的巨大潜力，对信贷业务相应作出地区结构的调整，亚洲国家的借款总额已占到发展中国家的一半以上。

进入新千年之后，随着世界经济的恢复性增长，国际银团贷款亦得到了进一步发展。但是到了 2007 年中期，美国次贷危机全面爆发，进而引发全球性的金融危机，并对实体经济造成巨大冲击和伤害。在经济全面衰退和流动性普遍不足的背景下，尽管各主要发达国家的中央银行纷纷放松银根，出台救助政策，屡屡施以援手，然而许多历史悠久、显赫一时的大型银行还是不得不面临破产倒闭或被兼并重组的命运，例如，美国的雷曼兄弟公司、美林银行、花旗银行、美洲银行等。更为严重的局面是，有些发达国家甚至发生了主权债务危机，如冰岛和希腊，引起国际金融体系一片动荡，市场信心受到前所未有的打击。由于世界金融行业陷入自 20 世纪 30 年代以来最为萧条的阶段，因此，国际银团贷款也处于历史的低潮。

14.1.2　银团贷款有关当事方

1. 借款人

作为银团贷款中的资金需求一方，借款人所需要的资金数额往往很大，期限较长，其目标无疑是以最为经济的条件寻求稳定的资金来源，以贷款融资来满足大宗国际交易和工程项目建设的需要，获得预期的经营收益及利润。由于受到时空的制约，借款人在筹措资金的漫长过程中，一般基于以往的业务往来关系，更倾向同其熟悉和信任的一个或几个贷款银行保持密切的联系，委托代为安排信贷款项，这也正是银团贷款中牵头银行存在的一个重要理由。无论是直接的银团贷款还是间接的银团贷款，借款人最为关心的是能否以及按照何种成本借入所需贷款，至于贷款由多少家银行来提供则是次要问题。鉴于信贷协议谈判的艰巨性以及众多法律条文的复杂性，借款人在必要的时候可以指定一家专业的金融机构充当财务顾问，提供有偿的咨询与策划服务，以便在贷款协议的谈判中争取最有利的条件，成功取得融资便利。

2. 担保人

担保人是指为借款人提供信用担保的一方，保证借款人认真履行已签订的银团贷款协议，按时还本付息。担保人具有双重身份，其与贷款银行及借款人的关系是或有债权债务关系。为了促使担保人履行职责，需要订立担保协议或出具保函，明确担保人的权利和义务。在偿还银团贷款本息时，借款人是付款的第一责任人，担保人是第二性的付款责任人。在借款人有意或无意发生信贷违约的情况下，担保人需要承担连带责任，付款人身份由第二性变为第一性；贷款银行有权依据担保文件向担保人索要应还贷款本息，而担保人则有权凭借抵押物权从借款人处得到补偿。此时，担保人对于贷款银行而言是债务人，对于借款人来说就成为债权人。充当担保人角色的，可以是借款人所在国的政府机构、母公司或其他金融机构。

3. 贷款人

贷款人即为银团贷款的各个参与方，它们是信贷资金的提供者以及借款方的债权人，共同承担对借款人的放款义务以满足其资金需求，同时有权获得贷款收益并收回本金。根据不同银行在银团贷款中的地位、作用以及分工，贷款银行可以分为以下几种：

（1）牵头行（Leading Bank）：这是银团贷款的发起人和领导者，负责接受借款人的委托，审查借款人贷款申请和担保，筹备组织银团，准备贷款文件和资料备忘录。有时在较大银团中还设有副牵头行（Co-Leading Bank），以吸引更多的银行参与银团之中，并且协助牵头行工作。

（2）代理行（Agent Bank），作为银团与借款方的日常联系人，它代表银团与借款人进行谈判，并具体负责贷款协议生效后整个信贷资金的管理工作，如贷款资金的发放、利息收取、本金收回等。

（3）安排行（Arranger）：具体负责组织和安排银团，协助代理行做一些事务性的工作，通常情况下，牵头行与安排行是同一家银行。

（4）参与行（Participant Bank），作为银团贷款的普通参与者，按照银团内部分工要求，提供规定的信贷资金份额并取得收益。

显而易见，牵头行在银团贷款中的地位最为重要，它以自身的良好信誉和雄厚实力，首先与借款人展开贷款谈判，达成信贷协议之后再来组织银团，落实信贷资金，而自己甚至可能只需投入很少量的本金，主要收入来源则是成功落实贷款后所收取的管理费。而对于银团的其他成员来说，通过积极参与国际银团贷款活动，不仅可以运用信贷资金以取得可观的收益，而且还能够比较便利地进入国际信贷市场，熟悉并掌握相关的业务规则，积累必要的国际经验和广泛的人脉关系，加深对各国同业的认识和了解，增进彼此的信任与合作，从而有利于扩大银行自身的影响。

14.1.3 银团贷款的资金来源

1. 吸收存款

商业银行从国内外各类存款人处吸收富余的储蓄资金，例如，自然人、企业法人、社会团体、政府部门、国际机构等，这属于银行的传统负债业务，尤其是定期存款构成商业银行最为稳定和可靠的资金来源，它既是银行所有业务的基石，也是银行的生存立命之本，直接决定了银行开展资产业务的规模和抗击风险的能力。

2. 同业拆借

商业银行从其他银行同业处拆入资金，以满足自身的业务需要，这是目前国际银行界较为普遍的筹资方式，尤其广泛用于货币市场上的相互融资活动，交易简便，市场完善，报价以 Libor 为参考，对于存款不足的中小银行特别适用，但多属于短期资金业务，流动性很高。

3. 发行有价证券

银行也可以作为发行人出现在金融市场上，通过发行不同种类的长短期有价证券来筹集所需的信贷资金，然后再以债权人的身份，将筹借到的资金提供给需要资金的借款人。目前，银行惯常使用的有价证券工具包括浮动利率票据、银行大额可转让定期存单、中长期金融债券等。

（1）浮动利率票据（Floating Rate Notes）：它是一种利率可以调整的债务工具，被银行广为使用以筹集资金，基础利率一般以 Libor 为参考，再加上一定的风险溢价，由于利率定期调整，对于担心通胀的投资者具有较大的吸引力，以保护其利益不因货币贬值而受损。

（2）银行大额可转让定期存单（Certificate of Deposit）：这在货币市场上由商业银行或储蓄信贷机构以不记名方式所发行的一种短期债务证书，属于典型的附息证券。其票面所载明的利率即为存单的到期收益率，存单期初按照面值发行，于到期日由发行银行一次性向投资人付息还本，有十分活跃的二级市场，方便转让，安全性较高。

（3）金融债券（Bank Debentures）：在资本市场上，由银行等金融机构发行的一种能在将来一段时期为投资者带来固定收入的中长期有价证券，债务人承诺定期向债权人支付一定的利息，并于到期时偿还本金。由于信用级别比较高，金融债券能方便地在二级市场上进行交易转让。

4. 收回已到期的贷款

银行将先前投放的信贷资金收回后再重新加以运用，包括本金及利息，这是银行信贷资金循环运动的必然结果。收回的资金或用于另一个项目，或借给新的债务人，它属于银行最传统的资产业务，也最容易引发银行经营的风险，导致银行坏账甚至破产。

14.1.4 银团贷款特点

为便于理解，下面分别从借款人和贷款人的角度，比较分析银团贷款的主要特点。

1. 从借款人的角度看

（1）资金量大：由于有多家银行的参与，借款人仅凭一笔银团贷款就可以筹集到数额庞大的信贷资金，筹资效率高，可以用来满足大型国际贸易和复杂项目建设的需要。但是，银团贷款与官方支持的出口信贷不同，信贷条件由金融市场决定，不仅贷款利率较高，而且借款人还要支付其他非利息费用，在一定程度上增加了资金使用成本。

（2）期限长：银团贷款也属于中长期国际信贷，可以为借款人提供稳定可靠的资金来源，有利于安排生产，力争项目取得预期的收益，确保偿还贷款本息，能将贷款的借、用、还三个阶段很好地予以结合。然而它毕竟不同于政府贷款，不适用回收期长的基础设施建设或社会公共项目。

（3）资金使用灵活：银团贷款对于借款人的资金用途并没有严格苛刻的强制要求，并不限定借款人的货物及劳务采购，方便灵活掌握，借款人可以充分利用国际招标，降低交易成本，提供资金使用效率。但如果因资金使用不当而导致浪费或损失，则借款人将面临偿付困难，陷入债务危机。

2. 从贷款人的角度看

（1）分散风险：由于银团信贷资金来源于多个贷款人，银团成员可以利用多边制衡和审核机制，加强对借款人的监督检查，实现了债权人的多元化，从而避免"将鸡蛋放在一个篮子里"，使贷款人能有效地分散信贷风险，加速银行的资金周转。

（2）避免同业竞争：通过参加银团贷款，使各银行在业务活动上联合起来，沟通信息，相互协调，可以强化彼此之间的业务合作关系，避免同行竞相降低贷款条件而出现的不正当竞争，有助于维持与客户的稳定关系，降低贷款成本，增加银行的收益。

（3）扩大业务范围：贷款人以银团的形式进入国际资本市场，不仅可以学习和运用有关的业务知识，增加金融产品系列，而且借机结识更多的国际同业，加强相互间的理解和信任，提高自身的知名度，为今后进一步拓展业务范围奠定良好的基础。

14.2 银团贷款的操作

对于国际大型货物交易及工程建设项目，由于单独一家银行很难承担全部的资金准备工作，况且这样的风险也很大，于是通过组织银团的形式共同向借款人提供融资便利，可以充分发挥各自的优势，不仅效率高，而且有助于分散信贷风险。本节主要介绍国际银团贷款的操作程序、银团贷款的信贷条件以及贷款的使用与偿还。

14.2.1 贷款程序

国际银团贷款参与者广泛，涉及议题和事项众多，是一项十分庞大的系统工程，具体的贷款发放过程不尽相同，下面主要就银团贷款实施程序中具有共性的方面进行归纳。

1. 提出申请

借款人确定一家经验丰富、信誉卓著的国际知名银行作为牵头行，向其正式提交委托书（Mandate Letter）以及有关证明文件和审批材料，如营业执照、商务合同、用款项目概况、贷款金额及期限、董事会决议、政府批件、贷款担保与抵押情况等，委托牵头行代为在国际金融市场上寻求愿意参与贷款提供的其他银行，组织银团。必要时，借款人还可以采用公开招标的方式，向多家大银行发出邀请，以便从中挑选一个最满意的银行作为牵头行。

2. 接受委托

牵头行在收到借款人的委托请求之后，首先需要对使用贷款的项目进行风险评估分析，包括政治风险和商业风险，并提出防范风险的具体对策。然后在认可项目可行性的前提下，向借款人提交承诺书（Commitment Letter），内容主要涉及银行提供贷款的基本条件，如银团贷款分配比例、费用支付、担保与抵押要求等，请借款人研究是否接受。

3. 授权落实

借款人经董事会对受托银行的承诺书进行认真讨论研究之后，如果同意接受银行提出的报价及其贷款条件，则马上应向中标的银行出具具有法律效力的授权书（Letter of Authorization），授权其开展组织工作，选定银团的参与行和代理行，落实安排银团贷款，决定银团的内部分工。于是，中标银行就成为银团中的牵头行，并要承担有关的法律义务。

4. 起草文件

在得到借款人的正式授权之后，牵头行最主要的任务就是根据借款人提交的各种申请材料，准备银团贷款所需的有关法律文件，如备忘录、项目建议书、贷款结构条款、担保函、抵押协议等。为此，牵头行一般要聘请一家资信良好、经验丰富的专业律师事务所，负责各种法律文件的起草工作，并且作为银行的律师参加今后的信贷协议谈判。

5. 组织银团

在上述法律文件备齐后，牵头银行就可以向其他银行发出邀请，请有兴趣的银行参加银团，并附上前述备忘录、贷款结构条款等有关文件。而收到邀请的银行会着手对项目资料进行研究，分析测算项目的风险和经济效益，向牵头行出示评审意见，提出自己参加银团的条件供牵头行参考。之后，经过牵头银行进行归纳整理便可向借款人正式报价。

6. 展开谈判

借款人接到牵头行代表银团提交的报价后，需对每一项条款进行认真细致的审核，尤其是贷款利率、期限、费用、用款及还款方式等条款，并就存在异议的问题与牵头银行展开谈判。为此，借款人事先还可以准备多套预案，为谈判保留必要的回旋余地，在主要条款上争取主动，而对次要问题可作出必要的让步，直至双方最终达成一致意见。

7. 签署协议

在谈判取得成功并达成一致之后，借贷双方就要着手准备信贷协议的签字工作，其中主要包括：确定协议文本的语言及数量，书面授权有权签字的代表在协议文本上签字并附签字样本，选择适当的协议签字地点与时间，举行必要的贷款签字仪式，商定出席签字仪式的代表名单等。签字完成后，一旦约定的先决条件得以满足，信贷协议就能生效。

14.2.2 银团贷款的信贷条件

信贷条件是指借贷双方在贷款协议中达成的有关银团贷款资金具体安排的财务条款和约定，主要包括贷款数额及其标价货币、贷款期限、适用利率、贷款的有关费用、本金及利息的支付方式等方面内容。

1. 贷款金额与币种

（1）贷款金额：即以某种货币表示的信贷协议的面值金额，又称名义本金。银团贷款的金额一方面取决于借款人的实际资金需要，同时又受到贷款人的资金供给能力影响。一般而言，如果借款人项目需求的金额不大，就可以通过双边贷款的方式进行融资。而当借款人有大额资金需求时，则通常会以银团贷款的方式进行筹措，这也是目前国际上广泛采用的一种银行贷款方式，对提供贷款的银行也相对比较安全。

（2）贷款货币：指贷款协议中作为记值单位的货币种类。选择贷款币种既要基于借款人的实际用款需要，也要便于贷款银行操作。国际银团贷款一般使用各个银行成员公认的货币作为记账单位，如美元、欧元、日元、英镑、瑞士法郎等自由兑换货币，这就要比双边银行贷款协议复杂许多。此外，贷款币种选择时还应该考虑利率及汇率两方面的影响。从利率角度来看，由于各国中央银行的政策取向不同，国际主要货币之间存在一定差异的利率，且利率也会随中央银行的政策改变而变化。从汇率角度看，不同货币的币值经常发生变化，货币贬值与升值是金融市场上的常态。对于借款人而言，为了规避信贷资金今后可能发生的利率风险和汇率风险，借款人事先要做好防范工作，力争在银团贷款的借、用、还三个环节上尽可能保持币种的一致，也可以利用其他金融工具进行保值。有时经过协商沟通，借款人也可要求在银行信贷协议中增列选择性货币条款（Selection of Optional Currencies），这实际上是多货币贷款，允许借款人依照协议规定，要求贷款银行提供多种货币选择，以现行市场汇率将贷款协议中的基础货币折算为其他货币提取使用，从而确保借款人资金使用的灵活性并规避汇率风险，贷款人为此会相应提高信贷资金的要价，在每个利息期届满时重新确定利率。

2. 贷款利率

从银行贷款的利息计算方式上看，可以分为固定利率计息和浮动利率计息两种。而决定贷款利率水平高低的因素也主要包括两个方面，一是贷款货币发行国中央银行的货币政策以及金融市场的资金供求关系，二是受到贷款期限和借款人资信的影响。

（1）固定利率计息：在信贷协议中商定一个利率并固定下来，在整个贷款期限内保持不变。固定利率即有利于借款人事先核算资金使用成本，也便于贷款人预知收益。但是，当中央银行货币政策改变而使银根放松或紧缩时，借贷当事人都将面临利率风险。例如，中央银行降息导致市场利率随之下降，借款人却无法享受降息的好处，仍需按照原定利率支付。在银团贷款中，固定利率计息方式较少使用。

（2）浮动利率计息：即在整个贷款协议有效期内，贷款银行需要对借款人适用的利率定期进行调整。国际银团贷款属于中长期信贷业务，在此期间央行的政策必然会有调整和改变，因此，银行为了便于操作并部分地规避利率风险，一般愿意采用浮动利率的计息方式。浮息计算时，贷款银行惯常选择 6 个月的 Libor（伦敦）为基础利率，有时也可以参考亚洲市场上的 Sibor（新加坡）或 Hibor（香港）等，然后再加上一定的利差（Spread）作为银行贷款的风险补偿。利差是衡量银行信贷资金用于不同借款人时的预期回报收益，主要取决于贷款的期限及借款人的信用级别，往往是信贷协议的谈判重点之一。对于借款人而言，浮动利率计息方式也促使其也要关注市场利率的变化，正视利率风险，通过运用有效的金融交易工具加以防范。

3. 其他贷款费用

即指借款人在贷款利息之外还需要向贷款人支付的有关费用，主要包括管理费、代理费、承担费、杂费、保险费等，其中有的属于一次性费用，有的则定期支付，它们与利息共同构成借款人的综合借贷成本。贷款银行之所以向借款人收取有关的附加费用，主要是作为对银行提供信贷服务的一种酬谢或补偿。尤其在银团贷款中，各成员银行的地位和作用存在差异，其服务不可能都从利息形式收入中得到同等回报，于是收取非利息费用就成为必然选择。由于附加费用的种类及费率将直接影响到借款人的实际筹资成本，因此必须在信贷协议中列明，以便借款人对资金条件进行全面评判。

（1）管理费（Management Fees）：又称为融资手续费，它由借款人付给贷款银行（主要是银团贷款中的牵头银行），作为对其成功组织贷款资金的一笔酬谢金或佣金，通常按照贷款总额的一定比例（即管理费费率），于贷款协议正式签字生效后一次性付清。在国际银团贷款中，牵头行在收到管理费后，有时可以再将其中的一部分，按照贷款份额分付给参与银团的有关成员银行。对于牵头银行来说，组织和安排银团贷款并不一定仅为了获取原始存贷业务之间的利差收益，它往往更看重的是获得与银团贷款有关的其他收费，这也不失为牵头银行自身实力和信誉的一种标志。

（2）代理费（Agent Fees）：是指在信贷协议生效后的具体执行过程中，由借款人支付给委托办理贷款资金往来业务的代理银行的有关费用。在国际银团贷款中，代理行可由牵头银行兼任或指定其他银行担当，而官方贷款中则一般由政府委托专业银行代理。由于代理银行在处理日常贷款管理工作时，如资金调拨、本息计收、通讯联络等，会发生一些经常性的开支费用，如办公费、通讯费、邮电费等，因此，这些代办费用最终自然转嫁至借款人承担。代理费通常每年由借款人以固定金额支付，有时候也可以按照一定的比率（又称代理费率）计收，直至贷款本金全部还清。

（3）杂费（Out of Pocket Expenses）：即由借款人支付给贷款银行在筹备和安排信贷资金过程中实际发生的支出费用。在国际银团贷款中，牵头银行为了组织贷款，需要开支相关的费用，例如差旅费、交际应酬费、律师费、印刷费、谈判费、签字费、通讯费等。杂费一般在信贷协议正式签字生效之后，由借款人按照贷款银行提交的实际支出账单明细一次性支付，所以又被称作是实报实销费用，俗称车马费。

（4）承担费（Commitment Fees）：又称承诺费，是借款人支付给贷款人承担按时提供资金责任的费用。为了减少资金占用以提高信贷资金的利用效率，贷款银行通常会要求借款人在规定的时间之内提用全部款项。如果借款人未能遵照协议条款及时使用信贷额度，从而造成贷款银行在一定时期中的资金闲置，为此借款人应当向贷款人相应支付一笔补偿性费用，即为承担费。承担费可以看做是因银行资金占用所发生成本的一种补偿，一般按承担期内未动用（或未提款）的本金数额的一定比例（又称承担费率）计算，并由借款人与贷款利息同时支付。一旦超过承担期之后，仍未提款的信贷余额则由贷款银行自行注销，借款人今后不得再次提取使用，于是名义本金自动减少。

（5）信贷保险费（Credit Premium）：为了确保资金安全，贷款银行在提供贷款时要向有关保险公司投保，然后再将保险费支出转嫁于借款人，实际上是由借款人支付。信贷保险费按照已提款但尚未偿还的贷款本金余额的一定比例（即保险费率），由借款人与利息支付同时进行。

4. 贷款期限

国际银团贷款的期限一般较为灵活，少则 1~3 年，常见的为 5~10 年，有的甚至可以长达 10~20 年。所谓贷款期限（Period of Loan）的具体含义主要包括以下几种：贷款协议期限、用款期、承担期、提款期、宽限期、还款期等，有些概念的含义往往出现交叉。一般说来，信贷协议有效期限和宽限期越长，借款人实际使用信贷资金的时间也越长，建设项目产生效益的几率自然就越高。

（1）信贷有效期限（Period of Loan）：指从信贷协议正式签字生效直至本息全部清偿完毕的期限，它包括了借款人使用资金和偿还贷款的全过程，又称名义贷款期限。由于在信贷协议有效期内，借款人一边用款一边还款，利息及本金分批偿付，因此，借款人实际使用贷款资金的时间往往要小于名义信贷期限。除非借款人到期一次性地偿还贷款本金并不计其他附加费用（这在国际中长期信贷业务中非常罕见），否则，借款人的实际信贷资金成本也远远高于名义利率。

（2）承担期（Commitment Period）：它是贷款银行允许借款人提取款项的最后有效期限。在此期间，由于贷款人需要为应对借款人的提款申请而及时准备信贷资金，因此，借款人应当对其未能按时动用的本金余额，按一定比例向贷款人支付承担费。一旦超过了提款有效期（Draw-down Period），借款人便不得再度提款，剩余本金自行注销。借款人每次在提取信贷资金时，必须以书面形式提前向贷款银行提交不可撤销的提款申请或通知（Drawing Notice），以便贷款银行及时备付资金。承担费计算公式为：

$$承担费 = 未动用本金额 × 承担天数 × 承担费年率 × 1/360$$

例如，2001 年 5 月 10 日信贷协议签字生效，贷款金额为 5000 万美元，贷款期限 5 年（至 2006 年 5 月 10 日截止），固定利率 5%，承担费率 0.25%，承担费自协议生效日 1 个月后起计（6 月 10 日），承担期至协议日 6 个月后中止（11 月 10 日）。借款人于 2001 年 5 月 12 日提款 1000 万美元，6 月 5 日又提取 2000 万美元，7 月 12 日再次提款 500 万美元，8 月 9 日最后提款 700 万美元，过了 11 月 10 日后仍有 800 万美元未予动用。

提款时间	提款金额	未动本金	承担天数
5 月 12 日—6 月 4 日：	1000	4000	0
6 月 5 日—6 月 9 日：	2000	2000	0
6 月 10 日—7 月 11 日：	0	2000	32
7 月 12 日—8 月 8 日：	500	1500	28
8 月 9 日—11 月 9 日：	700	800	93
11 月 10 日—：	0	注销	0

于是，借款人应付承担费计算如下：

$$2000 × 0.25\% × 32/360 + 1500 × 0.25\% × 28/360 + 800 × 0.25\% × 93/360 = 12527.78 \ 美元$$

（3）宽限期（Grace Period）：指在借款人提取贷款后，只支付未偿本金的利息而不需偿还本金的期限。一旦宽限期结束，借款人就要开始偿还本金。通常把宽限期理解为从协议生效之日起至还款期开始计算之日止的这段时间，此时宽限期也视为有效用款期。在有的信贷协议中，宽限期是从提款结束之后起算，直到还款期开始。一般来讲，协议规定的宽限期越长，借款人实际使用信贷资金的时间也越长，回旋余地自然就越大。

（4）还款期（Repayment Period）：是指从本金开始分批偿还直至全部还清为止的期限，同时利息随本金一并支付。一般来说，宽限期结束之日便是还款期开始计算之时，还款期内本金偿还日与利息支付日保持一致。例如，期限为 8 年的一笔银团银行贷款，规定提款期为 2 年，宽限期为 1 年，还款期为 5 年，且每半年还本一次，共分十期还清（见图 14-1）。

5. 贷款本息的偿付方式

银团贷款本息偿付方式包括了贷款利息的支付方式以及贷款本金的偿还方式（Repayment Schedule）。对于已经提款而尚未偿还的贷款本金，借款人应当向贷款人定期支付利息，一般每 6 个月一次，有时也可规定为 1 年一次。全部本金在宽限期结束以后，于规定的还款期内分期等额偿还，并按本金余额递减方法支付利息，直到信贷协议

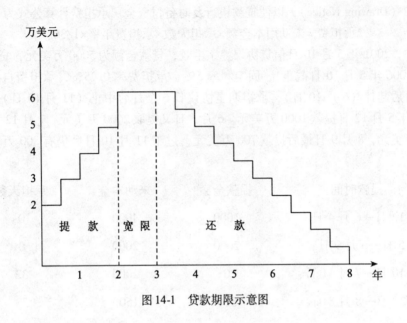

图 14-1　贷款期限示意图

中止时，全部本金已经偿付完毕。国际中长期信贷业务很少采用到期一次性还本的方式，因为这不仅对贷款银行意味着长期较高的资金回收风险，而且借款人今后在集中偿还贷款本金时也可能会面临资金周转不灵的困难。但有时经双方协商，也可以在协议中增列提前偿还条款。在固定计息方式下，如果金融市场利率下降且协议条款允许，借款人可以考虑提前还款，举借新债以偿还旧债。对于因借款人提前还款而造成贷款人无法及时重新安排所还本金的用途，导致贷款人任何可能损害，贷款人有权向借款人提出相应赔偿要求。

例如，一笔 500 万美元的银行商业贷款，一次性提款，无宽限期，每年还本付息一次，固定利率 10%，期限 5 年，本金分 5 期还清。按照余额递减法等额还本并支付利息，于是每期的还本付息之和依次递减，呈倒金字塔状，具体计算如下（取整年而忽略实际天数）：

年限	还本	付息	本金余额	每期本利和
1	100	50	400	150
2	100	40	300	140
3	100	30	200	130
4	100	20	100	120
5	100	10	0	110

6. 贷款用途

即贷款资金的使用目的，它主要包括商务采购时的国别限制以及资本货物种类方面的有关规定。除了国际商业银行贷款使用比较自由以外，其他类型的国际中长期信贷都有严格的资金使用限制，一般只允许借款人用于支付来自于贷款国有关供应商（母公司或国外子公司）的进口商品及其劳务，否则贷款国有权拒绝借款人的提款申请。有时在国际商业银行贷款中，债权银行为避免因借款人将资金可能用于非法目的而导致纠纷或诉讼，在信贷协议中还专列免责条款，如"银团成员均不对信贷资金的运用承担任何法律责任，亦不负担调查资金使用情况的义务"。有时，贷款银行为了保护自身利益，要求在信贷协议中增列"消极保证条款"，即规定借款人在还清债权人的全部贷款之前，不得以任何资产或收入向第三方设定抵押、质押或者担保。

14.2.3　贷款工具创新

随着战后国际贸易的扩大以及世界经济的增长，在金融国际化和自由化的强力推动下，西方主要发达国家金融体系的规制进一步放松，全球金融深化程度不断提高，各类金融市场的联系日趋紧密，各式各样的金融创新技术与工具层出不穷。以传统的银行信贷交易为基础，产生了许多新的融资借贷工具。除前面提到的浮动利率票据、银行大额可转让定期存单、多货币贷款等新型业务之外，下面再对几种信贷创新工具做一概括性介绍。

1. 平行贷款

由地处两个不同国家的母公司共同协商作出安排，每个母公司分别与对方在本国境内的子公司签署信贷协议，彼此对等提供金额相当、期限相同的母国货币贷款，定期各自偿还所借货币的本息。平行贷款中的两个信贷协议相互独立，各自具有相应的法律效力，交易也不需要通过外汇市场进行，汇率只是作为双方相互提供借贷金额时的一个参考。如果上述贷款安排直接经由两家母公司签署协议完成，则成为背对背贷款，其形式及功能与平行贷款相似，但交易双方的法律关系更为简单，只有一个信贷协议。平行贷款及以此演变的背对背贷款作为创新型信贷业务，不仅可以作为规避金融管制的有效手段，而且在长期外汇资产保值方面也发挥着不容质疑的作用，还为金融互换交易的全面开展奠定了现实基础。

2. 货币互换交易

这是在平行贷款及背对背贷款基础上发展而来的，交易双方约定在未来一定时间内，以事先商定的汇率水平，将某种货币表示的负债（银行贷款）与另一种货币表示的负债进行交换。其基本前提是，必须存在两个期限相同、记值货币各异、金额相当的负债。在整个互换过程中，交易双方先以协商好的汇率进行本金交换，然后在互换协议有效期内，彼此定期（半年一次或一年一次）向对方支付按规定利率计算的利息，最后在互换协议到期时，双方再按原定汇率交换期初本金额。货币互换不仅能够规避资本管制，并有助于消除当事方在负债管理方面可能面临的汇率风险，而且还能达到降低筹资成本的目的。在货币互换中，有时也包含利率互换，即同一种货币表示的不同计息方式的两笔负债之间进行交换。

3. 合成货币债务

这是出现在欧洲货币市场上的一种筹资工具，欧洲货币市场是目前一切境外市场或离岸市场的总称。借款人在融资时与贷款人商定，以合成货币（即篮子货币）作为贷款的记值货币，如欧盟曾使用过的欧洲货币单位（ECU）、国际货币基金组织（IMF）分配给会员国的特别提款权（SDR）。由于篮子货币采用加权方式定值，在金融市场经常性发生变化时，能够维持汇率相对稳定，因而有助于借贷双方规避汇率风险。

4. 分享股权贷款

在一些大型建设项目的贷款中，提供贷款的银行愿意接受低于市场水平的利率，条件是以分享贷款项目的股权作为回报。因为项目的预期收益与产品的定价密切有关，所以贷款人往往要求信贷协议包含定价权的约定，以确保对项目今后的运营施加影响。另外，为了防止可能发生的政治风险，贷款人还会作出有关补偿或保险的规定。而对于借款人而言，项目由于有贷款人参与，因此有助于风险分摊，共享收益。

5. 多种选择贷款

这是一种更为便捷的银团贷款形式，贷款人同意借款人可以按其意愿使用资金，协议中包括供借款人选择的多种融资方案，如发行商业票据、银行承兑、现金预支、贷款承诺等。这种贷款方式充分考虑了借款人的实际需求，可以代替或补充传统的信贷额度，方便灵活，成本较低。在竞争日趋激烈的金融市场上，商业银行和投资银行都愿意参与多种选择的贷款安排，从而推动国际银团贷款业务的创新和振兴。

14.3　我国的银团贷款

自从改革开放以来，我国一方面积极引进包括国际银团贷款在内的各种形式的外资，以促进国民经济的发展；另一方面，我国的银行也开始改变传统的信贷发放方式，不同银行之间通过业务合作来组成银团，以对同一客户或项目提供资金便利。本节以我国有关商业银行为例，主要介绍银团贷款在我国的发展、管理及其实施概况。

14.3.1　我国银团贷款的意义及发展现状

1. 我国银团贷款的意义

长期以来，我国银行业的信贷业务主要采用双边贷款的方式进行操作，银行与借款人进行单独谈判，独立进行资信调查、审批贷款，并签订一对一的信贷合同。自从中国实行全方位对外开放战略以来，外贸出口大幅增加，对外承包工程越来越多，往往金额大，期限很长。面对我国外向型企业旺盛的融资需求，在国内单凭任何一家银行是很难承担如此大规模的资金供给与集中的信贷风险。尤其是在当前信贷高速扩张的过程中，信贷资产的风险日益凸显，银行新增贷款可能出现行业集中、客户集中和期限中长期化的趋势，容易受到宏观经济波动和企业经营周期的影响，严重的甚至可能出现系统性风险。因此，积极推动银团贷款业务在我国的发展不仅成为国内银行亟待解决的课题，也是我国深化金融改革的必然选择。

首先，发展我国银团贷款业务有助于银行信用风险的识别和风险分散，可有效避免银行内部的道德风险，增强银行信贷资产的流动性。其次，银团贷款可以加强国内金融市场上各类信贷机构间的专业化分工与协作，降低信息不对称程度，有效遏制客户信贷欺诈行为，不断改善国内的信用环境，为企业筹集巨额资金开辟了渠道。再次，银团贷款能够提高借款人的筹资效率并降低资金成本，扩大借款人与各银行的往来范围，增加银行的中间业务收入，促使银行转变盈利模式。最后，发展我国银团贷款业务有利于推动利率市场化改革，进一步完善我国的金融体系，尽快使贷款交易与国际市场惯例接轨，增强我国银行业在国际市场上的竞争力。

总而言之，银团贷款作为国际上通行的多边贷款模式，具有信息共享、风险共担、合作共赢的优势，对于帮助我国企业做大做强、支持国家大型项目建设进而逆周期支持经济增长，同时防范大额集中和多头授信等信贷风险具有特别重要的意义。无论从当前还是长远看，我国银行业都要力推银团贷款，发挥各家银行自身优势和品牌特色，倡导多方积极参与合作，创新激励协调机制，推动我国银团贷款再上新台阶，提高我国银行业的国际地位。

2. 发展现状

与国际相比，我国银团贷款业务起步相对较晚。1986 年，中国银行为大亚湾核电站项目成功筹组了 131.4 亿法郎和 4.29 亿英镑资金，成为我国第一笔外汇银团贷款，所采取的是国内银行担保向海外借入银团贷款转贷给国内企业的形式。而第一笔人民币银团贷款则是在 1986 年，由中国农业银行、中国工商银行及 12 家信用社向江麓机械厂提供了 438 万元人民币贷款。此后，随着我国金融市场化改革的深入，银团贷款模式取得了进一步的发展。

根据中国银行业协会的统计，在 2005 年，我国银团贷款市场余额为 2336 亿元。截至 2008 年末，开展银团贷款业务的会员单位的银团贷款余额共计 9566 亿元，较上年同期增长 53.01%，连续四年增幅超过 50%；银团贷款占上述单位全部公司贷款余额比例达到 5.10%，较上年同期提高 1.2%。从银团贷款的行业分布来看，交通运输、仓储和邮政业的占 32%；水利、环境和公共设施管理业占 23%；制造业占 15%；房地产业占 11%；电力、燃气及水的生产和供应业占 10%。从银团贷款代理笔数区域排名分析，前五位是江苏、上海、广东、山西、重庆，代理笔数占比分别为：22%、13%、11%、

7%、5%。从银团贷款期限结构看，5 年期以上的长期贷款占全部银团贷款数量的 73%，其中 5～10 年占 30%，10 年以上占 43%；5 年期以下占 27%。

2009 年 6 月 25 日，10 家银行在北京签署 18 个项目共计 1762 亿元的银团贷款协议，这是我国银行业迄今最大规模的一次银团贷款业务签约，是银行业通过推行银团贷款融资模式促进中国经济平稳较快发展的一次集体行动。在这次签约的银行中，国家开发银行签约金额为 326 亿元，中国进出口银行签约金额为 44 亿元，中国工商银行、中国农业银行、中国银行、中国建设银行、交通银行的签约金额分别为 392 亿元、121.33 亿元、188.17 亿元、329.7 亿元和 203 亿元，另外 3 家签约银行是招商银行、中信银行和上海浦东发展银行。签约项目以高速公路和铁路等基础设施为主，包括吉林、山西、石家庄、新疆等地的公路项目，以及天津、南京、深圳、长沙等地的铁路或地铁项目。其他项目包括安徽的 100 万吨聚氯乙烯项目、江苏常州太阳能项目、泰州医药园项目和云南城市污水处理项目等。

截至 2010 年 6 月 30 日，在中国银行业协会银团贷款与交易专业委员会所属 49 家成员单位，银团贷款余额为 2.08 万亿元人民币，其中不含间接银团、内部银团和境外银团。从银团贷款余额来看，排名前十位的国内银行为：国家开发银行、中国工商银行、中国建设银行、中国银行、中国农业银行、交通银行、上海浦东发展银行、民生银行、招商银行、中信银行，这些前十位银行的银团贷款余额占国内银团贷款余额总量的 87.67%。从银团贷款余额增长幅度看，中国建设银行、交通银行、上海浦东发展银行、北京农村商业银行、上海银行、中国农业发展银行、南京银行、恒生银行、中国进出口银行、天津银行等涨幅居前，均超过了 30%。

根据 2010 年上半年的统计数据，2010 年国内银团贷款继续保持着较快的增长速度。从市场结构看，余额最大的十家银行仍然占国内银团贷款总量的 80% 以上；从增长幅度看，随着银团贷款的普及和推广，城市商业银行、股份制商业银行均加大了银团贷款业务的推进力度，其业务增长幅度较大，发展速度较快。同时，伴随银团贷款一级市场规模的不断扩大，商业银行对信贷资产流动性管理及实现风险有效配置等的需求日益增强，为银团贷款二级市场逐步发展奠定了可靠的基础。

3. 未来发展方向

（1）提供制度性安排：前文论及，银团贷款具有降低信贷集中度，分散信用风险的优点。但在银行监管规制中，对银团贷款的发展并未建立相应的激励或约束机制。尽管银监会颁布《银团贷款业务指引》，鼓励商业银行在某些情况下优先采用银团贷款模式，但它并不具有强制约束力，对银行的实际操作不构成硬性规定。从监管层面促进银团贷款的推广可以参考两种可选择的路径，一是强化制度的约束，规定满足一定要求（如超过一定金额或超过规定的资本金比率）的贷款必须采用银团贷款模式；二是建立正向激励机制，如给予银团贷款较低的风险权重，以反映银团贷款的风险分散作用。

（2）规范银团贷款的业务流程：银团贷款由于涉及多家银行，其贷款流程相对复杂。此外，由于各种相关的费用（如管理费、咨询费，等等）不透明和不规范，导致了我国目前银团贷款的交易成本较高，贷款效率也相对低下。这和我国银团贷款发展时间较短，市场发展不完善相关。而从国际实践经验看，在经过多年竞争之后，少数几家银行在该市场中已经取得了竞争优势，并成为银团贷款的主要组织者，其相关的业务流程和定价模式也相对标准和透明。由此，我国一些有条件的商业银行也应该积极调整认识，积极参与到该市场的建设当中，并从中总结出适合于我国现状的业务和定价模式。

（3）积极推进二级市场建设：加强相关基础设施建设，提高贷款流动性，是促进银团贷款发展的另一重要方面。在过去一段时间里，我国有关银团贷款转让的交易平台、交易机制以及定价机制的研究与发展几乎处于空白状态，由此也限制了银团贷款转让业务的开展。现在，市场有关方面已经逐步认识到这一问题，并在进入 2009 年之后开始了相关的研究和建设工作。随着这一工作的完成，将对推动我国银团贷款的发展产生积极而重要的推动作用。

14.3.2　我国银团贷款相关政策

1. 银监会

2007 年 8 月，为促进和规范银团贷款业务，分散授信风险，推动银行同业合作，更好地为重点企业和项目提供融资服务，中国银监会制定了《银团贷款业务指引》，其主要内容包括以下几个方面。

（1）银团贷款成员构成：银团贷款成员应按照"信息共享、独立审批、自主决策、风险自担"的原则自主确定各自授信行为，并按实际承诺份额享有银团贷款项下相应的权利、义务。按照在银团贷款中的职能和分工，银团贷款成员通常分为牵头行、代理行和参加行等角色，也可根据实际规模与需要在银团内部增设副牵头行等，并按照银团贷款相关协议履行相应职责。银团贷款牵头行是指经借款人同意、发起组织银团、负责分销银团贷款份额的银行，是银团贷款的组织者和安排者。按照牵头行对贷款最终安排额所承担的责任，银团牵头行分销银团贷款可以分为全额包销、部分包销和尽最大努力推销三种类型。代理行是指银团贷款协议签订后，按相关贷款条件确定的金额和进度归集资金向借款人提供贷款，并接受银团委托按银团贷款协议规定的职责对银团资金进行管理的银行。银团代理行可以由牵头行担任，也可由银团贷款成员协商确定。银团参加行是指接受牵头行邀请，参加银团并按照协商确定的承贷份额向借款人提供贷款的银行，应足额划拨资金至代理行指定的账户。

（2）银团贷款发起和筹组：对于下列情形之一的大额贷款，鼓励采取银团贷款方式。大型集团客户和大型项目的融资以及各种大额流动资金的融资；单一企业或单一项目的融资总额超过贷款行资本金余额 10% 的；单一集团客户授信总额超过贷款行资本金余额 15% 的；借款人以竞争性谈判选择银行业金融机构进行项目融资的。各地银行业协会可根据以上原则，结合本地区的实际情况，组织辖内会员银行共同确定银团贷款额度的具体下限。

（3）银团贷款协议：它是银团贷款成员与借款人、担保人根据有关的法律、法规，经过充分协商以后共同签订，主要约定银团贷款成员与借款人、担保人之间的权利义务关系的法律文本。银团贷款协议应包括以下主要条款：当事人基本情况；定义及解释；与贷款有关的约定，包括贷款金额与币种、贷款期限、贷款利率、贷款用途、还款方式及还款资金来源、贷款担保组合、贷款展期条件、提前还款约定等；银团各成员承诺的贷款额度及贷款划拨的时间；提款先决条件；费用条款；税务条款；财务约束条款；非财务承诺，包括资产处置限制、业务变更和信息披露等条款；违约事件及处理；适用法律；其他附属文件。

(4) 银团贷款管理：银团贷款的日常管理工作主要由代理行负责。牵头行在本行贷款存续期内应协助代理行跟踪了解项目的进展情况，及时发现银团贷款可能出现的问题，并以书面形式尽快通报银团贷款成员。贷款到期后，借款人应按期如数归还贷款本息。借款人提前还款的，应至少在最近一个预定还款日的 60 个营业日前通知代理行，并在征得银团贷款成员同意后，根据银团贷款协议所列的相关贷款余额的到期次序，按后到期先还的原则偿还最后期贷款本息。对借款人提前还款的，银团成员可按提前还款的时间和金额收取一定的违约金。银团贷款出现风险时，代理行应负责及时召开银团会议，成立银行债权委员会，对贷款进行清收、保全、重组和处置。必要时可以申请仲裁或向人民法院提起诉讼。银团贷款存续期间，银团贷款成员原则上不得在银团之外向同一项目提供有损银团其他成员利益的贷款或其他授信。

(5) 银团贷款收费：是银团成员接受借款人委托，为借款人提供财务顾问、贷款筹集、信用保证、法律咨询等融资服务而收取的相关中间业务费用，纳入商业银行中间业务管理。银团贷款收费应按照"自愿协商、公平合理、质价相符"的原则，由银团成员和借款人协商确定，并在银团贷款协议或费用函中载明。银团收费的具体项目可包括安排费、承诺费、代理费等。银团费用仅限为借款人提供相应服务的银团贷款成员享有，按"谁借款、谁付费"的原则由借款人支付。安排费一般按银团贷款总额的一定比例一次性支付；承诺费一般依照未用余额的一定比例每年按银团贷款协议约定方式收取；代理费可以根据代理行的工作量按年度支付。银团贷款的收费种类和金额由借贷双方协商决定，不得在利率基础上加点确定。牵头行不得向银团贷款成员附加任何不合理条件，不得以免予收费的手段，开展银团贷款业务竞争，不得借筹组银团贷款向银团贷款成员和借款人搭售其他金融产品或收取其他费用。

2. 中国银行业协会

(1) 建立行业合作联动机制：2009 年 4 月，为认真贯彻落实中央关于"保增长、扩内需、调结构"的政策措施以及银监会关于"加大银团贷款推进力度"的指示精神，中国银行业协会联合各地银行业协会共计 36 家单位，就建立合作联动机制，共同推动银团贷款业务发展达成八项共识。

第一，提高认识，顺势而为。在当前国际金融危机的冲击下，我国经济处于下行周期，银团贷款对于支持国内企业做大做强、支持大型项目进而逆周期支持经济增长，同时防范大额集中和多头授信等信贷风险具有特别重要的意义，应提高认识、顺势而为，大力推动会员银行加快银团贷款业务发展。

第二，完善制度，搭建平台。应根据各地实际情况、本着切实有利于辖内会员银行的原则建立并完善银团贷款制度建设，制定相关公约、规范操作规则；尽快搭建信息交流、项目筹组、数据报送等交流平台，为会员银行开展银团贷款业务提供便利条件。

第三，创新机制，强化激励。应深入开展辖内调研，在实践中不断探索、创新及完善工作机制，重点建立信息机制、项目储备机制及协调机制等；应积极推动会员银行提高银团筹组效率，建立银团贷款激励机制，有效控制信贷风险，支持、鼓励并推动会员银行银团贷款相关工作。

第四，争取政策，积极引导。应积极与当地相关监管部门及发改委、金融办等政府部门联系沟通，及时了解政策动态，充分发掘项目，摸清有效需求，争取相关政策；根据实际情况积极引导各会员银行组织银团筹组工作，重点协调涉及面广、沟通难度大的客户及项目。

第五，开展检查，自律惩戒。应在各自区域范围内开展《银团贷款合作公约》执行情况的检查监督；对于违反《银团贷款合作公约》的行为应给予自律性惩戒措施，保证《银团贷款合作公约》在辖内的贯彻和落实。

第六，加大培训，广泛交流。中国银行业协会与各地银行业协会共同建立银团贷款人才培训交流机制；加强对各地协会银团贷款业务培训的支持力度，开发标准课程，提供培训讲师，开展论坛交流，共同促进我国银团贷款从业人员理念的提升和核心业务人才的培养。

第七，加强合作，互通信息。各地协会应指导会员银行之间加强合作，各地协会间也应加强联动，认真贯彻"默契、交流、呼应、互动"八字共识，共同建立银团贷款业务信息通报、案例交流等机制，中国银行业协会牵头各地协会按季度通报全国各地区银团相关信息、重要举措及先进经验等。

第八，积极行动，再上台阶。应当认真贯彻中央指示精神和监管部门相关要求，倡导"合作、发展、共赢"的理念，积极行动，务实高效；要从量化业务指标、提高专业性、健全工作机制等方面真正推动银团贷款业务再上新台阶。

（2）发布《银团贷款转让交易示范文本》：2010 年 1 月，中国银行业协会下设的银团贷款与交易专业委员会，正式对外发布了《银团贷款转让交易示范文本》，首次对我国银团贷款转让交易市场进行引导和规范。这是我国银团贷款转让交易市场上第一份示范性文件，不仅完善和丰富了我国的现有的银团贷款文件体系，也标志着全国银团贷款交易市场向规范化、标准化迈出的重要一步，对银团贷款交易市场的培育和发展将会产生重大而深远的影响。

第一，提高贷款交易效率。《转让交易示范文本》发布后，贷款交易双方将在主条款上采用示范性条款条件，减少条款磋商，节约时间，极大地提高了交易效率。

第二，有效规范交易流程。《转让交易示范文本》明确了贷款转让流程和法律文件格式，对一些交易规则按照市场管理进行约定，避免了因理解不当、操作不规范等带来的潜在操作风险和法律风险。

第三，促进一级市场的深入发展。银团委员会此次推出的《转让交易示范文本》与前期发布的《银团贷款合同》具有一致性，在体系安排和内容设置上相互衔接，示范合同文本发布后，将大大提高银团贷款类基础资产的流动性，发挥其在分散信贷风险、提高资产流动性方面的积极作用。

第四，促进商业银行优化资产结构。《转让交易示范文本》颁布后，商业银行可以利用贷款交易便利地转让或受让信贷资产，成为我国商业银行实施资产负债组合管理、优化资产结构的有效手段。

(3) 制定《银团贷款合作公约》：2010 年 3 月，为进一步推动银团贷款业务发展，分散和防范授信风险，促进同业合作，维护银团贷款市场秩序，中国银行业协会银团贷款与交易专业委员会根据《中国银行业协会章程》和《银团贷款业务指引》，制定了《银团贷款合作公约》。

第一，自觉遵纪守法。成员行自觉遵守《银团贷款业务指引》，规范操作银团贷款业务。在银团贷款合作过程中，严格遵守国家有关法律、法规和中国人民银行、中国银行业监督管理委员会等部门颁布的相关规定，确保银团贷款业务的合法合规；各成员愿意按照"利益共享、风险共担、独立审贷、自主决策"的原则，促进银团贷款业务合作，推动银团贷款业务健康发展。

第二，加强行业自律。根据中国银行业协会制定的《银团贷款合作公约》的要求，成员银行自觉坚持为单一客户或单一项目提供融资总额超过 10 亿元人民币或等值外币的，原则上通过组建银团贷款的方式提供融资；为单一客户或单一项目提供融资总额超过 30 亿元人民币或等值外币的，应通过组建银团贷款的方式提供融资；响应并支持对融资总额在 10 亿元人民币或等值外币以下、且风险较大的融资业务通过银团贷款方式进行。

第三，诚实守信。成员银行自愿遵守银团收费报价成本收益匹配的原则；银团收费由借款人负担，银团不向参加行收取任何费用；收费的参考标准为：安排费原则上按不低于银团贷款总额的 0.25% 的比例一次性收取，承诺费原则上按不低于未用贷款余额的 0.2% 的比例每年收取，代理费可根据代理行的工作量按年收取，独立中介费用按有关协议的约定收取。

第四，规范业务经营。成员行叙作银团业务应使用银团委员会统一制定的银团贷款前端文件示范文本和合同示范文本，并在该等示范文本的基础上，结合具体项目的要求和特点，制作贷款合同和其他相关融资文件。

第五，加强团队建设。各成员银行应当组建银团贷款专业化团队，加强业务知识学习，开辟信贷审批快速通道，在有效防范授信风险条件下，提供银团贷款的后台支持和组团效率，并通过建立有效银团贷款考核激励机制来推动银团贷款业务快速发展。

第六，协调解决矛盾。鼓励成员行就银团贷款中发生的银行间纠纷向银团委员会提请协调解决，但该协调解决机制并不影响各银团成员就该等纠纷依据法律或相关合同约定所享有的任何权利主张。任何成员行均有义务对银团贷款中发生的违反本公约的行为向银团委员会举报。

第七，监督处罚。对违反公约的成员银行，银团委员会将根据相关程序、视违约程度进行以下相应的自律惩戒：对其警示并责令限期整改；对其进行内部通报批评；暂停、取消其银团委员会成员行资格；建议中国银行业协会暂停、取消其会员行资格；报请中国银行业监督管理委员会对其进行监管处罚。

14.3.3　银团贷款在我国银行具体操作

下面以中国银行为例，介绍其银团贷款业务。

1. 产品特点说明

银团贷款是指由两位或以上贷款人按相同的贷款条件、以不同的分工，共同向一位或以上借款人提供贷款，并签署同一贷款协议的贷款业务。通常会选定一家银行作为代理行代表银团成员负责管理贷款事宜。

（1）贷款金额大、期限长：可以满足借款人长期、大额的资金需求，一般用于交通、石化、电信、电力等行业新建项目贷款、大型设备租赁、企业并购融资等经营活动。关于银团贷款与联合贷款的区别，可以参见表14-1。

表 14-1　　　　　　　　　　　**银团贷款与联合贷款的区别**

项目	银团贷款	联合贷款
银行间关系	结成统一体，通过牵头行和代理行与借款人联系	各行相互独立，分别与借款人联系
贷款评审	各银行以牵头行提供的信息备忘录为依据进行贷款决策	各行分别收集资料，多次评审
贷款合同	统一合同	每家银行均与借款人签订合同
贷款条件（利率、期限、担保方式等）	统一的条件	每家银行均与借款人分别谈判，贷款条件可能不同
贷款发放	通过代理行、按照约定的比例统一划款	分别放款，派生存款分别留在各行
贷款管理	由代理行负责	各行分别管理自己的贷款部分
贷款本息回收	代理行负责按合同收本收息，并按放款比例划到各行指定账户	各行按照自己与借款人约定的还本付息计划，分别收本收息

（2）融资所花费的时间和精力较少：借款人与安排行商定贷款条件后，由安排行负责银团的组建。在贷款的执行阶段，借款人无须面对所有的银团成员，相关的提款、还本付息等贷款管理工作由代理行完成。

（3）银团贷款叙作形式多样：在同一银团贷款内，可根据借款人需要提供多种形式的贷款，如定期贷款、周转贷款、备用信用证额度等。同时，还可根据借款人需要，选择人民币、美元、欧元、英镑等不同的货币或货币组合。

（4）有利于借款人树立良好的市场形象：银团的成功组建是基于各参与银行对借款人财务状况和经营实绩的充分认可，借款人可以借机提高知名度，拓展业务。

2. 申请条件

（1）银团贷款借款人应是中华人民共和国境内依法核准登记的企业、事业法人及其他经济组织；

（2）银团贷款借款人必须符合《贷款通则》及我行授信管理政策关于借款人的各项基本条件和要求；

（3）借款人须经我行或其他认可的评级机构信用评级，并达到一定级别要求；

（4）借款人是经营状况和财务状况良好的大中型企业或项目公司，借款人所属行业发展前景良好，在行业中有竞争优势；

（5）借款人在中银集团建立了稳定良好的合作关系；

（6）参加他行组建的银团，安排行应为具备足够资信和业务实力的政策性银行、国有控股银行或国外银行。

3. 提交材料

（1）借款人以及其中外方股东、担保人有关资料。

（2）借款人营业执照、公司章程以及外商投资企业、内联企业的合资或合作合同。

（3）政府部门批准的项目建议书，可行性研究报告和工程概算等资料以及批准文件。工商、税务、环保、海关等部门关于项目的批件。

（4）项目设备购买合同、建造合同、供销合同等。

（5）银行需要的其他文件或资料。

4. 办理流程

（1）中国银行客户经理关注客户的融资需求；

（2）收到客户贷款信息/融资招标书；

（3）与客户商讨、草拟贷款条款清单、融资结构；

（4）中国银行获得银团贷款牵头行/主承销行的正式委任；

（5）中国银行确认贷款金额；

（6）确定银团筹组时间表、组团策略及银团邀请名单；

（7）准备贷款信息备忘录，拟定组团邀请函，向有关金融机构发出邀请；

（8）参与行承诺认购金额；

（9）确认各银团贷款参与行的最终贷款额度；

（10）就贷款协议、担保协议各方达成一致；

（11）签约；

（12）代理行工作（参见图 14-2）。

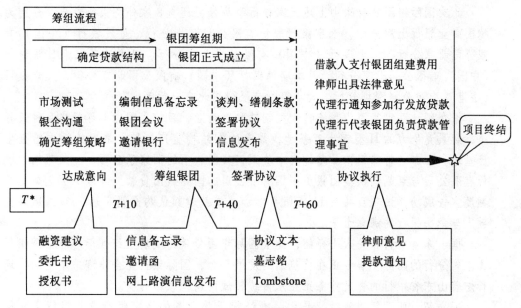

图 14-2　中行银团贷款办理流程

5. 业务示例

（1）2007 年，力拓集团为收购 Alcal 在全球筹组 400 亿美元的银团贷款，中国银行是亚洲（除日本银行外）唯一以共同安排行（Lead Arranger）及包销行的身份加入此笔银团贷款的银行。这是伦敦市场上第一大银团贷款项目（世界第四大）。

（2）2008 年，在印尼 Indramayu 电站 5.92 亿美元出口买方信贷银团贷款项目中，中国银行作为协调安排行、委任安排行、代理行身份，18 家国际活跃银行共同参与，超额认购达 4.5 倍。

（3）2008 年，澳洲最大的电讯运营商澳洲电讯股份有限公司（Telstra）6 亿美元银团贷款项目，中国银行作为独家委任安排行，为该客户成功筹组一笔 6 亿美元的银团贷款，并获得超额认购。

◎ 本章案例

国际银团贷款在青签下一笔"大单"

（引自《青岛日报》，2007 年 11 月 27 日）

昨天上午，由中国银行山东省分行、汇丰银行、苏格兰皇家银行联袂牵头组织的莱钢 1.7 亿美元国际银团贷款签约仪式在青岛海天大酒店举行，此举标志着银团贷款这种可以有效分散银行贷款风险、提高银行贷款资金安全性的融资模式正在为岛城银行界日益推广。

此次国际银团贷款除由上述三家银行牵头外，还有 8 家外资银行参与，分别为德国商业银行上海分行、永亨银行股份有限公司深圳分行、星展银行（中国）有限公司北京分行、恒生银行（中国）有限公司北京分行、日本三菱东京日联银行（中国）有限公司北京分行、日本瑞穗银行（中国）有限公司北京分行、大众银行（香港）有限公司深圳分行、大华银行有限公司北京分行等。

据介绍，莱钢集团为我省特大型钢铁联合企业，目前是国内业界规格品种最齐全、最具竞争力的 H 型钢生产基地，最大的钢结构生产基地、最大的粉末冶金生产基地和山东省特殊钢精品基地。本次莱钢集团旗下的两家子公司——莱芜钢铁股份有限公司与莱芜钢铁集团银山型钢有限公司的国际银团贷款，终以 1.7 亿美元的额度宣告成功，该项目共有 11 家银行参加，贷款超额认购比例高达 70%，达到借款人与牵头银行的满意水平。

据山东省中行相关人士介绍，此次国际银团贷款的成功组织，标志着中国银行山东省分行的国际化业务正在构筑新的发展平台，国际银行业合作迎来新空间，还标志着山东省中行的资产业务正在从传统领域向新型领域转变。

据介绍，所谓银团贷款，是由获准经营贷款业务的多家银行或非银行金融机构，采用同一贷款协议，按商定的期限和条件向同一借款人提供资金的贷款方式。通过组织银团贷款，集合多家银行的优质服务资源，更好地满足一些大项目大企业的巨额资金需求。在组织银团贷款方式下，借款企业只需要与牵头行进行联络和沟通，省却了东奔西走与多家银行沟通、谈判的麻烦和成本，而且贷款由多家银行分担后，降低了单个银行的贷款额度，减少了授权较低银行向上级行申请追加授权或由总行审批授信的繁琐，提高了资金供给效率。

银团贷款是国外成熟的项目融资方式，目前在我国上海、北京、安徽、山东等省市已被广泛使用，并取得显著成效。银团贷款不仅受到商业银行的青睐，而且还是监管部门力推的一种融资模式。据了解，为了促进青岛辖区银行业银行贷款的发展，集中青岛辖区银行业的整体资金实力，日前青岛银监局在广泛听取各银行业金融机构积极建议的基础上，借鉴国际国内的成功经验，出台了《青岛辖区银团贷款业务指引》，鼓励和推动银团贷款业务发展。根据《青岛辖区银团贷款业务指引》，辖区银行业金融机构可以借鉴国际惯例和国内银行成功做法，筹组多种形式的银团贷款，对单一项目融资需求在 10 亿元以上的建设项目积极倡导组建银团贷款。同时，成立银团贷款工作协调小组，负责制定银团贷款操作规程，推进银团贷款操作和流程的规范化、标准化；提高银团贷款市场的效率和流动性，包括积极发展银团贷款的二级分销市场和存量贷款的重组市场；维护和促进银团贷款市场竞争的公平与诚信；加强与青岛市政府有关部门的联系与沟通，对于青岛已立项的大项目，组织银团贷款。

◎ 思考题

1. 什么是银团贷款？
2. 试析银团贷款的各有关当事方的作用。
3. 银团贷款的资金来源有哪些？
4. 银团贷款中的非利息费用有哪些？
5. 银行贷款工具有哪些主要创新？
6. 简述我国银团贷款的发展概况。

第 *15* 章

国际供应链融资

◎ **本章要点**

- 供应链的基本概念
- 供应链融资的主要特点及其作用
- 供应链融资方式及分类
- 供应链融资业务组合
- 供应链融资的风险控制
- 我国银行主要的供应链融资产品

15.1 供应链融资概述

现代意义上的供应链融资起源于 20 世纪 80 年代，是一种创新的综合性金融服务。无论是对于银行还是企业，供应链融资虽然以传统的银行信贷业务与企业经营活动的价值链为基础，但它一经面世后，就体现出自身的巨大优势及广阔的市场前景。

15.1.1 供应链及其管理框架

1. 供应链的概念及演化

（1）定义：简单地说，供应链（Supply Chain）是指在保持相互供需关系的不同企业间所发生的一种产业关联关系，它以信息流、物流和资金流为纽带，将供应商、制造商、分销商、零售商乃至最终用户结为一个有机整体的功能性网链结构。在供应链的各个节点上，企业之间彼此存在着供与求的往来联系，经过多点连接而成为完整链条。处在供应链中的任何一个企业，相对于上游企业而言，它是需求方，而相对于下游企业来说则成为供给方。因此从这个意义上讲，供应链也可称为供需链或产业链，是联系企业的一个链状系统。

就不同企业在某一个供应链中的地位而言，一般分为核心企业和非核心企业两类。所谓核心企业是在供应链系统中起主导和决定作用的大型企业，很多甚至是跨国公司，其所处的市场结构通常为垄断竞争或寡头垄断，拥有强力的统治和支配地位，有时也被形象地比喻为"链主"。一个具体的供应链实际上就是为某个核心企业所拥有和控制的，如国际制造业中的空中客车公司、国内商贸行业中的工贸家电等。而非核心企业则是处于供应链边际环节的中小企业，它们数量众多，专门为核心企业提供配套服务，也可称之为配套企业，各自经营不同的非核心业务，处在供应链的价值低端。配套企业时常受到核心企业的挤压，与核心企业谈判时地位低下，不得不借助集体力量以增加筹码，如为空中客车公司供应零部件的不同国家的企业。从上述例子也可以这样对供应链的含义进行归纳，即供应链反映了企业间的关系是按照"中心—边缘"模式分布的，是一个强弱分明的共同利益结合体。

（2）概念的发展：从历史发展的角度看，供应链一词可以从传统角度和现代意义上来诠释。传统意义上的供应链伴随着国际分工尤其是企业内部分工的不断深化而出现，主要指一个企业内部不同部门间的供需合作关系，包括原材料及零部件采购、生产制造、储运销售、质保服务等诸多环节。它以特定用户为目标，在明确企业内部合作与分工的基础上，涵盖了企业通过开展经营活动而获取利润的全过程，即所谓价值增值过程，所以这种供应链就是价值链。至于企业与企业之间的关系，则并没有被纳入供应链的范畴，彼此独立决策，缺乏信息交流。

相对于传统意义上的供应链概念，现代供应链的含义则更为宽泛和系统，它强调以最终客户的需求为出发点，以核心企业为纽带，通过企业之间的分工与合作，将处在上下游各个不同环节上的企业连接为一个有机整体，组成一个利益攸关的战略联盟。在这样一个现代供应链系统中，企业彼此的业务往来关系要频繁得多、紧密得多，相互依赖程度高，合作呈长期化趋势。现代意义上供应链不再局限于一个国家内部的企业经营活动中，而且越来越成为企业参与国际经济活动的一个行之有效的操作模式，因而越来越被学界和实际部门所重视。

2. 供应链管理框架

（1）供应链管理的含义：在以供应链的形式来构建利益共同体的过程中，核心企业需要首先基于全局的视角，承担起管理整个供应链的主要责任，积极发挥组织协调和领导作用，保持供应链的良好运作。所谓供应链管理（Supply Chain Management）是指在满足客户服务水平要求的前提下，为使供应链系统的成本降至最低，而把原材料供应商、生产制造商、分销渠道商、零售商直至最终用户等加以有效组织的行为及其方法。具体而言，供应链管理实质就是核心企业对身处其中的各个节点上的企业所实施的组织管理，以确保整个供应链的最优运作，最大限度地满足客户的需要，实现供应链系统的价值增值，提高供应链整体的竞争力，使各个企业实现最佳的财务效益。

随着供应链管理的兴起，传统的企业管理也发生了两个重要变化。第一个变化是管理的范畴从单一企业个体扩展到了整个企业集群。在组织结构变得更加庞大和复杂的背景下，这就要求每一个企业都要尽可能地与利益共同体中的其他企业结成紧密的战略联盟，加强团队合作意识，强化集体协调行动，保持一致的经营步调，提高整体竞争能力，获得总体最优绩效，以便更好地满足终端客户的实际需要。第二个变化就是现代通讯信息技术越来越成为实施管理时的基础支持手段，在企业的采购、订单、库存、发票、储运、资金、售后等诸多生产服务环节的管理中，各种计算机软件和电子交易平台正得到广泛的运用，企业得以及时准确地掌握市场信息，了解客户动态，节约大量的人力成本，显著提高了供应链管理的效率。

（2）供应链管理的主要内涵：在过去，供应链管理研究和实践的重点主要是放在了物流层面上，基本局限于采购、制造、供应等生产环节，而资金和财务方面的管理往往被忽视，导致供应链管理的整体效益并没有能够得到充分发挥，影响到供应链制造模式的营运绩效。随着供应链的概念被进一步拓展，供应链管理的内涵也变得越来越丰富，已经演变为一种集成化的综合管理模式，其重心也进一步从物流层面延伸至企业的财务层面，形成了所谓财务供应链管理（Financial Supply Chain Management）的理念。

财务供应链管理在以往管理的基础上，通过对供应链上下游众多企业的资金筹措和现金流量作出统筹安排，使各个节点上的流动性得到合理有效的配置，以实现整个供应链系统的财务成本最小化。由于实施财务供应链管理的主体一般是供应链中的核心企业，必然要与以商业银行为代表的战略伙伴进行紧密合作，以便更好地得到银行的完整金融服务支持，让包括自身在内的全体供应链成员直接受益。鉴于供应链管理同银行金融活动有着密不可分的联系，供应链的存在与发展离不开银行的资金支持，因此自然而然地，供应链融资概念便呼之欲出，已然成为当今理论界、高等院校以及实业界的一种潮流。

15.1.2 供应链融资概念及其体系构成

1. 供应链融资概念

（1）银行对企业的传统融资模式：即银行对各自独立的客户所提供的融资授信业务。如前所述，供应链表现为众多中小边缘企业依托于核心企业而结成的一种网络结构，其中核心企业因经营稳健、实力雄厚、资产充足、长于管理、声誉卓著而惯常获得银行部门的青睐，一般处于强势地位，容易得到银行质优价廉的全套服务。而对于广大的中小企业来说，它们往往实力弱小、资金匮乏、商业信用等级低下，存在较大的经营风险，既没有多少有价值的资产可资抵押，也无力寻求可信的担保，常被银行当做高危客户群体而避之不及，难以从银行获得所需的贷款支持（参见方框示意图15-1）。此外，在同核心企业的日常业务往来时，中小企业不仅地位卑微，难有话语权，而且遭受歧视欺凌也是见怪不怪。譬如在付款条件上，中小企业往往不得不屈从于核心企业的压力，要么销售货款可能被拖欠，要么采购付款又经常被要求提前，或两种兼而有之。所以，广大中小企业的生存发展形势十分严峻，举步维艰。

在传统的融资模式下，供应链中的每一个成员企业各自为政，作为独立的市场单元主体，都可能与不同的商业银行发生业务往来关系，获得银行提供的贷款授信、支付结算、资金管理等多种金融服务，由此造成企业间彼此割裂和脱节的局面。在这种一对一

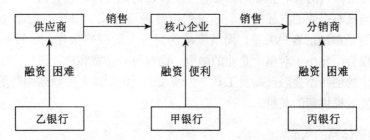

图 15-1　传统融资模式下银行与供应链成员

的业务往来模式下，如果供应链中某一个成员（特别是相对弱小的中小企业）因为资金链断裂或其他不可控的原因而陷入经营困境，甚至出现破产和倒闭的情况，则马上会引发连锁反应，风险扩散传播，导致整个供应链的运转出现严重问题，不仅其他中小企业会被殃及，而且必然会影响到核心企业的利益，银行自身的经营风险无疑也增大了。因此，传统银行融资模式的脆弱性是显而易见的。

（2）供应链融资模式：即银行对处在同一个供应链系统中企业提供金融组合服务。为了破解以上难题，应运而生的供应链融资（Supply Chain Financing）的思路就在于，银行以核心企业为切入点，将供应链视作一个关联整体，通过对企业的信息流、物流和资金流进行有机的整合，根据处于同一供应链体系中的不同企业，因相互之间的商业交易行为所发生的产品移转及由此产生的债权债务关系，由银行一揽子地提供交易结算、账目管理、咨询调查、理财服务、资金融通、信息咨询等综合金融解决方案，使得供应链各个不同节点上的企业都能得到银行的支持（参见方框示意图 15-2），从而形成以银行资金为纽带的相互依托的网状体系。

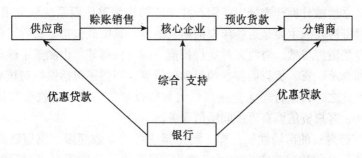

图 15-2　供应链融资模式下银行与成员

在供应链融资过程中，银行依托于核心企业并对其责任予以捆绑，重点对链条节点上的各类中小企业给予全方位的授信支持和其他系列服务，将资金有效地注入到处于弱势地位的中小企业，促进各个配套企业与核心企业建立长期的战略协作关系，提升上下游企业的商业信誉，增强整体竞争实力，确保供应链的平衡发展。在这个意义上讲，供应链融资实际是银行对核心企业的配套企业所提供的融资，即融资向中小企业倾斜，并将这种融资与核心企业的责任绑定。通过供应链融资方式，银行与企业（尤其是核心企业）已不再是单纯的客户关系，而演变成为财务上的战略伙伴。银行在供应链融资中的风险不仅会明显小于对单个企业的融资，而且可以拓宽客户渠道，产生一系列适应企业实际需求的创新型金融产品及工具，为增加银行的中间业务收入创造更多的服务品种，给自身发展提供新的契机。

2. 供应链融资体系的构成

供应链融资可以简单地理解为是对供应链金融资源所做的一次重新整合，是以银行主导的金融机构为供应链财务资金管理提供的全套解决方案，是供应链体系中的中小企业通过与核心企业责任捆定而获得的全面金融支持，因此，供应链融资的最直接受益对象无疑是中小企业。为了进一步对供应链融资有更为全面的认识和把握，下面主要从四个方面来就供应链融资体系的构成展开分析。

（1）供应链融资的参与主体：即参加供应链融资活动的各种机构，大致可分为四类。第一为资金实际需求方，是处在同一供应链各节点上的不同企业，从供应链的前端到后端依次包括供应商、核心企业、经销商、最终用户等，其中银行融资重点又针对的是中小企业；第二是供应链融资的主导机构，即以商业银行为代表的金融部门，为供应链提供全程服务和系列产品；第三是供应链融资的附属机构，如仓储物流公司、担保公司、保险公司等，它们作为第三方参与其中，共同为供应链融资提供支持并分担银行的业务风险；第四是各级政府监管部门，通过制定相关的法律规章，为供应链融资营造制度框架，确保融资活动有序进行。

（2）供应链融资的产品系列：主要是指银行在供应链融资过程中开发的金融服务品种。以前章节中讨论过国际贸易融资有关产品，虽然也属于典型的供应链融资范畴，但当时只是孤立地被分拆开来加以运用，并未能够作为整体而系统地应用于实际操作。此处供应链融资涉及的主要是近些年来的新兴品种，其中既包括了银行对供应商的融资产品，例如存货质押贷款、应收账款质押授信、国内保理等，也涵盖了银行对分销商的融资产品，如仓单融资、货权质押、预付款融资等，当然还包括银行对核心企业的综合授信服务。除此之外，银行还为企业提供诸如债权债务结算、应收账款清收、资产管理、财务顾问、客户资信调查等中间增值服务。

（3）供应链融资的市场性质：即主要是指业务的有效期限。供应链融资业务主要是以资产（货物及货款）为支撑的授信业务，尽管供应链融资有着专门的风险防控技术、自成一体的金融产品系列以及独具特色的盈利模式，但它一般被认为是属于短期货币（资金）市场业务，或称流动资金业务，大量融资产品的期限多在1年以内，少数也有超过1年的。

（4）供应链融资的制度环境：是指法律环境和技术环境。其中法律环境主要涉及动产担保物权、抵押等立法以及行政监管部门订立的规章制度等，这将直接影响到银行开办此类业务的安全性和积极性；而技术环境则包括与产品开发设计相关的金融技术和信息技术，以便对供应链融资风险进行定量分析与评估，确保电子交易系统的安全运行。

15.1.3 供应链融资的特点及其发展原因

1. 供应链融资的特点

在详尽阐明了供应链融资概念和构成体系的基础上，为了更进一步把握供应链融资在当今实体经济中的重要意义及发展潜力，下面从商业银行的视角来对其主要特点进行概况。

（1）供应链融资的多方受众特性：供应链融资是通过对核心企业的认定，由银行提供针对供应链条上不同企业的整体金融服务。在供应链融资模式下，无论处在供应链中的哪个企业一旦获得银行的授信支持，资金便会迅即进入整个供应链系统，从而可以激活整体的高效运转，促进产业链的交易有序进行，密切核心企业及中小配套企业的战略合作关系并为其赢得更多商机，巩固核心企业的市场地位，有助于解决中小企业的融资困难，促使供应链整体的凝聚力和竞争力得以增强，提升供应链整体的质量，推动实体经济的健康发展，形成多方共赢的良性循环。

（2）供应链融资的产品组合特性：供应链融资不同于商业银行传统的任何单一金融服务产品，而是一系列产品的有机配搭与结构性组合。银行积极开展客户关系管理和金融创新活动，根据供应链各个节点不同企业资金的需求实际，打包嵌入相应的融资授信产品序列，量体裁衣式地提供一揽子金融解决预案，其中不仅有各类资产负债业务，还包裹更多的中间增值产品，通过大力开展营销推广，不断丰富银行的服务内涵，形成产品的叠加效应和集群效应，密切并深化同优质客户群体的关系，有利于提高银行在金融市场上竞争实力，扩大业务份额，增加银行的收益及利润。

（3）供应链融资的风险防控特性：供应链融资以企业交易的真实性和连续性为基础，能够降低企业及银行的经营风险。作为关联组合授信，银行着重分析全产业链各个企业主体的履约能力，将信贷风险的防控前移并分散至企业的采购、生产、存储、销售等各个交易环节，同时保持对企业经营活动的实时动态跟踪，全面深入地挖掘产业链的价值潜力，通过强化单一企业的风险个案防范，以控制产业链之间可能出现的风险联动，增强供应链整体的抗风险能力，从而最大程度地减少企业经营风险并由此保护银行自身的经营安全，促进供应链战略联盟的可持续发展。

（4）供应链融资的经营理念特性：从以上分析还可推演出供应链融资的另一显著特征，即它预示着商业银行经营观念的一次重大转变。银行开始改变以往针对单一企业的传统授信模式，不再简单地根据企业个体的经营业绩、财务状况、偿付能力、信用担保、资产抵押等指标进行区别对待以决定贷款的受益对象，也不仅仅只重视大企业却忽视中小企业，而是以责任捆绑为前提将供应链各部分的企业当做一个有机群体来看待，提供一对多的结构性解决方案，对于每一个环节的信息流、物流以及资金流均保持密切关注，通过开发和营销一系列的组合金融产品，积极发展团队客户，提供集群式的综合融资解决方案，尽可能地适应企业经营管理环境及理念发生变化的实际需要。

2. 供应链融资发展的原因

虽然供应链融资中依托的一些基础性产品的出现，要远早于供应链管理思想的萌芽，例如应收账款的转让、货物以及仓单质押贷款等，然而现代意义上的供应链融资概念，却是在 20 世纪 80 年代开始形成的，随后就取得迅速发展。根据 Demica 在 2008 年所做的一项研究报告表明：发达国家供应链融资市场出现高速增长的趋势，各家银行 2007 年发放的授信平均增长了 65%；一半以上的大银行认为，最有条件和可能从供应链融资方案中获得流动资金正面效应的行业包括零售、汽车、制造、电子、食品及饮料、制药、批发、重型设备以及科技；93% 的国际性银行感觉到公司客户对供应链融资的强烈需求，并且总体上有 38% 的公司已经运行或准备正式推出供应链融资计划。鉴于以上基本事实，有必要了解供应链融资快速发展的深层次背景，并对供应链融资业务增长的根本原因进行进一步分析。为此，下面主要从三个方面归纳。

（1）生产全球化的推动：在战后世界经济发展中呈现出的一个重要特征就是生产的国际化，发达国家的跨国公司不仅相互进行交叉投资，而且离岸采购和业务外包趋势也将更多的发展中国家纳入其全球供应链体系。为了适应不同客户群的需要，在竞争中赢得市场主动权，以往通过并购重组形成的纵向一体化产业组织模式，在进入 20 世纪 80 年代以后，开始让位于横向一体化模式。随之在国际分工领域出现的一个重要变化就是，由企业内不同部门之间的分工转向外部不同企业之间分工，外部合作性质的"大规模定制"生产方式逐渐超越了内部一统特征的"福特制"生产方式。残酷的竞争现实迫使企业不得不在价值链的每一个环节都尽可能寻求更低的成本，导致大型公司更加注重高附加值的核心业务，而纷纷将低端生产环节外包给国内乃至国外的众多中小企业，通过建立企业集群来满足市场需求。因此，为确保整个供应链系统稳定，优化资源配置并降低成本，供应链融资自然成为众望所归了。

（2）金融机构之间相互竞争的产物：20 世纪 80 年代逐步开始兴起的全球金融自由化浪潮，导致世界上不同国家的各类金融机构在国际金融市场上的竞争愈演愈烈。由金融脱媒（Disintermediation）引致的全球融资证券化趋势，不仅使得商业银行传统信贷业务出现萎缩，客户流失现象严重，而且也造成银行同业之间发生激烈的业务争夺。为进一步稳定业务并扩大客户群体，不断增加金融服务收入，商业银行紧跟跨国公司的国际化步伐，在全球范围内积极拓展业务。一方面，银行在即有产品的基础进一步推出结构性融资产品组合，另一方面又不断尝试引入新的金融工具和交易技术，尽可能地满足市场需要，而供应链融资就成为必由之选。

（3）监管机构放松规制的结果：就金融监管领域而言，自从布雷顿森林体系垮台以后，国际金融局势动荡不定，各国缺乏有效的政策协调，更无力重建一个新的世界秩序。与此同时，许多国家开始放松规制（Deregulation），竞相展开所谓管制竞争，为支持本国私人金融机构的跨境经营提供更加自由宽松的政策法律环境。加之通讯信息技术的飞跃进步，从而客观上大大推动了金融创新活动的不断发展，各种衍生金融产品和结构性交易工具层出不穷。商业银行依托传统融资业务的优势，结合群体客户的现实需求，将以往相互独立的金融产品和服务加以捆绑组合，这无疑是进行金融创新活动最为便捷和稳妥的方式之一，在不断拓宽收入途径的基础上，尽可能地减少和分散经营风险，于是供应链融资的适时出现也就顺理成章了。

15.2 供应链融资的主要产品及其风险管控

供应链融资出发点就是以核心企业为依托，以银行的金融服务来为处于供应链各个不同节点上的众多企业提供金融支持。在产品开发上，供应链融资将各类不同的自偿性贸易融资业务有机地加以组合或配搭，从而形成服务于供应链企业集群的综合金融解决方案，更好地适应企业经营环境变化的需要及金融市场产品创新的需要。

15.2.1 供应链融资产品基石及其对银行经营的意义

1. 供应链融资产品基石

如果把供应链融资比喻为系统集成，则构成这一复杂系统的产品基石就是自偿性贸易融资（Self-Liquidating Trade Finance），它集合了常常在不同场合使用的商品融资（Commodities Finance）和贸易融资（Trade Finance）两个概念。所谓商品融资是为存货、预付款、应收款等提供的结构性短期资金便利，而贸易融资一般是为个体交易或一系列交易所进行的融资。尽管名称有异，但它们的共同之处在于，偿还银行贷款的来源都是借款人的销售收入，故实际含义并无不同。与银行传统的流动资金授信相比，自偿性贸易融资具有的主要特点可以概括为以下几个方面。

（1）授信用途的真实性：即银行必须确保所提供的信贷资金定向用于事实上的贸易交易活动，不允许贷款被挪作他用。银行对于借款人在贷款额度项下的每次提款，都要求对应明确真实的贸易流程，做到使用金额、支付时间、交易对手等信息与约定的匹配。

（2）还款来源的自偿性：即将授信企业的销售收入自动划入贷款银行的指定账户，直接归还贷款或作为还款保证。因为不再完全依赖授信到期时企业的综合现金流，所以融资的自偿性对于很多中小企业来说就显得至关重要，银行在核实企业将全部借款用于进出口贸易的情况下，即使以达到最高授信限度，银行仍可能发放贷款。

（3）融资操作的封闭性：对信贷资金实施从提款到还款的全程控制，其中不仅包括对资金流的控制（譬如银行代客直接将资金付给借款人的供应商），而且也包括对物流的控制（例如设定货物质押或抵押并强化仓储管理）。通过对资金流及物流的操作，银行既可以确保信贷资金用途及贷款按期偿还，也能够有效掌控物权以降低信贷风险。

（4）贷后跟踪的实时性：即随时对贷款面临的信用风险进行监控，实施贷后全程跟踪。为此，银行通过建立后台专业化操作平台，不再片面强调企业的财务特征和行业地位，而是强化操作模式的自偿性，直接掌控借款企业的贸易行为，以贸易项下的物流（货权）和资金流（债权）作为防范风险的物质基础。

2. 供应链融资产品对银行经营的意义

任何一家银行想要开展供应链融资业务，就必须设计并运用具体的金融产品作为支撑。鉴于以上对自偿性贸易融资进行的分析，加之在上一节对供应链融资特点所做的概括，下面主要就开发供应链融资产品对于银行经营管理的重要意义做一个总结性归纳。

（1）提高银行的创新能力：通过对供应链融资产品的设计开发，银行得以不断适应金融环境的变化，尽可能满足客户的需要。例如，在提供短期信贷时，银行传统的做法是要求借款人提供不动产抵押，于是导致信贷门槛过高，中小企业望而却步；而在供应链融资中，银行推出的存货质押这一产品则使以上难题得到很好的解决。

（2）转变银行的经营理念：为推广供应链融资产品，银行改变以往被动等客的观念，积极开展新型的交叉营销，借助客户关系管理来发掘多种业务需求，以打包组合产品来覆盖整个供应链的资金需求，进一步提高服务水平。例如，银行对供应链上游的供应商提供应收账款质押或收购，便利了供应商的资金周转，也丰富了银行的供应链融资产品系列。

（3）发展银行的客户群体：银行借助供应链融资产品，改变以往过于倚重大企业而忽视小企业的思想，在稳定与核心企业往来关系的同时，积极为广大中小企业提供所需的融资服务，培育中小客户群体，育小为大，积少成多，增加银行业务收入。例如，以核心企业的连带责任保证，银行为配套企业提供存货融资，这加强了银行同各类客户之间的业务关系，有助于提高客户的忠诚度。

（4）强化银行的风险意识：利用供应链融资产品的开发，银行可以建立有效的预防机制，将有关各方的利益锁定一体，在优化客户结构的基础上，使银行的融资结构亦得以优化，从而减少银行的经营风险。例如，在为中小企业提供融资的时候，银行绑定核心企业的责任，通过引入核心企业的回购担保，以提高中小企业的履约能力。

15.2.2 产品设计思路及途径

作为一个较为宽泛的融资范畴，供应链融资实际上是由差异功能的具体产品单元构成的。为保证供应链融资的实施，作为服务提供商的银行不能仅仅把产品归于授信业务与非授信中间业务两大类，而是要以企业的客观需求为出发点并对其进行细分，进而设计出符合企业需要的个性化金融产品，更好地解决企业的融资问题。由于供应链融资集成了多种金融产品，因此，对于其中每一个单元产品的开发都不能脱离供应链系统，而应当依托和围绕着供应链的主体来进行，并始终贯穿于核心企业、中小型配套企业乃至最终用户相互交易的整个过程。在对供应链融资产品进行细分讨论之前，在此先介绍三种主要的产品设计与开发思路及途径。

1. 基于上下游企业关联的产品设计

如前已经论及，根据供应链前后各个环节间的关联性，供应链融资可分为供应商融资，核心企业融资、经销商融资以及最终用户融资，相关产品的设计与开发针对不同环节的企业主体，同银行通常所用的一对一业务操作思路具有同质性。例如，针对供应链中的核心企业，银行从其财务状况、行业地位、市场竞争力、经营管理情况等出发，愿意提供方便快捷、质优价廉的融资授信及非授信服务；而对处在上下游的众多中小企业，银行首先会出于安全的考虑，按其相应层级（一般又可分为一级、二级供应商或经销商）更多地要求借款人提供质（抵）押或担保贷款；及至供应链的终端客户（主要是指个人用户），银行则一般采用惯常的按揭方式融资，以标的物作为抵押。

在此需要强调指出的是，因为核心企业所处地位使然，不仅可获得的融资渠道多，而且条件优惠，所以结合供应链融资而设计的金融产品，并不能使其融资成本显著降低。而对处于低层级的大量中小企业来说，由于捆绑了核心企业的责任与信用，因此，运用供应链的系列融资产品能够有效降低融资门槛和难度，使筹资成本得以实质性下降，这也是供应链融资产品价值之于中小企业的最重要体现。尽管如此，这种依照供应链各个单独主体来对融资产品进行分类设计的思路仍存在明显的缺欠，它并没有考虑供应链各个主体之间的责任关系，尤其是核心企业在融资环节中应起的作用，也不能真正反映供应链融资产品的独到之处。

2. 基于核心企业责任的产品设计

这是在确认一个具体供应链系统完整性的前提下，银行将核心企业的责任绑定于对中小企业的融资过程中，以核心企业的保证作用来提升中小企业的商业声誉和信用等级，并由核心企业实际承担供应链融资的风险。在同上下游企业的日常业务往来中，银行无论是为供应商提供融资，还是对经销商融资，一旦借款人出现了违约风险，核心企业都负有连带责任并承受由此造成的损失。从这个思路出发而设计的供应链融资产品主要有三种形式，即连带责任保证、回购担保以及购买付款承诺，下面分别予以说明。

（1）连带责任保证，即核心企业对于下游经销商未能按时付清的银行贷款本息以及其他费用承担连带责任，无条件地代为归还。通过引入核心企业的连带责任保证，银行可以根据经销商与核心企业的购销合同，为下游企业办理银行承兑汇票，专项用以支付核心企业的货款。

（2）回购担保，即核心企业承诺，在承担连带担保责任的同时，按事先预定的条件对下游经销商未能售出的库存货物予以购回。这实际上借鉴了证券市场回购协议（Repurchase Agreement）的做法，用一个协议来确定前后两次交易。由于核心企业是先期货物的出售方，只要有其附带回购的保证文件，银行就可以通过签发银行承兑汇票来给予经销商融资便利，有时银行也直接向经销商提供贷款甚至透支款项。还有一种业务与此相似，即核心企业对于经销商未能售出的货物提供退款承诺。

（3）购买付款承诺，即核心企业承诺，对于上游供应商的标准化产品给予确定付款。根据核心企业与供应商所签订的购销合同，银行向供应商提供周转性质的融资，核心企业将货款定向支付到供应商在银行的指定账户上，以此作为偿还贷款的保证。

3. 基于配套企业责任的产品设计

鉴于供应链融资的重点是针对众多中小企业这样一个基本事实，在核心企业不承担连带担保的情况下，银行信贷融资风险将会明显增加，于是，对供应链融资产品的设计必须充分考虑其应具备的风险预防效力。对于贷款银行而言，上游供应商持有的最大价值资产就是掌握核心企业的应收账款（即债权）；只要银行控制住了供应商的现金回流，就能够防控可能的信贷风险。至于下游经销商，其对银行的最大价值在于，可获得的核心企业定期供货以及售出后的回笼资金（即货权）。基于这一思路而开发出的供应链融资产品有两大类，即应收账款融资和存货融资。

（1）应收账款融资，又可分为质押、转让和证券化等做法。应收账款质押是卖方（出口商）将货物销售以后的应收账款权利质押给银行，由银行向借款人授信并将此笔应收账款作为首要还款来源；应收账款转让即保理，是由银行以贴现方式买入销售商的收账权所给予的一种融资便利，无论在国内贸易还是在国际贸易中均得到普遍使用；应收账款证券化属于金融衍生工具，是以应收账的未来收入为支撑而向资本市场的投资者发行有价证券。

（2）存货融资，又可分为货物质押授信和仓单融资两大类。货物质押授信是银行以借款人的货物或权属凭证作质押而提供的融资，银行在借款人违约时可以拍卖物权。而仓单融资则是借款人以仓储合同（提货证明或收据）为质押向银行申请贷款，由于作为法律文件的仓单也被看成一种有价证券，因此在借款人发生违约时，变卖仓单的价款将由债权银行优先受偿。

4. 基于企业生产流程的产品设计

根据企业处在不同生产周期阶段所需的资金情况，确定银行融资的切入点并开发相应的产品。在一个完整的供应链系统中，各个企业的生产过程及伴随的资金需求具有高度的相似性，一般可分三个阶段。第一是原材料的投入阶段，此时企业为应对国内或国际采购订单而出现的预付款开支，必然导致其对银行融资需求的增加。第二是生产制造阶段，这时候企业一方面保有原材料库存，同时又陆续产生半成品和产成品库存，另一方面还要不断结清国内外供应商的货款，因此融资需求达到周期性的峰值。第三就是销售阶段，企业此时已经开始有应收账款收入，连续的现金回笼使企业对银行融资的需求逐渐回落，甚至还会出现资金富余（参见图15-3）。

为了满足企业在不同时期的资金需要，银行参照上述三阶段的生产周期，相应推出的供应链融资授信产品也可以划分为三大类别，即原材料投入采购时的预付款融资，生产时期的存货融资，出货销售时的应收账款融资。存货及应收账款融资上面已做简介，而预付款融资可视作是未来存货融资，因为预付款融资的保证基础要么是预付款项下买方拥有的对供应商的提货权利，要么是买方提货以后于运输环节形成的在途存货或者入库存货，所以也可把预付款融资看成存货融资的"搭桥"过程，即属于未来的存货融资。关于存货融资、应收账款融资和预付款融资的产品细分，将在下面进一步做深入的讨论。

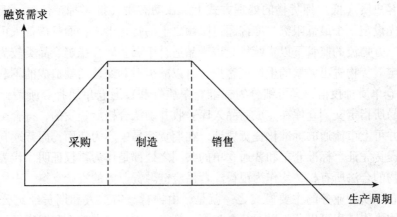

图 15-3　企业生产与融资需求

15.2.3　供应链融资的产品细分与业务操作

从不同角度对供应链融资产品的开发设计尽管有些许差别，但基本思路和构建框架是一致的，都是在视供应链为一个整体的情况下，将核心企业的信用绑定于银行对中小企业的授信行为中，以货权（物流）和债权（资金流）作为融资产品的支撑，银行开发相应的融资产品以保持供应链的运转平稳以及可持续性。在银行部门的实际业务操作中，习惯上将供应链融资产品划分为三大类别，即存货类融资产品、预付款类产品和应收款类产品，然后再对其中的品种进行进一步的细分。

1. 存货类融资产品

（1）质（抵）押授信：即指客户（借款人）以自有或第三方主体拥有的动产作为质（抵）押的授信业务，又可以细分为静态质（抵）押授信和动态质（抵）押授信两种。

在办理静态质（抵）押授信业务时，银行、借款人、物流公司首先签署仓储监管协议，在借款人向物流公司交付质（抵）押货物以后，银行即行放款并委托物流公司对质（抵）押物品负责监管；借款人对于质（抵）押物品不得以货易货，而必须通过追加保证金以取得银行的发货指令后，物流公司才会对借款人放行货物，而赎货后所释放的信贷敞口可以为借款人重新使用。静态质（抵）押授信业务适用于除存货外没有其他合适的质（抵）押物的贸易型客户，通过运用这一产品，客户得以将积压在存货上的资金盘活，维持正常的经营活动。对于银行而言，用作授信的质（抵）押货物的变现能力往往较强，又因为借款人只被允许用保证金来赎回货物，所以该融资产品对银行的保证效力较高，信贷资金就更安全。但是为了规避可能出现的风险，银行需要明确质（抵）押货物的产权归属及其市场价格的波动规律，把握货物的市场容量与流动性，把信贷损失的可能性尽可能降低。

而动态质（抵）押授信则是静态质（抵）押授信的延伸产品，两者差别主要体现在银行对客户质（抵）押货物的处理方式上。在动态质（抵）押授信时，银行对于货物价值事先设定一个最低限额，准许超过限额之上的货物出库，而且借款人可以在银行授权的第三方物流的监管下以货赎货。该产品适合于那些库存稳定、品类较为一致、价值易于核定、货物进出频繁的生产型客户，可以减少对其经营活动造成的不利影响。

（2）仓单质押授信：又可细分为标准仓单质押和普通仓单质押。所谓标准仓单是指，由交易所指定交割仓库在完成商品入库验收并确认合格后签发的、符合交易所统一格式要求并可上市流通的标准化提货凭证，在期货交易中广为使用，而普通仓单就是非标准化的提货凭证。标准仓单和普通仓单的共同之处都是作为物权证明，代表其持有人对载明货物的合法所有权，均作为银行经营供应链融资业务的资产支持。

标准仓单质押业务的主要模式之一就是，由银行、借款人和期货经纪公司三方合作。其具体操作流程可以分为以下几个步骤：第一，银行、借款人和期货经纪公司签署协议，明确各自的权利和义务；第二，借款人将标准仓单质押于期货经纪公司在交易所的席位下并办理质押登记手续，由期货经纪公司负责在质押期内不得对仓单予以转让、交割和注销；第三，借款人把交易所出具的标准仓单持有凭证转让给银行，银行确认条件满足后即行放款；第四，质押期结束后由银行收回贷款本息，如果借款人无法按时还款，则由期货经纪公司处置标准仓单用以归还银行贷款。有时出于对期货经纪公司的信用担忧，银行在以上操作中再引入回购担保公司作为第四方，由回购担保公司负责在借款人违约时回购质押的标准仓单并向银行先行偿付，再向借款人进行追偿。这一模式对银行是多了一道安全闸口，但对借款人无疑增加了融资成本，而且银行对回购担保企业仍然存在一个信用甄别问题。

与标准仓单质押融资的不同在于，在普通仓单质押授信业务实践中，银行更关注货权凭证所对应的货物监管，为此要引入仓储企业和保险公司作为业务的当事方，有时甚至还有回购担保公司。申请贷款时（参见图15-4），借款人先将货物及其权属质押给银行，并交银行指定的仓库监管；对于质押标的物，银行还要求借款人到指定的保险公司办理全额保险手续并以银行为第一受益人；在该授信项下，借款人只有在补足保证金的前提下，才可凭银行开具的提货单去指定仓库赎货。至于是否引入回购担保公司作为当事方，则与标准仓单质押时类似，取决于银行是否认为有必要多增加一道安全阀门。

2. 预付款类融资产品

（1）先票（款）后货授信：这是存货融资的进一步发展，借款人在向银行缴存一定比例保证金的前提下，取得银行授信并对供应商支付全额货款；待货物到达银行指定的仓库后再行设押出质，作为授信银行的担保；银行根据借款人补充保证金的比例，通知监管仓库释放相应的货物给借款人使用。通过监控货物的全程流转，银行可为借款人开立银行承兑汇票、信用证等以作短期融资，适用于借款人有大量资金需求的预付款业务，以利于争取供应商的商业折扣，锁定货物采购价格。对于银行来说，利用这一供应

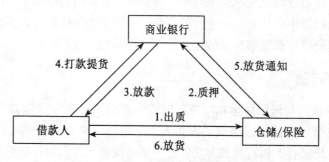

图 15-4　普通仓单质押授信业务流程

链融资产品，能够借助借款人的客户群体关系，进一步开发上游企业的业务资源，延展银行的服务网络。为此，银行必须对供应商的商业能力以及借款人的偿付能力予以重点关注。

（2）担保提货授信：这是上面讲的先票（款）后货授信产品的一个变形，即借款人（买方）在向银行缴存一定比例保证金的情况下，银行对借款人贷出全额款项用以向核心企业（卖方）采购，并由卖方出具全额提单作为授信的担保；随着借款人分批向银行缴存提货保证金，银行依次通知卖方向借款人发货；卖方就不能及时足额交付货物的价值，对银行承担无条件的退款责任。就银行而言，这一融资产品很好地将卖方出货与物流监管合二为一，简化了银行风险防控维度，并经过引入核心供应商的退款责任保证机制，有利于银行深入挖掘核心企业的业务资源，有效地解决了质押货物的变现问题，对银行自身业务发展及经营安全具有积极意义。

（3）进口信用证项下未来货权质押授信：它是银行根据借款人（进口商）的申请，在其缴纳规定比例的保证金之后，以开立信用证的方式对进口商授信；银行通过控制信用证项下单据所代表的物权来确保还款来源，当货物到港后即行转为存货质押授信。该融资产品尤其适合大宗商品的进口企业，能够充分发挥信贷资金的财务杠杆效应，有利于大规模的进口采购。从银行角度看，由于撇开了传统开证业务中先行设押出质和保证担保的要求，有助于扩大客户群体，并以对货权的控制降低了银行的信贷风险。

（4）国内信用证：这是银行应买方的申请，向卖方开出的凭符合信用证条款规定的单据进行货款支付的承诺。国内信用证与国内银行承兑汇票在结算方式上类似，与国际贸易当中使用的信用证业务也有许多相近之处，均以银行信用来提升商业信用，便利了国内企业之间的商务往来，增加了商品及服务的交易机会，强化了供应链的紧密程度。就银行角度来看，比之于先票（款）后货授信和担保提货授信，利用国内信用证授信可以规避卖方的信用风险，通过对货权的控制也有助于降低银行的经营风险，增加银行的中间业务收入。此外，与国际信用证项下各融资品种的原理基本一致，国内信用证项下也可以开展议付、押汇、打包放款等形式的融资。

（5）商业承兑汇票的承兑人保贴：对于特定商业汇票承兑人（非银行的工商企业，一般是有付款义务的核心企业）所承兑的汇票，银行承诺对该商业汇票办理贴现。该业务的特质是，以银行的贴现承诺来对特定商业承兑汇票的当事人提供授信，将银行信用引入商业票据行为中，从而对企业间的商业信用给予实质性提升，直接提高了承兑人的信誉度，从而使得汇票能够背书转让、贴现及再贴现。

3. 应收款类融资产品

（1）国内保理：与国际保理相对应，国内保理是银行作为保理方与卖方（一般是核心企业的供应商）签订保理协议，由卖方将其与国内买方因商品或服务交易而产生的应收账款出让给银行，银行据此对卖方给予资金融通，并同时提供账户管理、账款催收等一系列综合金融服务。若将应收账款转让行为通知买方则称为明保理，否则就是暗保理。该产品使得卖方可以提前回收销售款项并规避商业风险，加速资金周转，优化财务报表。而对银行来讲，受让应收账款无异于获得一个自偿性的还款来源，银行为此更加关注欠款企业的经营及信誉；通过开展保理业务，银行既能获取如保理费这样的中间业务收入，也可借机开辟向供应链下游企业延伸银行业务的途径。国内保理业务进一步发展遂成为保理池融资，即卖方将一个或多个国内买方的不同期限和金额的应收账款一次性地转售给银行，银行以累积账款余额提供融资。这种融资保理池就是应收账款池，进一步简化了操作手续，有利于银行尽可能地回笼货款并牢牢锁定客户群。

（2）票据池授信：它是指客户将其收到的部分或全部票据作质押或转让背书以后，归并于银行授信的资产池中，由银行以票据池余额为限向客户融资授信。通过票据池业务，银行便可以提供票据托管、委托收款、票据池授信等一系列金融服务。票据池授信包括两种，即票据质押池授信和票据买断池授信。该产品适合于有大量票据往来并对财务成本控制和报表美化较为敏感的大型企业，解决了企业自身在票据收付过程中经常出现的期限和金额不匹配的难题。而银行通过票据保管服务，可以吸引票据到期后的企业派生存款，并且以银行承兑汇票为质押的授信也是一项低风险的融资业务。

（3）出口应收账款池融资：也可以理解为国际保理池融资，它是指客户（出口商）将其与国外进口商因商品或服务贸易往来而产生的应收账款出售给银行，银行以所受让的应收账款的稳定余额为限，向出口商提供短期融资。该产品将出口商连续多笔的小金额应收账款逐一汇聚成池，包括采用出口赊销（O/A）、托收（D/P 或 D/A）、信用证（L/C）等多种结算方式下产生的应收款项，具体的融资方式包括流动资金贷款、银行承兑汇票、开立信用证、出具银行保函等，尤其适用于有经常性的规模化出口贸易并保持稳定收账规模的中小企业。对于银行来说，尽管有应收账的回款作为信贷风险保障，但仍要对出口企业的经营管理能力、财务状况等进行综合考察，同时还须注重对国外进口商的商誉信用调查，以确保应收账款的质量。

（4）出口信用保险项下授信：这是指已经投保了出口信用保险的客户（出口商），在将其索赔权益转让给银行以后，由银行向客户提供短期资金融通；在发生保险责任范围内的损失时，由保险公司根据保险合同的规定办理理赔，并将赔付款项全额支付给银行。从客户角度看，该产品适用于出口到高危地区、并为此购买了出口信用保险的客户，可以弥补了出口发货与收汇期间的资金断层，大大降低了出口的风险。就银行而言，这一产品规避了来自进口商的信用风险，贷款损失的几率也随之下降。

15.2.4　供应链融资的风险及防范

综观以上供应链融资产品，其构建基础主要有二：一是用以提升中小企业信用等级的核心企业责任绑定，二是以物流（货权）或资金流（债权）为支撑（统称资产支撑）。银行在经营供应链融资业务时面临风险，源头可以从供应链融资产品上述特质中找到。一方面，供应链融资的客户群指向是中小企业，其产品的风险是与中小企业融资时的固有高风险相伴。另一方面，供应链融资不再强调传统的不动产抵押，而主要以动产作为信用支撑保证，如存货融资、应收账款融资和预付款融资，银行很难监控多种产品的流动，于是风险自然藏于其中。供应链融资风险一般分为信用风险、操作风险和法律风险三大类，下面简要讨论有关风险的管理问题。

1. 信用风险管理

所谓信用风险是指银行因借款人违约而导致信贷资产损失的可能性，这是银行在供应链融资业务中首先需要面对的风险，它会直接威胁到银行信贷资金的安全。供应链融资本身就是一种特殊的信用风险管理技术，其基本方法主要有以下几种。

（1）风险回避：对于可能发生违约的客户，银行拒绝受理其供应链融资业务的申请，不为其提供所需的服务。在实际操作过程时，银行可以根据过往的业务记录，按不同客户承受风险的能力，对每一位客户都给予一定的信用评级并登记在案。当面对低信用等级客户的融资请求时，银行可以直接拒之于门外，从而彻底回避风险。

（2）风险屏蔽：即构筑隔离主体信用风险的防火墙，利用核心企业责任绑定和对物流及资金流的控制，把中小企业的低等级信用对应链融资安全性的作用机制予以隔离或阻断。例如，银行对授信支撑性资产加强监管，以确保信贷资金投入后所产生的现金收入优先回流银行以偿还贷款，或者银行要求核心企业对经销商承诺回购，或银行将货物置于第三方物流的监管之下。

（3）风险转移：对于客户可能在供应链融资过程中出现的风险，银行将其转移给有需要的第三方承接。例如，在仓单质押授信时引入第三方物流监管公司负责管理质押货物，为供应链融资向保险公司投保，银行可将贴现买入的票据申请再贴现，等等。随着金融市场创新不断以及体制建设日益完善，用于风险转移的工具也会越来越多。

（4）风险补偿：通过对供应链融资相关产品进行定量的风险测度，按照"谁受益，谁付款"的原则，银行建立对应的风险定价和风险补偿机制，使产品的风险与其收益相对应。为此，银行需要筹建大型的经验数据库，利用现代信息科学技术，引进专门精通动态模型设计的金融工程师，等等。显然，这并非一日之功就可完成。

（5）风险止损：在提供供应链融资服务后，一旦客户出现风险，面临无法避免的损失时，银行要采取果断措施进行止损，防止风险进一步扩散。例如，如果银行发现借款人经营状况突然恶化，可以考虑中止授信，直至形势稳定并向积极的方面转化。

2. 操作风险管理

所谓操作风险是指银行因内部机制不完善或人为错误以及外部事件而带来损失的可能性，这是银行日常经营中随时都有可能面临的风险。供应链融资中操作风险覆盖整个业务流程的诸多环节，如信用调查、授信审批、资金发放、用款跟踪、本息收回等，主要有以下几种防控操作风险的方法。

（1）完善内部控制：在供应链融资中，银行实行审贷分离，可以设立独立的授信支撑资产管理部门，强化风险内控。对于一些循环贷款产品，如存货和应收账款池融资产品，建立定期检查审核制度。

（2）提高人员素质：对于从事供应链融资的有关人员，强调风险意识和职业素养，对工作负有责任感和使命感，定期对员工进行业务培训，提高他们的专业化水平，降低对个体能力的过度依赖。

（3）完善产品业务流程：作为一项新兴业务，有关供应链融资的管理制度仍需要不断完善，银行要定期审核业务流程中存在的缺欠，采取积极的措施予以纠正改进。

（4）合理应用操作风险转移技术：主要包括风险保险和操作环节外包，尤其适用于供应链融资的物流环节。例如，银行可以与第三方物流公司建立战略合作关系，将质押货物监管的操作风险转移给物流公司或仓储公司（如防偷盗），可以有效降低银行的管理成本。

3. 法律风险管理

在供应链融资中，所谓法律风险主要是针对与动产担保物权相关的风险，包括银行员工的无效工作（如某项融资交易不符合法律规范）、法律规定的不确定性（如对担保回购的认定存在法律空白）、法律制度的无效性（如判决生效后的执行力弱化）等。《巴塞尔协议》认为，法律风险是广义操作风险的一部分，但在实践中仍将其单独列出，主要原因是供应链融资的法律制度环境还在构建和完善之中。对于法律风险的预防方法，主要包括以下几种。

（1）借鉴与吸收相结合：借鉴国外成熟的立法经验，利用国际上已有的成功实践操作，推动国内有关供应链融资法律法规的建设，防止不同法规间可能出现的冲突，为业务开展提供制度框架。

（2）加强公开信息：通过推进全国性的信息网络建设，让供应链融资相关的法律法规为实际工作部门的人员和社会公众知晓，加强执法部门的协调，避免政出多门的现象，确保信息的公开和透明。

（3）强化法律的执行效力：提高法律法规的可操作性，为供应链融资业务提供实际指导和参考，对于依法作出的判决，要加强执行力度，降低因诉讼程序而耗费的时间成本。

15.3　我国的供应链融资业务

　　长期以来，我国商业银行的法人治理结构并不完善，日常主要经营的是传统资产负债业务，许多银行市场意识相对薄弱，创新动力不足，服务品种有限，信贷风险增大。随着中国正式加入 WTO 以后，金融行业的开放既对国内商业银行形成强大竞争压力，同时也为其今后的发展带来新的机遇。为适应形势变化，尽快同国际接轨，借鉴国外成熟的经验，开展供应链融资已成为我国商业银行不可逆转的必然选择。

15.3.1　供应链融资在我国发展概况及问题

1. 发展概况

　　顺应国际金融业的总体发展趋势，供应链融资相关业务在我国金融行业正式引入是在 20 世纪 90 年代中期。当时，面临巨大市场压力的国内中小银行开始零散地推出存货融资业务，尤以中小企业为主要服务对象。其中具有典型代表意义的是，深圳发展银行于 20 世纪 90 年代末期，通过以票据买入概念来替代传统的贴现贷款，创新业务流程。之后不久，深圳发展银行于 2001 年再推出了动产及货权质押授信业务。2003 年，深圳发展银行又率先提出了自偿型贸易融资的理念，进而开发了"1+N"供应链融资系列产品包，并陆续出台了一系列关于组织架构和具体产品的管理办法。2006 年，深圳发展银行正式提出了供应链融资品牌，在产品、流程、业务模式等方面做了进一步的深化与创新。到目前为止，深圳发展银行已经建立起完整的供应链融资营运体系。

　　深圳发展银行的上述举措对我国银行业所产生的效应示范无疑是明显的，对国内其他股份制及国有商业银行所起到的带动作用也是非常积极的。例如，广东发展银行在 2003 年建立的"民营 100"金融服务平台的基础上，进一步搭载"物流银行"业务，以货押为主打产品。上海浦东发展银行于 2007 年提出了"企业供应链融资解决方案"，提供包括信用服务支付、采购支付支持、存货周转支持和账款回收支持等系列化服务。华夏银行 2008 年开始在全国巡回推广的"融资共赢链"包括七条链，未来货权融资链、货权质押融资链、货物质押融资链、应收账款融资链、海外代付融资链、全球保付融资链、国际票证融资链。招商银行基于技术平台优势，着力打造"电子供应链融资"概念，自 2006 年以来，先后开通网上国际结算、网上交易系统识别、网上保理、在线应收应付账款管理系统等系列业务。现在，国内越来越多的商业银行已经在不同程度上涉足供应链融资领域，从而促进了我国供应链融资业务进一步向规模化和系列化方向发展，并正逐步与国际接轨。

　　特别值得一提的是，曾经作为我国专业外汇银行的中国银行，利用其多年的国际业务经验、广泛的全球服务网络以及优秀的金融专业人才，积极对业务流程进行优化，整合组织管理架构，不断巩固和扩大国际结算及贸易融资业务方面的品牌优势。自从

2006 年以来，中国银行在创新产品方面进行了有益的探索并取得了明显成效。针对国内及国际贸易项下产生的融资需求所蕴含的巨大发展潜力，为了适应企业在不同贸易环节的特定金融服务需求，中国银行在供应链中以核心企业为出发点，向供应链中的其他有关各方提供基于供应链流程的贸易融资服务。目前，中国银行已经推出了一系列的供应链融资产品，其中主要包括融易达、融信达、通易达、融货达等，并继续加大供应链融资产品的研发，大有后来居上之势。

2. 存在的主要问题

（1）思想意识薄弱：由于历史原因，我国企业目前供应链管理的意识普遍较为薄弱，供应链体系表现得相对松散。在实际中，核心企业对供应链成员还缺乏有效的制度化管理手段，而中小企业对供应链核心企业也缺少认同和归属感，这对维系长期的合作关系显然不利。更为严重的是，中国尚未建立起一个完整的信用体系，供应链成员之间以及与银行间并没有稳固可靠的信用保证。虽然银行业已经开始尝试向企业提供供应链融资服务，但在思想观念和业务操作上仍然存在许多有待解决的问题。例如，银行重大轻小的经营理念根深蒂固，供应链融资偏好以核心企业为主体，对广大中小企业心存芥蒂，关注业务推广而轻视风险防控等，这些都有待今后进一步改进和完善。

（2）技术手段落后：我国金融信息技术和电子商务的发展相对滞后，造成供应链融资活动中的技术含量普遍偏低。在不少的银行，供应链融资过程中有关单证制作、文件传输、存货赎回、账款确认等环节还是以人工处理为主，缺乏足够的电子信息应用手段，电子交易平台基本上是个空白，导致业务实施时的低效率和高成本，也往往成为融资风险的一个主要来源，在与国外银行同业的竞争中处于消极被动的地位。

（3）机构设置缺失：除少数银行外，很多银行的供应链融资仍在传统的信贷风险控制体系运行，对供应链融资更多地停留在概念的推广上，适用的产品仍然有限，风险控制的核心价值并没能够有效吸收。很多银行未设特别的审批通道，没有专业化的操作平台，缺乏针对核心企业和物流监管方的严格管理办法，银行内部并没有独立人员分工及业务管理规程，存在较大的风险隐患，不利于供应链融资的稳定发展。

（4）融资产品局限：国内银行提供的供应链融资业务大多还局限于国内供应链及其企业，而且基于为大公司服务的需要来设计相关产品，对国际贸易融资的延伸和整合不足。随着国际跨国公司大举进入，纷纷在国内建立供应商和分销商网络，反而是外资银行经常争夺客户，我国银行没有系统的应对策略，面对国内企业走出国门开展投资构建自己的供应链，我国银行缺少对企业的积极支持，缺乏综合性的应对方案。

（5）立法滞后：由于我国动产担保物权的相关法律制度尚不完备，这就容易导致供应链融资在实际操作层面上存在种种不确定性，也往往成为束缚业务发展的一个主要原因。从另一方面讲，我国金融监管部门对供应链融资在观念上还停留于将其作为流动资金看待，对供应链融资的风险特征、信贷技术及其核心价值的理解存在偏差，引导和监管工作较为缺失，相关政策与规范不能完全适应供应链融资业务的发展要求。

15.3.2　我国发展供应链融资的意义

在我国的金融体系中，国有商业银行长期以来一直处于主导地位，普遍存在大客户偏好，公司业务是主要的收入来源，而零售银行业务相对弱化，价格竞争激烈，创新意识薄弱，产品同质性高，技术含量低。截止到 2007 年底，国有商业银行占银行金融机构国内外全部资产比重达到 53.7%，其中中国工商银行、中国银行、中国建设银行三大行的公司贷款比重超过 70% 以上；包括农行在内的四大行整体的手续费收入与净利息收入之比仅为 10.21%。中小企业尽管对国民经济的发展贡献巨大，但融资难却是一个老生常谈的问题。2007 年《中国中小企业年鉴》显示，中小企业占全部企业总数的 99.8%，上缴税收 50.2%，解决城镇就业 75% 以上，承担全国进出口额的 68%。与此相比，中小企业在融资上却受到不公待遇，获得的贷款比重在 2005 年仅有 20%。另外根据国际上的经验，采用供应链融资成功的企业，在提高市场竞争优势和扩大处理业务能力方面都产生积极效应。因此，大力发展我国的供应链融资具有多方面的意义。

1. 提供银行层面的机会

（1）开拓中小企业市场：由于中小企业信息不透明且管理不规范，缺乏核心竞争力，因信用等级低而频发非系统风险和道德风险，所以长期不受银行重视，被视为分散和高危的客户类别，所以融资条件苛刻。以供应链为纽带，通过对中小企业进行集群划分，使银行得以从系统论的视角来重新审视这一市场。基于应收账款、存货以及预付款等债权和动产的支撑，银行向中小企业提供融资服务，为其提供新的成长空间和发展后劲。在降低融资成本和控制风险的基础上，深入开发市场潜力，也为商业银行创造新的业务机会，寻求到一个低风险、高收益的市场群体。

（2）发展金融综合业务：供应链融资的主体是多样化的，客户群体也呈多元结构。银行提供的金融服务可以囊括几乎银行所有的产品，收益的增长点覆盖资产业务、负债业务以及中间业务。中小企业财务制度不规范，融资经验欠缺，银行可以通过财务顾问和账务管理为企业提供中介业务，出谋划策；以核心企业的信用捆绑为导向，建立主办银行制，推动银行向供应链上下企业流扩展业务，根据不同客户的具体需求来量身定做金融服务产品，如开立账户，办理结算、管理现金等均纳入主办银行系统。通过开展供应链融资，促使银行注重差异化经营之道，培育自己的专业领域和核心竞争力，开辟新的增收途径，扩大中间收入的占比，尤其对于中小银行具有重要的战略意义。

（3）开拓客户集群：供应链融资提供了内在的约束机制，以降低银行对客户群的维护成本，避免客户流失。以核心企业为依托来确定主办银行，中小企业虽然被动接受，但对这种安排也乐观其成。核心企业享有的优惠也将被中小企业所共享，从而构建庞大的客户网络，排他性使用核心企业选定的主办银行的授信。在以往一对一的信贷模式中，大企业的忠诚度相对不足，善于利用银行的同业竞争以达到成本最小化。利用供应链将核心企业绑定后，更有利于银行维系客户群的稳定。

（4）改善不良资产经营绩效：传统的银行信贷延展方式如借新还旧、贷款重组等容易掩盖真实问题，信贷资金经常出现久拖之后变为呆账或坏账的情况，而且还耽误时机，造成处置不当而后患无穷。在供应链融资概念引入后，由于供应链融资独有的短期化、特定资产支撑、全过程跟踪等特点，有助于改善银行资金授信的质量。再加上信贷操作的连续性以及预警机制的建立，结合物流变现、资金回流、赎货进度等，能够极大便利不良资产的及时处置，一旦客户经营状况出现异常，贷款疑问即刻暴露，及时作出应急处理决策，确保银行的经营安全。

2. 破解中小企业的融资瓶颈

（1）降低筹资门槛：由于国内产业越来越向资本密集和技术密集方向转型，导致中小企业难以独立的产业能力达到行业准入标准，单独向银行申请融资的门槛高，往往是可望不可及。通过加入核心企业主导的产业链，也就成为广大中小企业的生存首选。现在，大批外向型中小企业加入跨国公司的全球供应链，为企业的经营发展创造了新的机会。

（2）节约融资成本：国内目前产业集群的发展，实际上是一种区域产业链。由于供应链中的中小企业依托大企业来开展生产和贸易活动，使得供应链成员的业务关系更加牢固，银行也愿意为所有企业提供的一揽子融资解决方案，于是供应链融资就可以实质性地降低整个供应链的融资成本，中小企业无疑也是其中的受益者。

（3）提升企业信用：基于核心企业的信用绑定，以资产为支撑，将供应链业务活动中发生的物流、资金流交由银行掌控。于是，银行不再视中小企业为分散的个体，无异于提高了中小企业自身的信用等级，更容易从银行获得资金支持，增强了企业抵御风险的信心和能力，对企业的成长具有积极的意义。

3. 变革产业组织模式

（1）成本效应：实证研究表明，资金约束不仅影响单个节点上的企业绩效，导致利润下降，而且还会降低供应链上其他节点企业的经营绩效。通过供应链融资服务与应收账款融资及管理，供应商可以及时回笼流动资金，保证经营活动的连续性。而库存和预付款融资，亦能盘活企业资产，保证批量订单的连续，带来财务成本节约。至于电子交易平台的快捷便利，大大简化操作程序，改善了供应链的信息流，对出现的问题及时发现并作出快速反应，提高工作效率。

（2）光环效应：在供应链融资活动中，由价值链衍生出的信誉链和融资链，形成对中小企业的信用辐射和信用增级，可以获得银行融资便利，有助于克服信息不对称，增加企业经营的透明度，降低融资成本，由此产生的规模联动效应，这一现象就是所谓光环效应。

（3）乘数效应：企业在供应链不同环节获得的银行授信，又可投入采购、生产和销售活动。如此循环，周而复始，企业理论上可获得的流动资金将是自有资金的倍数。加上批量和集约经营，企业得以获得规模经济，降低成本，进而发挥供应链整体优势，提高市场竞争力。

15.3.3　完善供应链融资的实际操作对策

1. 构建供应链融资的准入体系

从供应链本身出发，要想使融资业务在其中平稳顺利地进行，以核心企业为枢纽的上下游企业之间需要有密切的产业关联和有效的管理，以便银行提供一揽子融资服务。因此，构建供应链的准入体系主要包括以下几个方面。

（1）供应链的准入：第一，核心企业要有明确的供应商及分销商的准入与退出机制，上下游企业对核心企业要具有较强的从属性，从而有利于银行选择具体的授信对象。第二，供应链中的配套成员可以享受核心企业给予的排他性优惠待遇，如订单保证、价格补偿、优先排产、销售返点、品牌支持等，既可以增强供应链的抗风性能力，又有利于银行运用捆绑信用技术。第三，构筑供应链利益共同体的赏罚机制，核心企业通过加强供应链的绩效考核，有助于银行在谈判中对授信成员可能出现的违约加以约束并增大违约的成本。

（2）授信客户准入：因为供应链融资强调的是授信的自偿性，即银行以对物流和资金流的控制作为信用风险的首要保证，所以对企业资信、实力等主题评价予以弱化，而着重强化债项评级（Facility Rating）。所谓债项评级就是银行运用系统的债项结构性指标，对特定债务蕴含的信用风险作出评价。债项评级是一项系统性很强工作，涉及面广，其中包括的评级指标很多，比如供应链经营的制度环境是否健全、授信支撑资产的权属关系是否明确、授信人的盈利能力是否令人信服、交易对手的行业地位是否稳定、银行操作的条件是否具备等。

（3）核心企业：核心企业的信用捆绑是供应链融资的基础，无论是预付款融资还是应收账款融资，实际上都是银行对核心企业的间接融资。为防止核心企业的道德风险，避免因信用绑定而累积的供应链潜在债务超过承担极限，银行应综合考察企业的经营状况，核定间接融资的限额，评估供应链中准入与退出、奖励和惩罚机制的执行力，要求核心企业推荐供应链中的优质企业作为授信候选人，并对交易信用和融资信用进行制度化跟踪。

2. 建立有效的操作平台

在商业银行的日常组织框架中，按照业务处理的流程划分一般有三大块，及前台（Front Office）、中台（Middle Office）和后台（Back Office）。前台部门直接面对供应链中的企业客户，负责具体业务的开展。中间部门主要负责业务发展策略制定、产品开发、人员管理、风险管控、纠纷处理等工作。后台部门的主要职责是办理交易清算、资金收付、会计核算、系统维护等事宜。从目前国际上的经验看，后台业务集中与服务共享已是大势所趋。在国内的实践中，银行出于技术手段和管理结构两方面的考虑，通常在地区或城市分行层次设立供应链集中后台，其管理职能可以包括以下三个方面：

（1）物流管理：审核存货融资项下的质（抵）押价格并对其波动进行监控，对上下游企业进行集中管理，监管第三方物流合作方及其仓储设施，对物流信息进行实时监控，集中管理物品质（抵）押。

（2）资金流管理：负责应收融资时出账的真实、有效和清晰，落实相关的担保安排，对应收账户进行后续跟踪及贷后管理，与核心企业开展信息交流，合理控制应收融资的规模与结构。

（3）内部操作衔接：后台业务集中操作以后，有可能对银行低层级的分支机构在贷后的日常管理上带来一定程度的不便，这就首先需要明确分行与支行之间的信贷责任分工，避免出现管理和责任真空。与此同时，还要建立便捷的渠道以确保客户信息为各级分支机构共享，例如预付款融资项下的到货情况，存货融资时的赎货进展、应收账款融资中的转让以及货款回笼进度等。银行通过内部的操作衔接，有利于及时发现问题和解决问题。

3. 完善动产担保物权

因为供应链融资是主要针对中小企业的融资品种，对授信主体的资质要求门槛相对低，而对物流和资金流等还款来源更为关注，所以银行需要对支撑性资产进行慎重的筛选。

（1）应收账款的选择：为确保授信的自偿性，银行在对应收账款融资中的应收账进行选择时，要确认满足特定的前提条件。例如，应收账款必须是按照法律以及当事方的约定允许转让和有效的，应收账款的基本要素（金额、期限、支付方式、基础商务合同等）应当是明确和具体的，应收账款的民事主体要具备法律承认的担保资格。

（2）存货的选择：因为存货涉及信贷违约发生后的变现能力与成本，所以银行需要注意其以下几个方面的特点，即货权清晰无争议、价格稳定抗风险、流动性强易转售、便于保存不灭失。

（3）预付款的选择：预付款融资是面向未来存货的融资，除了应关注存货的特质外，还有一些特殊的因素也决定了此项业务开展的可行性。例如，对于在途货物要有明晰的责任划分，投保货物的保险受益人应当指定为银行，将上游企业进行捆绑，明确其发货、回购、价格下跌补偿等责任。

4. 制定风险警示预案

与传统的银行信贷相比，供应链融资在风险管理方面具有独特的优势，通过连续的后台操作，能够及时发现授信人的经营状况及行业景气度，为预防突发事件并及时响应创造了条件。

（1）风险预警：针对广大中小企业经营不稳定、信息不透明、平均寿命短等特点，银行应事先做好对这类客户群的授信预警工作。首先，及时了解借款人的经营状况，其中包括生产过程能否连续、企业是否在变卖资产、有无拖欠员工的薪酬、行业政策有无发生变化、企业是否进行其他大型项目投资等。其次，详尽掌握质（抵）押物品的情况，如物品数量和质量是否合格、企业的产品定价及其市场销售能否令人满意、质

（抵）押市场价格的稳定性如何等。最后，加强对货物的监管，防止故意隐瞒甚至损坏标的物的行为。

（2）响应流程：一旦发现风险以后，为使银行能进行及时进行处置以避免或降低损失，首要的工作就是对发生预警的企业展开现场调查。例如，授信企业能否给出风险预警信号的合理解释，将确实存在问题的企业列入观察名单，发现严重影响信贷安全的事件要立即启动应急预案。

（3）应急处理：为确保银行自身的安全，可供应急处理的选择方案包括追加担保、中止授信、冻结有关支持性资产、行使银行债权等。甚至在紧急情况下，需要做好法律事务工作，如申请诉前财产保全、处置质（抵）押物品、必要时启动起诉程序。

5. 合作监管方的选择

对于供应链融资，作为监管第三方的物流企业加入，给银行的风险管理带来两方面的影响。一方面，物流监管有助于银行货押业务的风险控制，是银行开展供应链融资的必要条件。另一方面，如果选择不当，物流企业也可以使银行风险又多增了一个新的变量。

（1）第三方准入：银行需要确定选择仓储监管合作方的准入标准，例如监管方的法人主体资格及经营资质、企业的商业信誉与过往信用记录、配合银行严格履行监管职能的责任感、行使监管权力过程中的物质基础和技术手段、仓储管理制度的完备性等。

（2）分类管理：根据物流公司的专业技能、违约赔付实力和合作意愿，银行应当对其进行分类管理，可供采用的办法之一就是以评分的方式来对不同企业进行打分评价，以此作为确立双方委托代理关系的参考。

（3）限额控制：由于物流监管方未履行约定而造成质（抵）押损失时，应对银行承担相应的赔偿责任，因此，银行需要对其受托货物的总价值设定上限，并对单笔货物金额定出限额，避免监管合作方的监管规模超过其实际能力。

◎ 本章案例

中行特色融资服务支持广西外贸企业
（摘自中国银行网站，2010 年 8 月 12 日）

今年以来，中行广西区分行紧紧抓住"中国-东盟自由贸易区"带来的市场机遇，加强产品创新，完善组合产品体系，推进跨境贸易人民币结算工作。今年1月至6月，共叙做贸易融资业务约35亿元人民币，有力地促进了外贸企业的进出口贸易。

针对外贸企业可供抵押的财产不多、难以提供其他担保、企业的资金主要处于货物和应收账款形态的特点，中行广西区分行为不少企业量身设计了特定的融资产品和产品组合。例如，创新使用大宗货物担保，为河池市南方有色冶炼有限责任公司解决了授信问题。以出口双保理、出口商业发票贴现、出口退税质押融资、出口应收账款质押融资等系列贸易融资产品为企业盘活应收账款；将存款业务、押汇融资、远期结、售汇业务有效地整合在一起，使企业得到银行融资的同时，又获得了额外收益。

针对企业的上、下游业务合作关系，中行广西区分行大力发展供应链融资。通过对供应链成员间的信息流、资金流、物流的有效整合，针对企业应收、存货、预付等各项流动资产进行方案设计，运用各种金融产品向供应链中所有企业，尤其是上下游的中小企业提供融资服务，使得供应链上相关的中小企业得到融资支持，从而解决供应链上资金分配不平衡的问题。通过这种供应链融资模式，中行广西区分行较好地帮助广西柳州钢铁集团、上汽通用五菱、柳工集团及玉柴系等重点企业的上下游企业解决了融资难题。

同时，为解决涉外承包工程企业向境外工程业主开立大金额的投标保函、履约保函、预付款保函时遇到的保证金不足或授信额度不足的问题，中行广西区分行向市场推出了独具特色的风险专项资金项下的保函业务，深受涉外承包工程企业欢迎。据统计，截止到今年 3 月，中行广西区分行利用"对外工程保函专项资金"开出近 7738 万美元的履约保函和预付款保函，涉及合同金额 2.25 亿美元。

此外，中行广西区分行还先后与广西商务厅、旅游局、南宁海关等政府机构签订战略合作协议，与北部湾银行、农信社、中信保等金融机构合作，为外贸企业搭建融资和服务平台，拓宽融资渠道。

◎ 思考题

1. 什么是供应链融资？
2. 试述供应链融资发展的原因及作用。
3. 简析供应链中核心企业与中小配套企业之间的关系。
4. 如何细分银行的供应链融资产品？
5. 举例说明我国银行推出的供应链融资产品的特点。
6. 怎样推进我国供应链融资业务的发展？

主要参考文献

1. 冯静. 国际贸易实务. 北京：北京大学出版社，2009.

2. 姜维，陈柯妮. 报关业务实战教程. 上海：立信会计出版社，2005.

3. 刘伟奇，丁辉君. 国际贸易单证理论与实务. 上海：同济大学出版社，2007.

4. 刘端朗，方振福. 国际贸易实务. 广西：广西人民出版社，1992.

5. 刘春晖、李明. 2009年报关员资格全国统一考试教材同步辅导教程. 北京：对外经济贸易大学出版社，2008.

6. 罗来仪. 对外贸易业务问题集解. 北京：对外贸易教育出版社，1993.

7. 李金萍. 国际贸易实务. 北京：经济科学出版社，2006.

8. 李军. 成都. 国际贸易实务. 成都：西南财经大学出版社，2005.

9. 黎孝先. 国际贸易实务. 北京：对外经济贸易大学出版社，1994.

10. 梅如广. 信用证基本知识和实务. 北京：对外贸易出版社，1982.

11. 辛清，陈宝领. 国际贸易实务. 南京：南京大学出版社，2008.

12. 盛洪昌. 国际贸易实务. 北京：清华大学出版社，2005.

13. 邵铁民等. 报关实务手册. 上海：上海财经大学出版社，2004.

14. 童宏祥. 外贸跟单实务. 上海：上海财经大学出版社，2006.

15. 田运银. 国际贸易实务精讲. 武汉：中国海关出版社，2008.

16. 武晋军主编. 报关实务. 北京：电子工业出版社，2007.

17. 吴百福. 进出口贸易实务教程. 上海：上海人民出版社，1999.

18. 余世明. 国际商务操作理论与实务. 广州：岭南美术出版社，2005.

19. 俞毅. 国际贸易实务教程. 北京：机械工业出版社，2006.

20. 于强. UCP600与信用证操作实务大全. 北京：经济日报出版社，2007.

21. 应诚敏. 国际结算. 北京：高等教育出版社，2009.

22. 张东祥. 国际结算. 武汉：武汉大学出版社，2007.

23. 张晓明. 国际贸易实务与操作. 北京：高等教育出版社，2008.

24. 张亚芬. 国际贸易实务与案例. 北京：高等教育出版社，2003.

25. 赵登峰，江虹. 国际贸易理论与实务. 北京：高等教育出版社，2008.

26. 祝卫. 出口贸易模拟操作教程. 上海：上海人民出版社，2002.

27. 陈宪，韦金鸾，应诚敏. 国际贸易理论与实务. 高等教育出版社，2009.

28. 怀尔德等著. 陈焰译. 国际商务. 北京：北京大学出版社，2009.

29. 刘舒年主编. 国际信贷. 北京：中国金融出版社，2001.

30. 戴建中编著．国际银行业务．北京：清华大学出版社、北京交通大学出版社，2008.

31. 王学惠，王可畏主编．国际结算．北京：清华大学出版社、北京交通大学出版社，2009.

32. 郑建明，潘慧峰主编．国际融资与结算．北京：北京师范大学出版社，2008.

33. 卜伟等编著．国际贸易与国际金融．北京：清华大学出版社，2009.

34. 崔荫主编．国际融资实务．北京：中国金融出版社，2006.

35. 姜学军著．国际贸易融资新论．北京：中国社会科学出版社，2009.

36. 皱小燕，张璇编著．出口信贷．北京：机械工业出版社，2008.

37. 原擒龙主编．国际结算与贸易融资案例分析．北京：中国金融出版社，2010.

38. 宋炳方著．商业银行供应链融资业务．北京：经济管理出版社，2008.

39. 深圳发展银行-中欧国际工商学院"供应链金融"课题组著．供应链融资：新经济下的新金融．上海：上海远东出版社，2009.

40. 国家外汇管理局．出口收汇核销管理办法，2003.

41. 国家外汇管理局．出口收汇核销管理办法实施细则，2003.

42. 国家外汇管理局．出口收汇核销管理操作规程，2003.

43. Peter S. Rose, *Money and Capital Market*, Eighth Edition, McGraw-Hill, 2003.

44. Geoffrey A. Hirt, Stanley B. Block, *Fundamentals of Investment Management*, Seventh Edition, McGraw-Hill, 2003.

45. James A Hanson, Patrick Honohan, Giovanni Majnoni, *Globalization and National Financial System*, World Bank and Oxford University Press, 2003.

46. 中国银行网站 http://www.boc.cn/

47. 中国进出口银行网站 http://www.eximbank.gov.cn/

48. 深圳发展银行网站 http://www.sdb.com.cn/

49. 中国银行业协会网站 http://www.china-cba.net/

50. 中国银行业监督管理委员会网站 http://www.cbrc.gov.cn/

51. 经济合作与发展组织网站 http://www.oecd.org/

52. 中国贸易金融网：http://www.sinotf.com/

■ 高等学校国际商务创新规划教材

- **国际商务概论**
- **国际商务经济学基础**
- **国际商务实务**
- **国际商务管理**
- **国际商务营销**
- 国际商务环境
- 国际商务法
- 国际商务谈判

　　欢迎广大教师和读者就系列教材的内容、结构、设计以及使用情况等，提出您宝贵的意见、建议和要求，我们将继续提供优质的售后服务。

联系人：舒　刚（经管类图书策划人）

电　话：134 0715 4673

E-mail：sukermpa@yahoo.com.cn

 武汉大学出版社（全国优秀出版社）

图书在版编目(CIP)数据

国际商务实务/尹显萍,申皓主编 . —武汉:武汉大学出版社,2011.1
(2014.7 重印)
高等学校国际商务创新规划教材
ISBN 978-7-307-08371-4

Ⅰ. 国… Ⅱ.①尹… ②申… Ⅲ. 国际贸易—高等学校—教材
Ⅳ. F74

中国版本图书馆 CIP 数据核字(2010)第 243814 号

责任编辑:田红恩   责任校对:黄添生   版式设计:马 佳

出版发行:**武汉大学出版社** (430072 武昌 珞珈山)
    (电子邮件:cbs22@whu.edu.cn 网址:www.wdp.whu.edu.cn)
印刷:湖北省京山德兴印务有限公司
开本:787×1092 1/16 印张:17.75 字数:394 千字 插页:1
版次:2011 年 1 月第 1 版 2014 年 7 月第 2 次印刷
ISBN 978-7-307-08371-4/F·1454 定价:30.00 元